犯罪学の窓

藤本哲也
Fujimoto Tetsuya

中央大学出版部

装幀　静野あゆみ

まえがき

早いもので、私が日本加除出版の月刊誌『戸籍時報』の「時報サロン」に「犯罪学の散歩道」というエッセイ欄を担当するようになってから一二年が過ぎた。これまでに書き溜めてきたものを、『犯罪学のさんぽ道』『続・犯罪学のさんぽ道』『犯罪学者のひとりごと』『犯罪学者のアメリカ通信』と題して、日本加除出版から刊行してきたが、今回は、中央大学出版部にお願いして、まとめて一冊の著書とすることにした。中央大学出版部のベテラン編集長として名高かった今は亡き田中浩さんが、「先生、当出版部より、やさしい読み易い本を出版してくださいよ」と、生前に依頼を受けていたからである。本年四月、たまたま訪問した出版部で、栗山博樹課長から同じ趣旨の依頼を受け、これも何かの縁ではないかと思い、本書を刊行する決意をした次第である。

本書は、第1部において、平成の時代の新立法を易しく解説している。明治時代の法改革期は、近代化のために西洋法制を継受した時期であり、戦後昭和の法改革期は、アメリカ法制の継受の時期であったとすれば、平成時代の法改革期は、我が国独自の法改革を志向する時期である。こうした新しい法改革の時代に身を置いているという巡り合わせを、この本を読んだ皆さんに感じて欲しいと思っている。

第2部は、現在我が国が初めて遭遇する刑事政策の危機、具体的には刑務所の受刑者虐待や過剰収容問題に代表される犯罪者処遇の危機について、刑務所の民営化や修復的司法といった新しい政策提言が、我が国においても採用可能であるかどうかを検討した。二一世紀の新しい「法の息吹」を感じて欲しいものである。

第3部においては、平成の時代の新しい犯罪現象について、各種調査を紹介すると共に、凶悪な少年非行や犯罪予防に関する新しい動向を紹介しておいた。これからの時代がどう動くか、犯罪学を通して考えてみるのも興味のあることではないかと思う。

それはそれとして、本書が「やさしい読み易い本」となったかどうかは、読者諸氏の意見はまたざるを得ない。願わくば、初期の目的を達成していることを、ただただ祈るのみである。

最後になったが、本書の成立に当たっては、中央大学編集部の平山勝基副部長にお世話になった。平山氏の懇切丁寧な校正と助言に心から感謝の意を表したいと思う。

平成一六年七月吉日

聖蹟桜ヶ丘の書斎にて

藤　本　哲　也

目次

第1部

平成時代の犯罪と新立法

第１章

我が国の安全神話は崩壊したか

二〇〇二年一月八日の朝日新聞（朝刊）によれば、「日本は安全に暮らせる国」と思う人は四七％と五割を切り、犯罪や交通事故の不安を少しでも感じている人が九割にのぼったことが、朝日新聞社の全国世論調査（面接）の結果として報告されている。調査は二〇〇一年の一二月九日と一〇日の両日に実施したもので、注目すべき点は、日本が安全に暮らせる国とは思わない人が四六％に達しており、治安が良いなど比較的「安全に暮らせる」とみられていた日本のイメージが変わりつつあることである。もちろん、これは、二〇〇一年九月一一日にアメリカで起きた同時多発テロによる影響が大きいようで、航空機が高層ビルに激突し、数千人の命を奪ったあの世界貿易センタービルの崩壊画面をテレビで連日のように見せられた視聴者にとってみれば、当然の反応であるといえないこともない。事実、アメリカで起きた同時多発テロで安全に対する考え方が変わったと答えた人が、今回の調査では、六割に達しているのである。

かつてイザヤ・ベンダサンは、その著書『日本人とユダヤ人』（山本書店・一九七〇年）において、駐日イスラエル大使館の書記官の言葉として、「日本人は、安全と水は無料で手に入るものと思い込んでいる」という一文を紹介している。

確かに、日本はオランダ、アイルランド、スウェーデンと並んで世界一安全な国であると言われ、われわれ日本人も長い間そう信じてきた。また、日本の水道水は、ヨーロッパの多くの国のように、蒸留しないと飲めないというようなこともなく、贅沢さえ言わなければ、飲んでお腹を壊すようなこともない。

しかし、こうしたことは、今日でも、そのまま事実として受け入れることができるのであろうか。環境汚染の問題から水道水は臭いと言われ、最近では、ほとんどの家庭が炭酸飲料水と同じ感覚で水を買い、ピッキングをはじめとする侵入窃盗の増加に伴い、警備保障会社が当たり前のように各家庭の警備をしている現状をみると、今回の定期国民意識調査の結果にみられるように「日本はどうも変わったようだ」「安全ではなくなったようだ」と、私にも思われるのである。

以下においては、日本の安全神話は崩壊しつつあるという現実を、主要先進諸国の犯罪動向との対比において検討し、家族の崩壊という現象が進行しているという現実を、児童虐待のデータを用いることによって検証してみたいと思う。

一　外国の犯罪動向との比較

表1、表2を見て頂ければ分かると思うが、我が国の主要な犯罪の認知件数は、その実数では、アメリカ、イギリス、ドイツ、フランスの四カ国を大きく下回っている。したがって、欧米先進諸国と比べた場合、我が国はいまだに犯罪の少ない国として評価できるであろう。

表１　５カ国における主要な犯罪の認知件数（1987年―1999年）

区　分	アメリカ	イギリス	ド イ ツ	フランス	日　本
1987	13,508,700	3,716,185	4,444,108	3,170,970	1,577,954
1988	13,923,100	3,550,174	4,356,726	3,132,694	1,641,310
1989	14,251,400	3,706,217	4,358,573	3,266,442	1,673,268
1990	14,475,600	4,363,632	4,455,333	3,492,712	1,636,628
1991	14,872,900	5,075,343	5,302,796	3,744,112	1,707,877
1992	14,438,200	5,383,485	6,291,519	3,830,996	1,742,366
1993	14,144,800	5,317,110	6,750,613	3,881,894	1,801,150
1994	13,989,500	5,032,447	6,537,748	3,919,008	1,784,432
1995	13,862,700	4,885,944	6,668,717	3,665,320	1,782,944
1996	13,493,900	4,868,376	6,647,598	3,559,617	1,812,119
1997	13,194,600	4,460,599	6,586,165	3,493,442	1,899,564
1998	12,485,700	5,109,089	6,456,996	3,565,525	2,033,546
1999	11,653,149	5,301,185	6,302,316	3,567,864	2,165,626

資料源：法務省法務総合研究所『平成13年版 犯罪白書』財務省印刷局（2001年）397頁。

表２　５カ国における主要な犯罪の発生率（1987年―1999年）

区　分	アメリカ	イギリス	ド イ ツ	フランス	日　本
1987	5,550	7,385	7,265	5,712	1,291
1988	5,664	7,032	7,094	5,619	1,337
1989	5,741	7,313	7,031	5,831	1,358
1990	5,820	8,578	7,108	6,169	1,324
1991	5,898	9,932	6,649	6,581	1,376
1992	5,660	10,499	7,837	6,695	1,399
1993	5,484	10,337	8,337	6,748	1,442
1994	5,374	9,749	8,038	6,783	1,425
1995	5,276	9,429	8,179	6,317	1,420
1996	5,087	9,360	8,125	6,110	1,440
1997	4,930	8,543	8,031	5,972	1,506
1998	4,619	9,745	7,869	6,072	1,608
1999	4,267	10,061	7,682	6,097	1,709

注：発生率は、認知件数の人口10万人当たりの比率である。
資料源：法務省法務総合研究所『平成13年版 犯罪白書』財務省印刷局（2001年）397頁。

ところが、一九八七年以降の我が国の主要な犯罪の認知件数は、窃盗が全体をリードする形ではあるが、一貫して増加傾向を示している。これは、特に、一九九二年のバブル経済の崩壊と、それに続く経済不況、そして、それに伴う失業率の増加といった要因と、全く無縁なことではない（我が国の失業率は一九八七年に二・八％であったものが、二〇〇〇年では四・七％となり、二〇〇一年一一月段階では五・五％で、過去最悪となっている）。

これに対して、その他の四カ国における主要な犯罪の認知件数は、おおむね減少の方向で推移している。まず、最も認知件数が多いアメリカでは、我が国とは逆に、一九九二年から認知件数は減少傾向に転じ、次第にその傾向が強まっている。これは主としてアメリカの経済が、過去一〇年間にわたり好況を呈したこと、失業率が一九八七年の六・二％から二〇〇〇年には四・〇％に好転したこと等によるものである（しかし、二〇〇一年一一月段階では五・七％と悪化している）。ドイツでも、一九九一年の統一以降、主要な犯罪の認知件数の増加が顕著であったが、一九九六年以降は、わずかながら減少に転じている。イギリスも一九九三年から、フランスも一九九五年から、主要な犯罪の認知件数は、それぞれ減少傾向に転じていたが、いずれも一九九八年から再度増加した。しかし、一九九九年における両国の認知件数は、依然としてそれまでの最高値を下回っているのである。

もちろん、このような特定の犯罪の認知件数のみによって犯罪動向を判断することは適当でないし、犯罪とされるものの範囲や犯罪構成要件も異なっている各国のデータを単純に比較することは問題があるということは充分承知の上のことではあるが、こうした犯罪動向から推察できることは、我が国も欧米並みに犯罪大国となるおそれがあるのではないかという不安である。刑法犯認知件数（交通関係業過を含む）が、二〇〇〇年に、ついに三〇〇万を超え、三二五万六、一〇九件となり、戦後最高の数値を示し、それとは裏腹に検挙率は刑法犯全体で四二・七％（交通関係業過を除く刑法犯で二三・六％）と低下した。また、二〇〇一年一二月一日現在、我が国の刑務所人口がその施設収容能力をはるかに超え、過剰収容時代に突入したということを考え合わせるとき、その感はますます深い。

しかもその上に、アメリカでの犯罪現象が一〇年後の日本において再現されるという従来の傾向からするとき、日本がアメリカ化し、犯罪多発国とならないという保証はどこにもないのである。事実、我が国の犯罪発生率は、一九八〇年にはアメリカの二割程度であったものが、一九九九年には四割程度までに接近してきているのである。

アメリカの統一犯罪報告書（Uniform Crime Reports）によると、一九八七年において、アメリカでは二六分に一件の殺人、六分に一件の強姦、一分に一件の強盗、三七秒に一件の傷害、一〇秒に一件の侵入窃盗、四秒に一件の窃盗、二四秒に一件の自動車窃盗があったという。これを暴力犯罪と財産犯罪に分けてみると、二一秒に一件の暴力犯罪が、三秒に一件の財産犯罪が行われた計算になる。アメリカで重要な犯罪類型として各州からＦＢＩに報告している八つの指標犯罪についてみると、なんと二秒に一件の犯罪が発生していることになるのである。これに、指標犯罪以外の犯罪を加え、公式統計には表れない暗数となっている犯罪を合わせると、一日無事犯罪の被害者にならないでいることが不思議にさえ思われるくらいである。人口が我が国の二倍弱であるのに、殺人の認知件数が一一倍、強姦は四〇倍、強盗は二一六倍にもなるというのが、冷戦終結直前のアメリカの現状であったのである。

私は、我が国がいくらアメリカ化したとはいえ、こうした悲惨な犯罪情勢に陥るであろうとは考えていない。経済不況、年功序列制・終身雇用制の崩壊、倒産、リストラ、失業率の増大等のようなマイナス要因も確かに存在するけれども、他方において、我が国の犯罪抑止要因とされている、文化的同質性、銃砲・刀剣類の取締りが厳しいこと、教育水準が高いことといった要因のほかに、我が国は四方が海に囲まれた島国であるという地理的条件や、国民の九〇%が自分は中流階級であると信じているくらいに社会階層の格差がなく、遵法精神に富む国民性、刑事司法運営に対する民間協力の存在、そして何よりも、犯罪をすることは、犯罪者個人の恥であるばかりでなく、家族、職場、地域社会の恥でもあるとする東洋的倫理観がいまだ消滅していないように思うからである。確かに、二一世紀に入って、我が国の安全神話は崩壊したかにみえるけれども、今ならば、以上に掲げたような犯罪抑止要因を活性化させることによって、なお修復が可能であると思うのであるがどうであろうか。

二　家族の崩壊と児童虐待の増加

また、我が国は、欧米、とりわけアメリカと比べた場合、児童虐待が少ないことが特徴的であるといわれてきた。「子は家の宝」だとする考えがあり、時として「継子いじめ」という言葉は聞かれたが、児童虐待が過去において、大きな社会問題として取り扱われることは稀であったといっても過言ではない。その証拠に、私が一九九〇年にイタリアはトリノで開催された「第一三回国際少年・家庭裁判所裁判官協会会議」で「日本の児童虐待」について報告したときに存在した、一九七三年の厚生（労働）省児童家庭局の調査、一九八三年の児童虐待調査委員会による調査、一九八八年の全国児童相談所長会による調査に基づく限り、世界で一番少ない児童虐待数であった。

一九七三年調査では、調査対象者が三歳未満の幼児であり、また、この調査に限り、「殺害遺棄」や「殺害」や「心中」などの殺害事例を含んでいたのであるが、それを除いた場合、「遺棄」(三一・四％)が最も多く、ついで「虐待」(六・〇％)となっていた。

一方、一九八三年調査では、最も多いのが「身体的暴行」(五三・六％)で、これが半数以上を占め、ついで「保護の怠慢・拒否」(二六・七％)、「性的暴行」(一一・一％)と続いていた。

そして、一九八八年調査では、「保護の怠慢・拒否」(三七・六％)が最も多く、ついで「身体的暴行」(二六・五％)、「遺児・置去り」(二二・〇％)となっていたのである。

加害者の特徴としては、一九七三年調査では、二〇歳代の実母が加害者であることが多く、家庭環境としては、親の養育忌避のほか、経済的問題や家庭の不和の存在が挙げられていた。一方、一九八三年調査では、三〇歳代の実父が主に加害者となっており、家庭環境としては、経済的問題や家庭の不和の存在が多いが、父親の転職の多さという不安定要素も大きく、また、加害者に虐待しているという自覚がないことが特徴的であった。一九八八年調査では、実母が主に加害者となっており、やはり加害者には、虐待の自覚がなかった。さらに、一九八三年と一九八八年の調査では、かつて自分自身が親から「放任無視」や「保護の怠慢・拒否」などの虐待を受けた加害者が多いという結果が出ている。いわゆる世代間連鎖(チェーン現象ともいう)の問題である。

このようにみてくると、一九七三年から一九八八年までの我が国の児童虐待の動向には、さほど大きな変化はなく、その特徴としては、経済的問題や家庭の不和などの不安を抱えた父親や母親が、そのはけ口を自分の子どもに求めて虐待に及ぶという実態が浮かびあがってくるのである。一九九〇年度からは、厚生(労働)省が、

表3　児童虐待に関する相談処理件数の推移

年　　度	件　　数
1973年（昭和48年）	401
1983年（昭和58年）	416
1988年（昭和63年）	1,039
1990年（平成2年）	1,101
1991年（平成3年）	1,171
1992年（平成4年）	1,372
1993年（平成5年）	1,611
1994年（平成6年）	1,961
1995年（平成7年）	2,722
1996年（平成8年）	4,102
1997年（平成9年）	5,352
1998年（平成10年）	6,932
1999年（平成11年）	11,631
2000年（平成12年）	17,725

注：1988年の数字は6カ月間のものである。
資料源：1973年調査、1983年調査、1988年調査、厚生労働省雇用均等・児童家庭局総務課（平成13年11月14日）。

児童相談所が相談を受け、何らかの処理（施設入所、里親委託、面接指導等）をした件数を集計している。

表3に示されているごとく、二〇〇〇年度の児童虐待相談件数は、一九九〇年を一とした場合、一六倍に増加していることが分かる。この一万七、七二五件という数字は、前年度と比較しても一・五倍となっている。これはおそらく、二〇〇〇年に「児童虐待防止法」が成立・施行され、広報・啓発などの対策に積極的に取り組んだことによる結果であろうと推測される。

いずれにせよ、我が国でも、「家庭内別居」や「ホテル家族」といった造語が創られてから久しいが、アメリカにおける家族の崩壊という現象が、ここに来て、我が国でも現実のものとなってきたように思われる。最近における児童虐待件数の激増が、その兆候を示すバロメーターである。

三　安全神話の再生

以上、一九八七年の冷戦終結直前から、バブル経済の崩壊を経て、二〇〇一年の現在に至るまでの時期における犯罪動向の推移をもとに、我が国の「安全神話」が崩壊の危機に瀕しているという事実を指摘した。

近年、我が国においても、ひったくりや動機不明の犯罪の増加により、自分もいつ犯罪の被害者になるかもしれないという不安感が一般国民の間に増幅していることは確かなようである。そして、このことは、冒頭において紹介した朝日新聞社の定期国民意識調査の結果からも明らかである。

しかしながら、アメリカのように、朝、車で出かける時に、ガス欠をして、見知らぬ人に襲われないようにと、ガソリンを満タンにすることに気を配り、ハンドバックを盗られないようにと襷掛けにし、念のためにとネックレスを外し、強姦の被害者にならないようにズボンを履いて出かけるといったような、せっぱ詰まった状況にまでは、今のところ、我が国は立ち至っていないように思う。かつて我が国がなぜ世界で一番安全な国と言われたのか。今こそ、その原点に立ち返って、考えてみることが必要な時ではなかろうか。

第２章　平成の時代の犯罪と社会的不安症候群

今さら改めて言うまでもないが、近年、我が国の犯罪情勢は悪化の傾向にある。図１において明らかなごとく、刑法犯の認知件数をみると、バブル経済崩壊後の一九九二（平成四）年以降おおむね増加傾向にあり、一九九六年以降は戦後最高を更新し続け、二〇〇〇年には、ついに三百万台の大台を突破した。しかも、検挙人員が年々増加しているにもかかわらず、それをはるかに上回る犯罪が認知され、検挙率は低下の一途を辿っているのである。

こうした犯罪の増加現象は、特に平成の時代になってからの特徴的な出来事であるが、警察庁の統計では、特に四九歳の犯罪と一七歳の犯罪が問題であるとの分析結果が示されている。事実、最近の新聞報道をみても、五〇歳前後の犯罪が多いようである。以下においては、最初に、平成の時代、特にバブル経済崩壊後の犯罪現象について検討し、しかる後に、警察庁のデータ分析と解釈を試みることにしたいと思う。

一　平成の時代の犯罪情勢

一九八九（昭和六四）年一月七日をもって、激動と波乱の昭和の時代は終わり、平成の時代を迎えた。誰しもが平成の時代こそ、新しい時代の幕開けであると喜び、日本のさらなる繁栄の時代が到来したとの希望をもち、その希望は確信へと向かっていた。しかしながら、一九九二年のバブル経済の崩壊は、大規模な企業倒産や不良債権の回収等をめぐって我が国の経済および国民生活全体に重大な影響を生じさせたのである。失業率はかつてないほど上昇し、年功序列制、終身雇用制は終焉を迎え、サラリーマンは日常的にリストラの危機にさらされ、すべての収入を投入した家屋敷はその財産的価値を失った。会社・企業の倒産は相次ぎ、中高年の自殺もかつてないほど増加した。退職後の悠々自適の生活を夢見ていた人々は、老後の豊かな生活が「夢のまた夢」であるという現実を突きつけられたのである。こうした社会情勢が犯罪や非行の発生に影響を与えたことはいうまでもない。

表4をみて分かる通り、我が国の刑法犯認知件数は、一九九六年以降、連続して戦後最悪の記録を更新し、二〇〇一年には三五八万件を超えたのである。交通関係業過を除く刑法犯をみると（図1）、認知件数は二七三万件を超える一方で、検挙率は戦後初めて二〇％を下回っている。「検挙に勝る防犯なし」という諺があるが、近年における検挙率の低さが、犯罪者を増長させている側面のあることを銘記すべきである。もちろん、この検挙率の低さの要因は、全体の八六％を占める窃盗および約五％を占める器物損壊の検挙率の低さが、全体としての検挙率に影響を与えているという懸念がないではない。しかし、特に暗数が極めて少ないといわれている強盗の検挙率が下がっていることは気になるところである。

こうしたここ二、三年の犯罪情勢の特徴をまとめてみると、①戦後最高を更新した刑法犯の認知件数は、一九九六年から加速度的に増加していること、②顕著な増加が認められるのは、窃盗と交通事犯であること、③

表4　刑法犯の認知件数

区分	刑法犯総数	殺　　人	強　　盗	強盗致死	強盗致傷	強盗強姦	強　　姦
21年	1,387,080	1,791	9,120	351	948	0	611
22	1,386,020	1,938	9,186	349	1,155	0	863
23	1,603,265	2,495	10,854	323	1,271	318	1,936
24	1,603,048	2,716	8,870	257	1,445	287	2,732
25	1,469,662	2,892	7,821	234	1,432	249	3,558
26	1,399,184	2,865	6,124	191	1,232	220	3,268
27	1,395,197	2,871	6,140	193	1,369	212	3,735
28	1,344,482	2,944	5,296	158	1,203	185	3,517
29	1,360,405	3,081	5,753	198	1,466	214	4,148
30	1,478,202	3,066	5,878	201	1,697	187	4,046
31	1,410,441	2,617	5,285	192	1,562	122	3,749
32	1,426,029	2,524	5,029	147	1,560	123	4,121
33	1,440,259	2,683	5,442	153	1,661	184	5,988
34	1,483,258	2,683	5,192	154	1,663	155	6,140
35	1,495,888	2,648	5,198	136	1,605	177	6,342
36	1,530,464	2,619	4,491	100	1,562	175	6,487
37	1,522,480	2,348	4,142	93	1,449	149	6,125
38	1,557,803	2,283	4,021	92	1,271	118	6,239
39	1,609,741	2,366	3,926	96	1,369	152	6,857
40	1,602,430	2,288	3,886	102	1,333	161	6,648
41	1,590,681	2,198	3,558	141	1,228	180	6,583
42	1,603,471	2,111	3,009	98	1,128	177	6,393
43	1,742,479	2,195	2,988	86	1,088	183	6,136
44	1,848,740	2,098	2,724	72	1,066	172	5,682
45	1,932,401	1,986	2,689	42	1,028	168	5,161
46	1,875,383	1,941	2,439	48	921	195	4,862
47	1,818,088	2,060	2,500	49	980	165	4,677
48	1,728,741	2,048	2,000	42	764	138	4,179
49	1,671,965	1,912	2,140	49	829	141	3,956
50	1,673,755	2,098	2,300	42	881	158	3,704
51	1,691,247	2,111	2,095	74	766	112	3,239
52	1,705,034	2,031	2,095	53	767	102	2,945
53	1,776,843	1,862	1,932	41	723	105	2,897
54	1,738,452	1,853	2,043	55	766	131	2,810
55	1,812,798	1,684	2,208	45	823	127	2,610
56	1,925,836	1,754	2,325	52	830	178	2,638
57	2,005,319	1,764	2,251	48	834	124	2,399
58	2,039,209	1,745	2,317	65	815	111	1,970
59	2,080,323	1,762	2,188	61	780	99	1,926
60	2,121,444	1,780	1,815	67	743	92	1,802
61	2,124,272	1,676	1,949	68	834	92	1,750
62	2,132,617	1,584	1,874	61	803	73	1,823
63	2,207,380	1,441	1,771	35	726	81	1,741
元	2,261,076	1,308	1,586	41	681	62	1,556
2	2,217,559	1,238	1,653	23	671	81	1,548
3	2,284,401	1,215	1,848	37	827	77	1,603
4	2,355,504	1,227	2,189	48	865	89	1,504
5	2,437,252	1,233	2,466	39	997	101	1,611
6	2,426,694	1,279	2,684	42	986	87	1,616
7	2,435,983	1,281	2,277	31	926	63	1,500
8	2,465,503	1,218	2,463	39	1,044	84	1,483
9	2,518,074	1,282	2,809	41	1,262	98	1,657
10	2,690,267	1,388	3,426	78	1,411	109	1,873
11	2,904,051	1,265	4,237	73	1,815	128	1,857
12	3,256,109	1,391	5,173	71	2,280	137	2,260
13	3,581,521	1,340	6,393	96	2,755	171	2,228
14	3,693,928	1,396	6,984	93	3,038	154	2,357

資料源：法務省法務総合研究所編「平成15年版　犯罪白書」国立印刷局（2003年）434–435頁よりCD-ROMを用いて資料収集。

図１　刑法犯の認知件数・検挙人員・発生率の推移

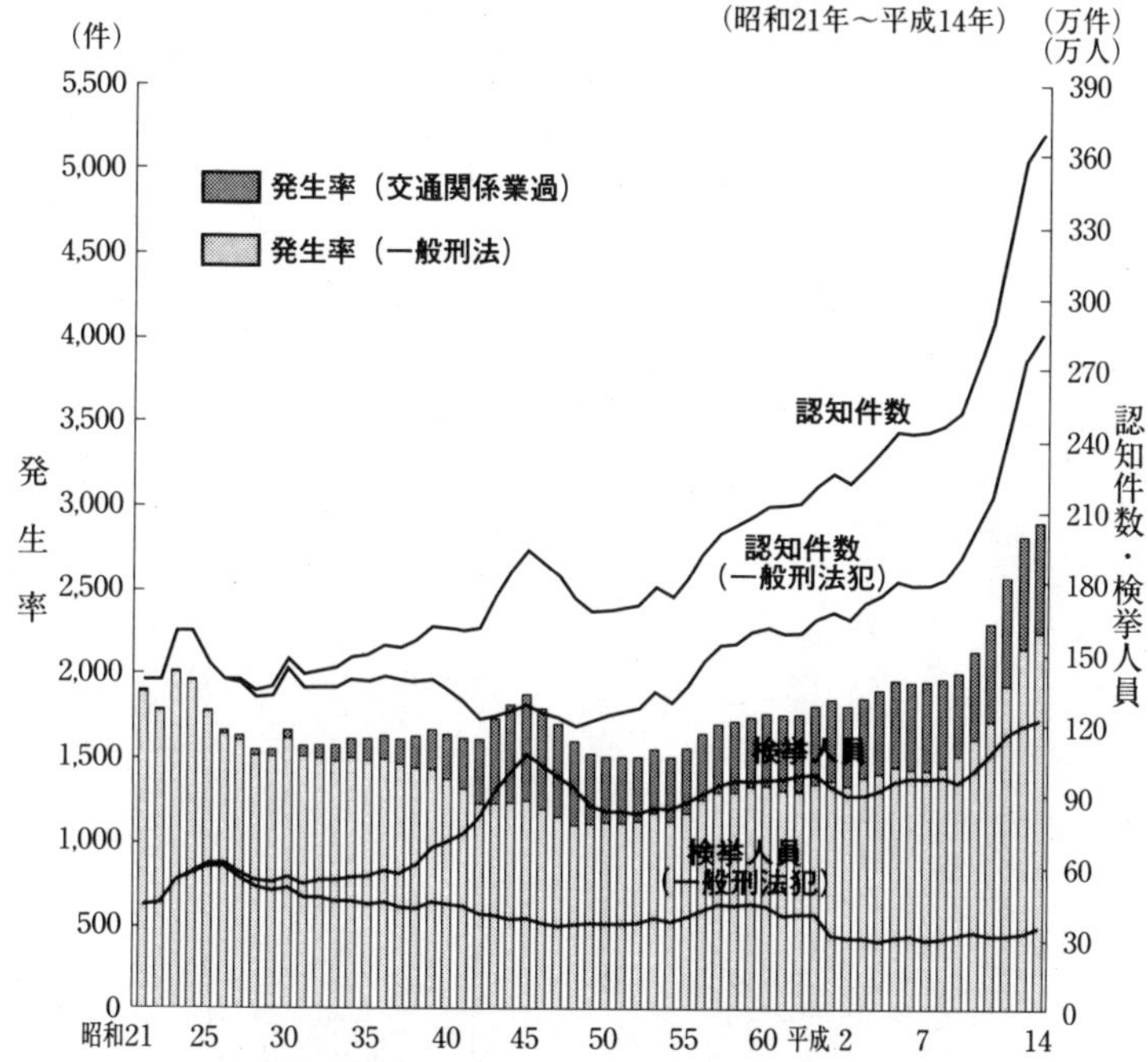

注　1　警察庁の統計及び総務省統計局の人口資料による。
　　2　昭和30年以前については、14歳未満の者による触法行為を含む。
　　3　昭和40年以前の一般刑法犯は「交通関係業過を除く刑法犯」ではなく、「業過を除く刑法犯」である。
資料源：法務省法務総合研究所編『平成15年版　犯罪白書』国立印刷局（2003年）４頁。

少年非行の検挙人員はやや減少したが、高水準を維持していること、④窃盗では、ひったくり等の暴力的手段を用いた犯罪の増加や職業的な空き巣狙い等の侵入盗の増加、さらには共犯事犯の増加等が目立つこと、⑤窃盗を除く一般刑法犯でも、暴力的色彩の強い強盗、傷害、強制わいせつ、器物損壊等の増加が顕著であること、⑥薬物犯罪は大型化・組織化が進んでいること、⑦外国人犯罪は総数では減少したものの、強盗や薬物犯罪などの悪質事犯は減少せず、外国人新受刑者は四年連続で上昇していること、その反面、⑧検挙件数が増加するなかで、検挙率は、全体で四二・七％と戦後最低を更新し、窃盗の検挙率は二〇％を切る事態であること、⑨矯正施設は収容率が一〇〇％を超え、過剰収容時代になったこと等が挙げられるのである。

この時期の著名な犯罪事件としては、女子高生コンクリート詰め殺人事件（平成元年）、連続幼女誘拐殺人事件（平成元年）、坂本弁護士一家殺害事件（平成元年）、トリカブト保険金殺人事件（平成三年）、福岡美容師バラバラ殺人事件（平成六年）、松本サリン事件（平成六年）、地下鉄サリン事件（平成七年）、神戸児童連続殺傷事件（平成九年）、和歌山砒素入りカレー事件（平成一〇年）、大分県一家殺傷事件（平成一二年）、西鉄バスジャック事件（平成一二年）、世田谷一家殺害事件（平成一二年）、大阪池田小学校児童殺傷事件（平成一三年）、長崎幼児誘拐殺害事件（平成一五年）等がある。

こうした平成の時代の犯罪は、社会環境の変化や経済情勢、あるいは国際化の影響等諸々の要因が複雑に絡み合っているように思われる。

特に、昭和末期から平成初期のいわゆるバブル経済の崩壊以来、一〇年以上にわたって経済不況が続き、金融機関の破綻、大企業の倒産等、高度経済成長時代には想像することすらできなかった事態が出現した。最近の犯罪情勢は、こうした社会・経済状況と決して無縁ではないのである。

特に、ここ二、三年の犯罪動向をみると、犯罪現象が全国に拡散されるなど、犯罪における地域性が希薄になり、犯罪をする者も、前科・前歴のない一般市民にまで拡大していることが危惧されるのである。

二　気になる中高年の犯罪

図２と表５、表６を見ていただきたい。これは警察庁が「一九九五年から一九九九年までの人を死に至らしめる犯罪による検挙人員」を犯行時の年齢別に調べた調査結果である。表５に見られるごとく、全国で殺人（未遂や予備を含む）事件で、逮捕、書類送検された容疑者合計六、四九九人を調べたところ、四九歳が最も多いことがわかった。表６の強盗殺人や傷害致死などの凶悪犯罪を加えた統計でも、四九歳は一七歳と一八歳に次いで三番目に多い数値を示しているのである。

表５の集計によると、五年間で殺人事件で検挙された四九歳は一八五人で、すべての年齢を通じて最も多かった。続いて、四七歳が一六四人、四八歳が一六〇人、四五歳が一五九人で、四〇歳代後半が目立っている。「四九歳の犯罪」が統計上明確になるのは、一九九七年からであり、同年は四二人で、四四人を記録した二八歳に次いで二番目であった。一九九八年と一九九九年は四六人と四二人で連続トップの座を占めている。表６の強盗殺人や傷害致死などを加えた犯罪でも、四九歳は、五年間で二一四人が検挙されている。一七歳の二八一人、一八歳の二四四人に次いで三番目の数値である。

四九歳の犯罪が目立ちはじめたのは一九九七年からで、一九九六年までは三〇歳代以下が多かった。警察庁としては、なぜ四九歳の殺人が多いのかについては分析していない。ただ、今回の統計の四九歳は、一九四六（昭和二一）年から一九五〇（昭和二五）年生まれに当たり、いわゆる団塊の世代（昭和二二〜二四年生まれ）とほぼ重なっているのである。

表５　殺人の犯行時の年齢別検挙人員

	総数	少年	14歳	15歳	16歳	17歳	18歳	19歳	成人	20歳	21歳	22歳	23歳	24歳	25歳	26歳	27歳	28歳	29歳	30歳	31歳	32歳	33歳	34歳	35歳	36歳	37歳	38歳	39歳	40歳	41歳
H７	1,295	78	3	8	8	16	17	26	1,217	21	27	26	37	36	38	46	39	30	30	24	29	29	22	27	23	32	22	21	30	24	15
H８	1,242	100	0	11	24	30	18	17	1,142	24	28	24	32	20	20	37	23	24	30	27	29	21	42	22	18	23	19	29	25	25	13
H９	1,284	80	2	10	10	14	21	23	1,204	20	22	33	25	21	26	22	33	44	27	25	27	30	28	22	25	27	32	31	25	18	30
H10	1,365	116	6	10	26	20	35	19	1,249	15	22	18	20	26	30	17	30	30	26	33	31	29	27	29	24	26	28	16	30	17	21
H11	1,313	113	3	13	8	36	31	22	1,200	20	27	14	20	19	22	29	26	27	36	25	30	29	22	26	30	27	24	12	25	23	22

	42歳	43歳	44歳	45歳	46歳	47歳	48歳	49歳	50歳	51歳	52歳	53歳	54歳	55歳	56歳	57歳	58歳	59歳	60歳	61歳	62歳	63歳	64歳	65歳	66歳	67歳	68歳	69歳	70～80歳	81～98歳	年齢不明
H７	26	23	29	42	32	38	29	24	12	39	20	37	18	26	17	16	12	15	19	11	10	11	16	16	4	9	3	2	28	5	0
H８	27	26	18	35	33	35	30	31	18	26	31	28	27	19	15	12	18	18	16	16	13	10	6	9	4	10	2	9	32	13	0
H９	25	26	27	19	23	32	31	42	32	19	24	26	20	26	24	17	27	9	20	11	11	14	12	12	8	9	5	3	45	12	0
H10	25	24	34	33	31	38	33	46	36	27	21	23	26	20	27	29	21	25	17	14	19	12	10	11	9	8	18	10	47	10	0
H11	20	15	20	30	28	21	37	42	33	41	36	25	21	19	26	23	20	19	15	14	23	12	19	6	12	7	9	11	53	8	0

資料源：警視庁から入手した説明資料に基づく。

表６　人を死に至らしめる犯罪の犯行時の年齢別検挙人員

	総数	少年	14歳	15歳	16歳	17歳	18歳	19歳	成人	20歳	21歳	22歳	23歳	24歳	25歳	26歳	27歳	28歳	29歳	30歳	31歳	32歳	33歳	34歳	35歳	36歳	37歳	38歳	39歳	40歳	41歳
H７	1,603	154	3	20	23	44	29	35	1,449	27	35	38	43	39	44	53	44	41	35	31	37	34	27	34	28	36	28	25	38	30	23
H８	1,568	201	1	25	48	67	32	28	1,367	37	42	32	41	30	32	42	29	33	36	30	35	25	47	32	23	25	25	32	31	27	16
H９	1,623	179	7	24	26	28	62	32	1,444	23	36	51	31	28	39	32	38	50	36	29	32	38	35	32	31	33	40	37	29	19	40
H10	1,821	287	16	29	55	76	71	40	1,534	40	33	27	30	30	44	31	37	34	32	40	44	32	33	33	28	35	34	24	33	21	29
H11	1,709	213	4	26	28	66	50	39	1,496	32	39	23	36	28	34	38	31	37	40	34	36	37	35	33	40	38	32	14	27	31	25

	42歳	43歳	44歳	45歳	46歳	47歳	48歳	49歳	50歳	51歳	52歳	53歳	54歳	55歳	56歳	57歳	58歳	59歳	60歳	61歳	62歳	63歳	64歳	65歳	66歳	67歳	68歳	69歳	70～80歳	81～98歳	年齢不明
H７	34	30	33	48	41	48	31	27	16	42	22	43	23	29	21	17	13	16	19	11	10	14	17	16	4	9	6	2	32	5	0
H８	30	33	23	40	42	42	37	35	19	29	35	30	28	24	15	12	18	20	18	17	14	11	7	10	5	10	3	10	35	13	0
H９	28	33	31	22	30	35	35	46	32	24	29	30	23	29	25	17	30	9	21	16	11	16	12	14	9	10	5	3	48	12	0
H10	30	27	40	36	36	42	41	56	43	33	23	28	31	25	33	34	24	27	20	16	20	13	10	12	9	9	19	13	50	10	0
H11	23	24	27	44	35	28	48	50	36	46	41	30	26	24	27	25	23	21	17	14	24	12	19	7	12	8	12	11	54	8	0

資料源：警視庁から入手した説明資料に基づく。

図２　平成７年から平成11年までの人を死に至らしめる犯罪による検挙人員の合計

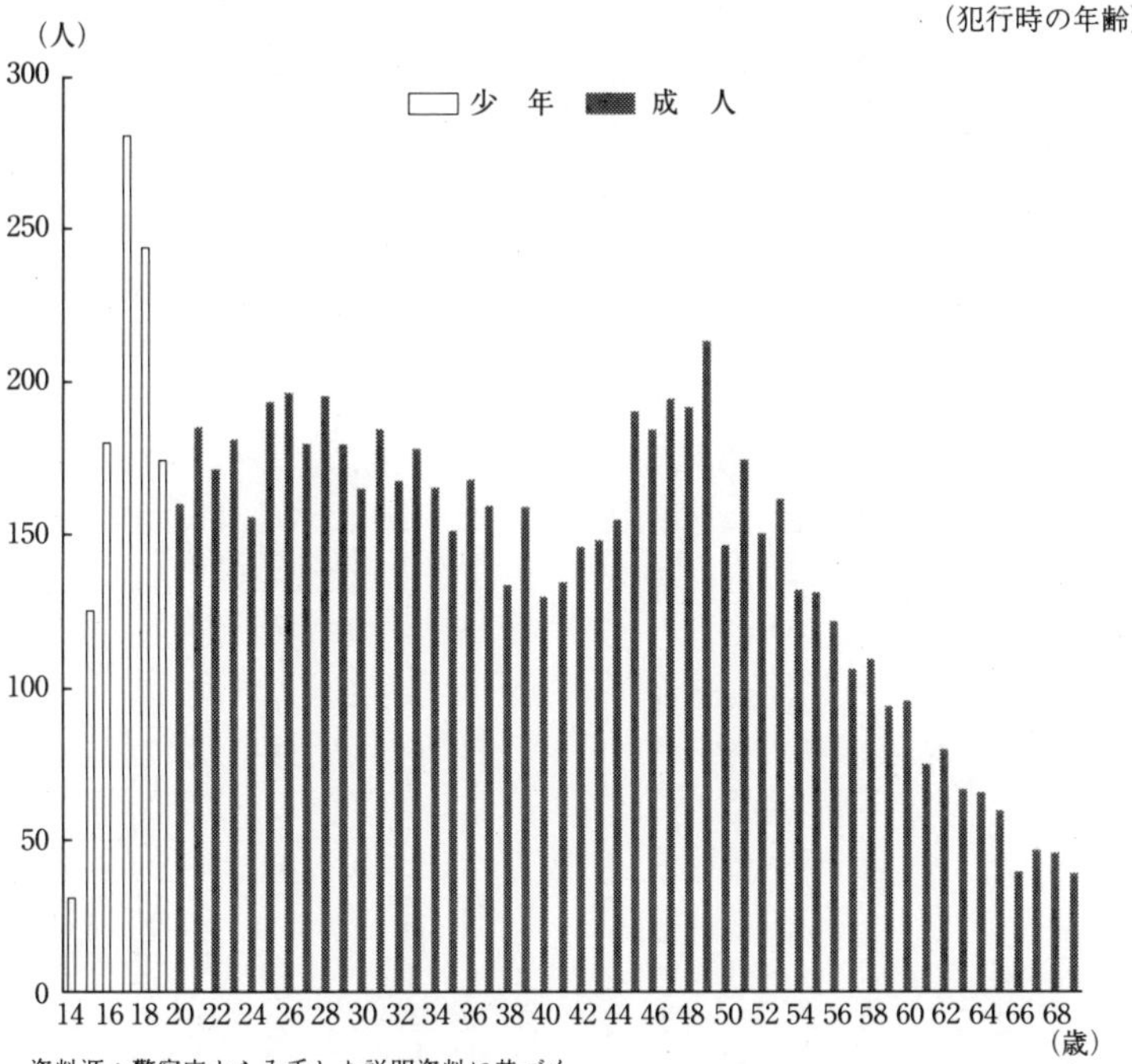

資料源：警察庁から入手した説明資料に基づく。

表６で明らかなように、一七歳、一八歳、四九歳が一位、二位、三位を占めているが、これらの年代は、奇しくも、団塊の世代と団塊ジュニアの世代である。ここ数年一七歳の犯罪がマスコミを賑わせているが、これは、団塊の世代の子育ての失敗を意味すると同時に、団塊の世代が抱える独自の問題が表面化した結果であるとも考えられるのである。

調査の対象となった一九九九年は、戦後のベビーブーム期に生まれた団塊の世代約八〇〇万人が五〇歳代になり、五〇歳以上が全人口の四〇％弱を占めるようになった時代である。この年齢層の人々は、ほぼ子育てを終え、定年を目の前にして、第二の人生の準備に入る時期である。職場では、いわゆる「勝ち組」と「負け組」がはっきりとしていて先が見えている。一方、家庭では、子どもが手を離れ、夫婦の関係を見直そうとしても、これまで会社人間で、家庭をないがしろにしたツケがまわってきて、「亭主元気で留守が良い」と妻からは粗大ゴミ扱いされる。家庭には自分の居場所すらもない。しかも、親の介護の問題が容赦なくのしかかってくる。自分の人生はこれからどうなるのか。そういう不安が一気に押し寄せてくるのが、この五〇歳代前後の年齢層の人々である。

年齢別にみて、五〇歳前後の人が最も殺人事件を起こす割合が高いのも、こうした仕事、家庭、老後と絶えず不安のつきまとう人生の岐路に立つ年代であるというところにその原因があるとも考えられるのである。アメリカでは、こうした状況下で犯罪をする人々を「社会的不安症候群」(Social Anxiety Syndrome) というキーワードを用いて説明しているが、この概念は、日本の中高年の犯罪を説明するためにも使用することができるのではないかと思う。

この年齢層の人々は、衝動性をコントロールする力が弱くなっていることから、些細なことで我を忘れて行動し、なぜ自分がそんな行動をしたのか説明がつかないほど場当たり的であるともいわれ、その上に、バブル経済の崩壊後の経済構造の変化によって、終身雇用制や年功序列制などのこれまでの日本的枠組が音を立てて壊れていくなかで、一番打撃を受けているのもこの世代の人たちであるといわれている。

団塊の世代である彼らは、これまでにきわめて苛酷な競争社会を生き抜き、会社人間として懸命に働いて、時には仲間を蹴落としながら、現在の地位を築いてきたという自負心もある。ところがフタを開けてみると、終身雇用制はもはや夢でしかなくなってしまい、まだ、定年まで一〇年はあると思っていたのが、突然のリストラや肩たたきにあってしまう。しかも、高度情報化社会の到来で、今や携帯電話やパソコンは使いこなせて当たり前の時代である。にもかかわらず、この世代はＩＴ化についていけないために、リストラで首を切られても再就職への道も開けない。さらに、土地神話の崩壊で、無理してローンを組んで買った家の資産価値がどんどん下がっていく。今までは、家さえあればなんとかなると思っていたのが、もはや家を売って老後の生活資金に当てることもままならない。当てにしていた年金も、年々目減りする。医療費は高くなる。これでは、踏んだり蹴ったりで、安定した将来の見通しなど立つはずがないのである。

こうなると、「いったい自分は今まで何をやってきたんだ」と、これまでの人生がすべて否定されたような気持ちになるのも当然で、そこに生じてくるものは、言いようのないほどの孤独感や寂寥感である。もちろん、多くの人は、それでもがんばって生きているわけであるが、これだけの圧力を被ったとき、衝動をコントロールすることができずに犯罪に走ってしまう人がいるのもまた事実である。

最近のマスコミの報道では、自殺をするに至ったり、うつ病にかかる中高年が増えているということであるが、これは、精神的に追いつめられたときの攻撃性が、外へではなくて、内に向けられた場合に表れる現象で、根底にある問題はまったく同じであるといえよう。

つまり、現代では、最も迷いの多い年代は五〇歳前後であり、人生の岐路に立たされたストレスから、つい衝動的な行動に出てしまうことが多いと考えられるのである。

それでも、家族という支えがあれば、この危機を何とか乗り越えることができるであろう。落ち込んでいるときに、「お父さん、どうしたの？」と、一言でも妻が声をかけてくれれば、それだけでもずいぶんと安心できるものである。ところが、昨今は、リストラ離婚や家庭内別居といった家庭崩壊が起こっている。こうしたことも、ここにきて、キレておかしくなって犯罪をする中高年が増えた一因であるとも考えられるのである。

人間は、ストレスには耐えられても、孤独感には耐えられないものだといわれている。私は、今の時代に最も必要なのは、「家族の絆」、それも、特に「夫婦の絆」を取り戻すことではないかと思う。高度経済成長の時代に会社人間となり、家庭を顧みなかった男性にも問題はあるけれども、今の日本の家庭は、あまりにも母親と子どもがベッタリとくっつき過ぎて、父親不在、夫不在が当たり前になっているのではなかろうか。

三　夫婦の絆の再評価

今さら改めて言うまでもなく、親と子は、本来距離を置いておかなければならないもので、その分、夫婦の距離を近づけるべきである。それが子どもの教育のためにも一番良いと思う。夫婦がお互いにこれまでの人生をもう一度見直して、幸せなときも、大変なときもあったけれども、自分たちはここまで一緒にやってきたんだということを、まず認識すべきであろう。そしてその上で、今の現実を踏まえて、定年後の第二の人生をどう生きるかを夫婦で考えてみるべきである。そのときに大切なのは、これまでに蓄えた経験なり、能力なりを生かして、少しでも良いから社会の役に立つことはないか。そういう視点をもって行動することである。たとえば、夫婦で畑仕事を始めて収穫物を周囲の人に配って喜んでもらうのも良いであろう。それぞれに関心のあるボランティア活動に参加するのも良いであろう。そうした生きがいが見つけられれば、夫婦間のコミュニケーションも濃密なものになるし、人の役に立っているという喜びが、実は自分たちの家庭を再統合する大きな要因ともなるのである。

こうした前向きな人生設計が立てられれば、ストレスも孤独もなくなるのではないかと思う。そうすれば、キレることも戸惑うことも、なくなるはずである。「セカンド・ハネムーン」という言葉があるけれども、子どもを絆としたこれまでの家庭ではなく、夫婦の絆を大切にする家庭をどのようにして作っていくか、そこにこれからの中高年の夫婦生活の大きな課題があるような気がするのであるが、皆さんの考えはどうであろうか。

第３章　二〇〇〇年児童虐待防止法

二〇〇二年二月一六日の朝日新聞（夕刊）によると、石川県金沢市で、一六日、遊びに行くために、長男（四歳）と長女（一歳）を自宅の暖房がない部屋に放置し衰弱させたとして、保護責任者遺棄罪で母親（二九歳）が逮捕され、また、兵庫県神戸市では、同日、長男（二歳）を栄養失調にさせ、二男（一歳）を栄養障害により衰弱死させたとして、母親（二四歳）が保護責任者遺棄致死罪で逮捕されている。

近年、我が国においても、このような児童虐待の問題が新聞やテレビ等で取り上げられ、社会の耳目を集めており、国会でも論議される重要な社会問題となっているが、児童虐待そのものは、新しいようで古い問題である。江戸時代の「間引き」の習慣は、嬰児殺として知られている児童虐待の事例であり、このような形での児童虐待は、子どもの人身売買を含めて、人類の歴史と共にあるように思われる。しかしながら、我々の先人は、こうした問題に真剣に取り組もうとはしなかった。世界的なレベルで児童虐待防止の動きが始まったのは、ようやく第一次世界大戦後、国際連盟が設立されてからのことである。

我が国で児童虐待の問題に正面から取り組んだ人は、「更生保護の父」といわれる原胤昭が最初である。出獄人保護所「原寄宿舎」を営んでいた彼は、一九〇九（明治四二）年の春に、横浜で、興行師が幼い養女を虎の檻の中に投げ込み、瀕死の重傷を負わせるという「横浜興行師養女虐待事件」が発生したことを契機として、児童虐待防止事業に着手しているのである。原胤昭は、約一年の間に、一〇〇余件のケースを取り扱っているが、実質的な活動は、この一年余で終わっている。

その後、一九二二（大正一一）年に、浅草において、貰い子がその養親に虐待されたあげく、殺害され、バラバラにされて川へ投げ込まれるという「浅草少女惨殺事件」が起こるに及び、日本救世軍の創立者である山室軍平が、児童虐待防止事業を原胤昭から引き継いでいるが、この事業も、およそ一年余りで閉鎖されている。

この二つの児童虐待防止事業の失敗の原因は、児童虐待の保護について、法的根拠に欠けるところがあったからであるといわれている。そのため、一九三三（昭和八）年の児童虐待防止法は、関東大震災後の金解禁と恐慌による昭和不況という現実の前で生起した、貰い子殺し、親子心中、児童の身売り等の児童虐待事件が当時の新聞を賑わせたという事実もさることながら、被虐待児童の救済に法的根拠を与えるものとして、制定されたと考えられるのである。

この一九三三年児童虐待防止法の成果はともかくとして、第二次世界大戦後は、新しく制定された児童福祉法に吸収されて、一九三三年児童虐待防止法は廃止されることになるのである。すなわち、戦後間もなく、政府は、「児童保護法案要綱」（一九四五年一〇月一五日）を作成したが、児童虐待の防止もさることながら、戦災孤児や乳幼児の保護を図ることが重要であるという認識から、約一年後、改めて「児童保護法要綱案」（一九四六年一一月三〇日）を作成した。しかし、GHQの覚書「監督保護を要する児童の件」（一九四六年一〇月一六日）に基づく指導を受けて、政府は、自ら作成した「児童保護法要綱案」を修正し、「児童保護法」から「児童福祉法」へと名称を変更した上で、一九四七年一二月一二日、「児童福祉法」（昭和二二年一二月一二日法律第一六四号）

として公布し、一九四八年一月一日から施行されるに至るのである。

一　二〇〇〇年児童虐待防止法の制定過程

今般、新しく制定された児童虐待防止法は、この児童福祉法に対する特別法ないしは補完法として位置づけられるものである。この二〇〇〇年児童虐待防止法が制定されたのは、一九九〇年以降において、児童虐待が深刻な事態となってきたことも考慮の対象となっていることは言うまでもないであろうが、それよりも、一九八九年に採択された「子どもの権利に関する条約」(Convention on the Rights of the Child) がその背景にあるように私には思われる。我が国でも、一九九四年五月二二日に発効した「児童の権利に関する条約」(平成六年五月一六日条約第二号) は、その第一九条において、「親等による虐待・放任・搾取からの保護」を、第三四条において、「性的搾取・虐待からの保護」を規定しているからである。したがって、今般の児童虐待防止法の制定は、「子どもの権利に関する条約」の定める締約国の義務の具体化の第一歩とでもいえるものなのである。その点、一九九九年一一月一日より施行された、いわゆる「児童買春・児童ポルノ処罰法」(平成一一年五月二六日法律第五二号) も、「子どもの権利に関する条約」第三四条に対応するものなのである。

それはともかく、厚生労働省は、一九九七年六月、都道府県知事及び政令指定都市市長宛てに、児童虐待に関する啓発や関係機関の連携を促進するよう、「児童虐待等に関する児童福祉法の適切な運用について」を通知している。また、一九九九年一二月には、衆議院青少年問題に関する特別委員会は、立法府が法整備を早急に講じることなどを盛り込んだ「児童虐待の防止に関する件」を決議し、警察庁も同年一二月、各都道府県に向けて、「児童虐待等に対する取組みの強化について」を発出し、児童虐待事案の早期発見、関係機関との連携の強化等とともに、児童虐待事案への適切な対応について指示している。

こうした状況の中で、二〇〇〇年五月一一日、超党派の議員立法として、「児童虐待の防止等に関する法律案」が、衆議院青少年問題に関する特別委員会に提出され、五月一七日に成立し、五月二四日に公布されたのである。本法が施行されたのは、同年一一月二〇日である。

二　児童虐待防止法の内容

児童虐待防止法は、全一六条から成るものである。この法律の目的は、第一条に定められているごとく、児童虐待が児童の心身の成長と人格の形成に重大な影響を与えることにかんがみ、①児童に対する虐待の禁止、②児童虐待の防止に関する国及び地方公共団体の責務、③児童虐待を受けた児童の保護のための措置等を定めることによって、児童虐待の早期発見・早期対応を図り、それによって児童虐待の防止等に関する施策を促進することを目的としているのである。

この法律の主な内容は、まず第一に、児童虐待の定義を定めるとともに、何人も児童に対して虐待をしてはならないと規定したことである。児童虐待の定義としては、第二条に、①身体的虐待、②性的虐待、③保護の怠慢（ネグレクト）、④心理的虐待という四つの行為類型が挙げられているが、これは国際的な基準とも合致するものである。これによって、児童虐待の内容が、我が国において、初めて法律によって規定されたことになるのである。そして、第三条では、「何人も、児童に対し、虐待をしてはならない」と規定している。これは、至極当たり前の規定であるように思われるかもしれないが、児童虐待の禁止が明文化されたことは、国民一般に向かって児童虐待が許されないものであることを宣言した点において、高く評価されるものである。

第二に、国及び地方公共団体は、児童虐待の早期発見及び児童虐待を受けた児童の迅速かつ適切な保護を行うため、関係機関の連携等の体制整備、児童の保護に携わる人材の確保及び資質の向上、通告義務等の広報・啓発の実施などの責務を規定したことである（第四条）。この国や地方公共団体等による「必要な体制の整備」等が明文化されたことは、今後の児童虐待に関する施策の推進が確保されることになった点で、大きな成果といえよう。

第三に、学校の教職員、児童福祉施設の職員、医師、保健師、弁護士その他児童の福祉に職務上関係のある者は、児童虐待の早期発見に努めなければならないものとしたことである（第五条）。ここでいう「児童の福祉に職務上関係のある者」とは、法律に直接規定されている者のほか、児童委員、警察職員、人権擁護委員、精神保健福祉相談員、母子相談員、婦人相談員、家庭裁判所調査官等も含まれるであろう。

第四に、児童相談所が児童虐待の通告等を受けた場合、児童相談所長は、速やかに当該児童の安全を確保するよう努めるとともに、必要に応じて一時保護を行うこととしたことである（第六条、七条、八条）。児童虐待を発見した場合の通告義務は、すべての国民に課されている（児童福祉法第二五条）が、児童虐待の通告は、刑法上の守秘義務により妨げられないものとされた（第六条第二項）点に意義がある。一時保護についても、児童福祉法で規定されている（第三三条）が、その期間が定められていなかった。本法では、原則として二カ月を超えてはならないとされている。

第五に、都道府県知事は、児童虐待が行われているおそれがあると認めるときは、児童の福祉に関する事務に従事する職員等をして、児童の住所又は居所に立ち入り、必要な調査等を行うことができることとした。また、児童の安全確認や一時保護、立入調査に際し必要があると認めるときは、警察官の援助を求めることができることとしたことである（第九条、一〇条）。すなわち、児童虐待防止法は、児童の虐待が行われている恐れがあると認めるときは、立入調査ができることを明記し、児童福祉法第二八条の申立てを前提としなくともよいことを明確にした点に意義がある。しかしながら、いかに児童福祉法に比べて立入調査の要件が緩和されたとはいえ、錠を壊すなど物理的強制力をもって立ち入ることや保護者の意思に反して立ち入ることまでも認めたわけではない。そのために、必要があると認めるときには、警察官の援助を求めることができることとしたのである。これによって、児童相談所と警察官の連携を以前よりも円滑に行うことができるようになったといえるであろう。

第六に、家族関係の回復を促進する観点から、児童虐待を行った保護者に対して児童福祉司等による指導を行う措置がとられたときは、その指導を受けることが義務である旨定めたことである（第一一条）。この場合の、児童福祉司の指導内容としては、心理療法やカウンセリングも含まれるであろうが、現行体制の下で、どこまで実現可能かは未知数である。人材の確保と今後の体制の強化が求められる。

第七に、児童虐待を受けた児童について、その保護者の意に反して児童福祉法による施設への入所措置がとられた場合において、児童相談所長又は児童福祉施設の長は、当該保護者と児童の面会又は通信の制限ができることとしたことである（第一二条）。本条は、施設入所児童に対する保護者からの強引な面会や引取要求への対応に苦慮してきた児童福祉実務からの要請に応えるものであり、実務にとって大きな意義を持つ規定である。しかしながら、本条による制限は、家庭裁判所の承認による施設入所措置に限られ、一時保護や親権者等の同意がある場合の施設入所措置の場合は含まれないことに注意しなければならない。

第八に、児童の親権を行う者は、児童のしつけに際して、その適切な行使に配慮しなければならないとしたことである（第一四条）。児童虐待防止法によって児童虐待の定義が明確化されたことに伴い、児童の親権を行う者が親権を行使するに際しては、適切に行使することが必要であり、児童虐待としつけの峻別が求められているのである。したがって、懲戒権の適切な行使の範囲を逸脱する児童虐待については、違法性が阻却されないことが明記され、児童の親権を行う者は、児童虐待に係る暴行罪、傷害罪その他の犯罪について、当該児童の親権を行う者であることを理由として、その責めを免れることはないとされている。また、そのために、民法の規定する親権の喪失の制度は、児童虐待の防止及び児童虐待を受けた児童の保護の観点からも、適切に運用されなければならないとしているのである（第一五条）。最後の第一六条は、大都市等での特例を定めたものである。

三　今後の課題

二〇〇〇年児童虐待防止法は、「児童の世紀」といわれた二〇世紀の最後の年に制定された法律という意味で、象徴的な意味を持つものであるといえようが、児童虐待に関する一般法である民法や児童福祉法をそのままにした上で制定されたという経緯があるため、民法の親権規定の古さをそのままにし、児童福祉法の不備をもそのまま持ち込んでいるという欠点がある。

児童虐待の問題そのものに対しては、今般の立法と関係官庁の取組みによって一歩前進したといえるであろうが、もともと、二〇〇〇年児童虐待防止法は、具体的な仕組みや手続等を規定するというよりは、児童虐待の防止等に関する施策の促進を目的とするものであり、実効性という点では充分とはいえないであろうと思う。事件処理の手続という観点からは、児童の権利の保障という側面からだけでなく、親の権利の保障という側面からも、適正手続の保障を考えていかなければならないであろう。

発見・通告制度に関しても、児童虐待を発見しやすい立場にある教職員や医師等の専門職に対して、早期発見義務を規定して、速やかに児童相談所や福祉事務所に通告しなければならないと義務づけてはいるが、懈怠した場合の罰則は規定されていない。また、守秘義務違反についての免責は定められているが、誤って通告した場合の刑事上・民事上の免責までは定められていない。アメリカのように絶対的免責を認めることは難しいかもしれないが、通告が誠実になされたものである限り、免責を認めるべきであろう。免責規定は通告者を保護し、積極的に通告してもらうための基礎となるものだからである。

児童虐待の対応策としては、①親に対する刑罰を中心とする刑法的対応、②親権の制限を中心とする民法的対応、③児童の保護と家庭への援助を中心とする福祉的対応が可能であろうが、刑法的対応に関しては、虐待傷害罪や虐待致死罪のような児童虐待一般を処罰する「児童虐待罪」を新設すべきであるという主張もある。しかしながら、「虐待」を加重類型として規定する場合には、憲法上の「法の下の平等原則」との整合性を検討する必要が出てくるであろうし、そうでなくても、親に対して自由刑を科して刑務所に入れることが、子どもにとって利益であるとは必ずしもいえないように私には思われる。刑法的対応としては、さらに、刑法に触れないようないわゆるグレーゾーンをどこまで現在の法律で規制し、児童を守ることができるのかという問題もある。

二〇〇〇年児童虐待防止法は、施行から三年後に見直されることになっているのであるから、関係者には、今後の法執行状況を見守りながら、これらの点を充分に検討し、将来の課題として頂きたいと思う。いずれにせよ、新しく制定された児童虐待防止法が、「子どもの最善の利益」(the best interests of the child) のために奉仕するものであることを期待したいと思う。

【付記】

二〇〇四年四月七日、改正児童虐待防止法が成立した。一〇月一日から施行される。今回の改正では、児童虐待を早期に発見するため、児童相談所への通告義務の範囲を拡大した。すなわち、児童虐待を受けた児童を発見した場合だけではなく、「虐待を受けたと思われる児童を発見した」場合にも通告義務を課し、虐待が疑われる段階から通告を促すことにした。また、児童虐待を、「著しい人権侵害」と明記し、その上で、国と地方自治体に対し、児童虐待の「早期発見」と「保護」に加えて、「予防」「自立支援」「親子の再統合」に向けた体制整備を求め、切れ目のない支援体制を整えることを明らかにした。さらには、児童虐待の定義も拡大し、同居人による虐待を保護者が放置することや、児童がいる家庭内での配偶者に対する暴力なども対象に加えた。そしてまた、通告を受けた児童相談所などは、子どもの安全確保のため、「必要に応じ適切に警察署長に援助を求めなければならない」との義務規定も盛り込んでいる。また、二〇〇七年五月二五日に改正され、二〇〇八年四月一日に施工された改正児童虐待防止法では、①虐待を受けた児童に対する医療体制の整備、②虐待の疑いがあるとき、都道府県知事は保護者に児童を伴った出頭を求め調査できること、③出頭命令に応じないときは、再出頭命令を求めることが出きること、④再出頭命令が拒否されたときは、地方裁判所あるいは家庭裁判所の許可状を取り、住居に立ち入り調査ができること、⑤保護者が勧告に従わないとき、児童を一時保護し強制入所措置を取ることができること、⑥保護者の面会や通信を制限できること、⑦子供へのつきまといや施設周辺でのうろつきを罰則付きで禁止できること等、児童相談所の権限強化が図られた。

第４章　ＤＶ防止法

二〇〇一年四月六日、「配偶者からの暴力の防止及び被害者の保護に関する法律」（平成一三年法律第三一号）が成立し、四月一三日に公布され、一〇月一三日から施行された（但し、配偶者暴力相談支援センター等の規定については二〇〇二年四月一日施行）。

この法律は、参議院の「共生社会に関する調査会」が提案者となった議員立法であり、内閣府、警察庁、法務省、厚生労働省の四府省庁の共管である。この法律の制定によって「女性に対する暴力」の根絶に向けての第一歩が踏み出されたと評価する者がいる反面、被害を受けた女性の安全を守り、援助するという観点からは欠陥が多いとの指摘もある。本章では、この「配偶者からの暴力の防止及び被害者の保護に関する法律」（以下ＤＶ防止法と略称する）の概要について検討してみることにしたい。

一　ＤＶ防止法制定の目的

配偶者間の暴力は、一般にドメスティック・バイオレンス（Domestic Violence：DV）と呼ばれているが、そもそも、英語のドメスティック・バイオレンスとは「家庭内の暴力」を意味する言葉であり、配偶者間の暴力（配偶者虐待）のみならず、子どもから親に対する暴力（かつて我が国で家庭内暴力と呼ばれていたもの）、親から子どもに対する暴力（児童虐待）、お年寄りに対する暴力（高齢者虐待）等をも含む広い概念である。しかしながら、フェミニストの間では、この言葉は、既婚・未婚、同居・別居、離別を問わず、親密な関係にある、あるいは親密な関係にあった男性から女性に加えられる暴力のことを意味する言葉として使われており、「夫・パートナーからの暴力」の意味で使われることが多い。今般のＤＶ防止法も、建前の上からは、夫と妻の双方が被害者となり得るという前提に立っているが、前文を見ると、「配偶者からの暴力の被害者は、多くの場合女性であり、経済的自立が困難である女性に対して配偶者が暴力その他の心身に有害な影響を及ぼす言動を行うことは、個人の尊厳を害し、男女平等の実現の妨げとなっている」としていることや、「このような状況を改善し、人権の擁護と男女平等の実現を図るためには、配偶者からの暴力を防止し、被害者を保護するための施策を講ずることが必要である。このことは、女性に対する暴力を根絶しようと努めている国際社会の取組に沿うものである」としていることからみても、本法の狙いとするところは、「女性に対する暴力の防止とその保護」にあることは明らかであろう。あえて「配偶者」とし、男性を加えたのは、保護命令違反で男性だけを処罰するのは憲法違反の疑いがあるという疑義を回避するためであるように思われる。

二　ＤＶ防止法の構成

ＤＶ防止法は、全三〇条から成り、第一章「総則」（第一条〜二条）、第二章「配偶者暴力相談支援センター等」

（第三条～五条）、第三章「被害者の保護」（第六条～九条）、第四章「保護命令」（第一〇条～二二条）、第五章「雑則」（第二三条～二八条）、第六章「罰則」（第二九条～三〇条）、「附則」（第一条～第四条）という構成になっている。

本法の骨子は、①被害者の保護を行う配偶者暴力相談支援センターの機能の充実、②配偶者からの暴力の発見者による通報等の制度及びそれに応じた各機関による保護、③保護命令制度の創設である。以下、条文に基づいて検討してみることにしよう。

まず、第一章総則においては、「配偶者からの暴力」と「被害者」の定義（第一条）と国及び地方公共団体の責務（第二条）が規定されている。

「配偶者からの暴力」とは、配偶者（婚姻の届出をしていないが、事実上婚姻関係と同様の事情にある者を含む）からの身体に対する不法な攻撃であって生命又は身体に危害を及ぼすものをいうと定義されている。したがって、内縁関係や事実婚等の事実上の夫婦は含まれるが、元配偶者、恋人、元恋人からの暴力は含まれないことになる。また、ここでいう「暴力」が「身体に対する不法な攻撃」に限定されているところから、性的暴力や精神的暴力、経済的圧迫や社会的隔離等は含まれないことになる。この点に関しては、離婚後に夫の暴力の危険性が高まる傾向があるという事実や、身体的暴力のみを対象とし精神的暴力や性的暴力を対象としないのではDVの実態を踏まえたものとはなっておらず、被害者の救済という観点からは問題があるとの指摘がなされているところである。

「被害者」の定義に関しては、「被害者」とは、配偶者から暴力を受けた者をいうと定義しているところから、本法での被害者は、男性であるか女性であるかを問わないことになる。しかしながら、すでに指摘しておいたごとく、本法が専ら夫から妻への暴力を前提としていることは言うまでもない。さらに、注記では、「配偶者からの暴力を受けた後婚姻を解消した者であって、当該配偶者であった者から引き続き生命又は身体に危害を受けるおそれのある者を含む」とされているが、この点は、前述のＤＶの特質を考慮に入れたものであろう。また、第二条では、国及び地方公共団体は、配偶者からの暴力を防止し、被害者を保護する責務を有するものとしている。

第二章は配偶者暴力相談支援センターに関する規定（第三条、四条、五条）である。この規定によれば、都道府県は、当該都道府県が設置する婦人相談所その他の適切な施設において、当該各施設が配偶者暴力相談支援センターとしての機能を果たすものとしている。換言すれば、各都道府県は、新たにセンターを設置するのではなく、既存の組織を有効に組み合わせて「センター機能」を持つように工夫し、総合的に対応することを提言しているのである。ここでのセンター機能は、配偶者からの暴力の防止と被害者の保護にあるといえるが、その目的を果たすために、第三条二項には業務内容が規定されている。すなわち、①被害者に関する各般の問題についての相談と相談機関の紹介、②被害者の心身の健康を回復させるためのカウンセリング、③被害者及びその同伴する家族の一時保護、④被害者が自立して生活することを促進するための情報の提供その他の援助、⑤保護命令の制度の利用についての情報の提供その他の援助、⑥被害者を居住させ保護する施設、いわゆるシェルターの利用等についての情報の提供その他の援助、がそれである。

これら配偶者暴力相談支援センター等による保護の対象となる被害者の範囲については、性的暴力や精神的暴力も含むものとしている。実際には、多くの都道府県で婦人相談所がセンター機能を果たすことになるであろうが、業務に要する費用などについては、都道府県が支弁し、国がその一定の割合を負担又は補助するものとしている（第二七条、二八条）。

第三章は被害者の保護に関する規定である。配偶者からの暴力の発見者による通報等（第六条）、配偶者暴力相談支援センターによる保護についての説明等（第七条）、警察官による被害の防止（第八条）、被害者の保護のための関係機関の連携協力（第九条）が規定されている。

まず、配偶者からの暴力の発見者による通報等についてであるが、配偶者からの暴力は、主に家庭内で行われるため、外部からの発見が困難であり、また、被害者も保護を求めることをためらうことが考えられることから、配偶者からの暴力を受けている者を発見した者は、その旨を配偶者暴力相談支援センター又は警察官に通報するよう努めなければならないものとしている（第六条第一項）。努力義務規定である。

また、医師その他の医療関係者は、その業務を行うに当たり、配偶者からの暴力によって負傷し又は疾病にかかったと認められる者を発見したときは、その旨を配偶者暴力相談支援センター又は警察官に通報することができるものとしている。但し、この場合において、その者の意思を尊重するよう努めるものとしている（同条第二項）。通報は義務ではないことに注意されたい。

また、守秘義務を負っている者が、配偶者からの暴力を発見した場合に、躊躇することなく通報できるように、刑法の秘密漏示罪の規定その他の守秘義務に関する規定は、適用されないことを明らかにしている（同条第三項）。

この他、医師その他の医療関係者は、その業務を行うに当たり、配偶者からの暴力によって負傷し又は疾病にかかったと認められる者を発見したときは、その者に対し、配偶者暴力相談支援センター等の利用について、その有する情報を提供するよう努めなければならないものとしている（同条第四項）。

次いで、第七条は、配偶者暴力相談支援センターは、被害者に関する通報又は相談を受けた場合には、必要に応じ、被害者に対し、配偶者暴力相談支援センターが行う業務の内容について説明及び助言を行うとともに、必要な保護を受けることを勧奨するものとしている。第八条では、警察官は、通報等により配偶者からの暴力が行われていると認めるときには、暴力の制止、被害者の保護その他の配偶者からの暴力による被害の発生を防止するために必要な措置を講ずるよう努めなければならないこととしている。また、第九条は、被害者保護のための関係機関の連携協力について規定している。

第四章は保護命令に関する規定である。今回のＤＶ防止法の最大の特質はこの保護命令制度を導入したことである。ここでいう保護命令制度とは、被害者が更なる配偶者からの暴力によりその生命又は身体に重大な危害を受けるおそれが大きいときに、裁判所が、被害者からの申立てにより、その生命又は身体に危害が加えられることを防止するため、当該配偶者に対し、一定の期間、被害者へのつきまとい等の禁止や住居からの退去を命じ、その命令の違反には刑罰が科されることを内容とする制度である。

このように、保護命令には、接近禁止命令と退去命令の二つのものがある。接近禁止命令とは、保護命令の効力が生じた日から起算して六月間、被害者の住居（当該配偶者と共に生活の本拠としている住居を除く）その他の場所において被害者の身辺につきまとい、又は被害者の住居、勤務先その他その通常所在する場所の付近をはいかいすることを禁止するものである（第一〇条第一号）。また、退去命令とは、保護命令の効力が生じた日から起算して二週間、被害者と共に生活の本拠としている住居から退去させるものである（同条第二号）。

保護命令手続で問題となるのは、保護命令の申立てにおいて、被害者が配偶者暴力相談支援センターや警察に対し保護等を求めていたか否かによって、その手続に違いが見られることである。

まず、被害者が配偶者暴力相談支援センターや警察に対し保護等を求めている場合においては、被害者は、これらに対し相談し、又は援助若しくは保護を求めた事実等について、申立書に記載しなければならないものとしている（第一二条第一項）。一方、被害者が配偶者暴力相談支援センターや警察に対し保護等を求めていない場合には、被害者は、申立書に、配偶者からの暴力を受けた状況等についての供述を記載した公証人の認証を受けた宣誓供述書を添付しなければならないものとしているのである（同条第二項）。

宣誓供述書を添付しなければならないのは、迅速な審理を行うためであるとのことであるが、女性の証言を信用していないジェンダー・バイアスであるとする批判はともかくとしても、申立要件が厳しく、保護命令の内容及び実効性には疑問があるとする批判は真摯に受け止めるべきであろう。特に、保護の対象が被害者本人に限られ、実家の親兄弟や一緒にいる子どもが対象から外れている点は問題である。また、電話やファクスあるいはメールによる接近を禁止していないことにも問題があろう。さらには、退去命令を履行する際に、親権を盾に子どもを連れ去ることも保護命令では阻止することができない。退去命令を履行しない場合の対応にも問題がある。被害者の保護のためには保護命令期間が短いことをも含めて再考する余地があるように思われる。

保護命令に違反した場合には、一年以下の懲役又は一〇〇万円以下の罰金に処するものとしている（第二九条）。刑事罰による直接強制制度を導入し、保護命令の実効性を高めようとした点は評価して良いであろう。

その他、保護命令に関しては、迅速な裁判及び保護命令事件の審理の方法（第一三条、一四条）、保護命令申立てについての決定等（第一五条、一六条）、保護命令の取消し（第一七条）、保護命令の再度の申立て（第一八条）等の規定がある。なお、この法律に定めるもののほか、保護命令に関する手続に関し必要な事項は、最高裁判所規則に定められている（平成一三年最高裁判所規則第七号）。

第五章の雑則においては、被害者の安全確保と秘密保持についての職務関係者の配慮義務（第二三条）、国民の教育及び啓発（第二四条）、加害者及び被害者についての調査研究の推進（第二五条）、民間団体に対する援助（第二六条）、都道府県及び市の支弁（第二七条）、国の負担及び補助（第二八条）等が規定されている。

第六章は罰則に関する規定であり（第二九条、三〇条）、附則は、施行期日、経過措置等である。

三　女性に対する暴力の国際的関心の高まり

女性に対する暴力の根絶に関する国際的な関心は、一九九三年に、国連で「女性に対する暴力撤廃宣言」が採択されて以来高まりをみせ、一九九五年には、国連の「第四回世界女性会議」において、「北京宣言及び行動綱領」が採択され、そのなかでＤＶは最も深刻な人権侵害の一つとして位置づけられた。二〇〇〇年の「女性二〇〇〇年会議」で採択された「北京宣言及び行動綱領実施のための更なる行動とイニシアティブ」においては、各国が採るべき行動の一つとして、あらゆる形態のＤＶに関する犯罪に対処するための法律の制定等が規定されている。

こうした国際的な動向を受けて、我が国でも、二〇〇〇年に策定された「男女共同参画基本計画」において、女性に対する暴力のうち、夫・パートナーからの暴力について、「各種施策の充実や既存の法制度の的確な実施や一層の活用を行うとともに、それらの状況も踏まえつつ、新たな法制度や方策などを含め、幅広く検討する」という施策の基本的方向が示されたのである。このような状況のもと、一九九八年に設置された参議院共生社会に関する調査会では、同調査会理事会のもとに超党派による「女性に対する暴力に関するプロジェクトチーム」を設置し、このチームによって作成された法律案が、今般のＤＶ防止法となったのである。

二〇〇一年ＤＶ防止法制定の背景には、こうした事情があった。本法には多くの問題点があることはすでに指摘しておいたところであるが、本法の成立によって、我が国においても、女性に対する暴力の根絶に向けての第一歩が踏み出されたことだけは確かなようである。

【付記】

二〇〇四年五月二七日、改正ＤＶ防止法が成立した。一二月上旬施行される。今回の改正では、地方裁判所が加害者に対し、自宅からの退去や被害者への接近禁止命令を命じる保護命令が拡充された。すなわち、離婚後も、元夫や元妻から引き続き暴力を受ける恐れが大きい場合、保護命令の申立てができるほか、子どもへの接近禁止も命じられることになった。自宅からの退去期間は二週間から二カ月に延び、再度の申立てもできることになった。また、暴力の定義についても、身体的暴力に限らず言葉や態度による精神的暴力も含むことが明記された。さらに、職や住居の確保など被害者の自立支援が明記され、国が基本方針、都道府県が基本計画を作ることなどが盛り込まれた。そしてまた、都道府県だけだった相談窓口を、市町村にも設置できるようにした。また、ＤＶ防止法は二〇〇七年一一月に二度目の改正が行われ、二〇〇八年一月一一日に施行された。改正の要点は、①これまで身体の暴力に限っていた保護命令の対象に脅迫も含める等の保護命令制度の拡充、②接近禁止命令と併せて、被害者に電話やファックスやメール等を送ることも禁止できるようにしたこと、③被害者の親族への接近禁止命令が出せるようになったこと、④被害者保護のための基本計画の策定が、市町村の努力義務となったこと、⑤被害者の緊急時における安全の確保が、支援センターの義務として明記されたこと等である。

第5章　ストーカー規制法

二〇〇〇（平成一二）年五月一八日、第一四七回通常国会において「ストーカー行為等の規制等に関する法律」（平成一二年法律第八一号）（以下、ストーカー規制法と略称する）が成立し、一一月二四日より施行された。私が一九九七年五月に青少年更生福祉センター・矯正福祉会が発行している『犯罪と非行』誌において、イギリスのストーカー規制法の立法動向を紹介し、我が国においても同様な法律を制定する必要性があるのではないかという提言をしてから、およそ三年後のことである。

その間、一九九八年一〇月には、愛知県西尾市で、一七歳の少年が、元同級生の女子高校生に付きまとった挙げ句に、登校途中にナイフで刺し殺し、さらに現場に居合わせた女性を約二〇分間にわたり人質にするという、いわゆる「少年によるストーカー事件」や、一二月には、愛知県知多市で、高校時代から一方的に恋愛感情を抱いていた男性が、高校卒業後三年半経って、いきなり交際を申し入れる手紙を送りつけたが断られ、復讐の意図と被害女性を自分のものにしたいとの思いから、スチュワーデスとして採用する旨の内定を得ていた女子大生を、登山ナイフで三〇数回突き刺して殺害し、その母親にも重傷を負わせるという事件が発生している。

しかしながら、この頃頻発していたストーカー事件の中でも、特に、今般のストーカー規制法制定の直接の契機となった事件は、「桶川女子大生ストーカー殺人事件」ではないかと思う。かなり著名な事件であり、マスコミで連日のように報道された事件であるから、詳しい説明は要らないと思うが、事件そのものは、一九九九年一〇月二六日午後一時前、埼玉県のJR桶川駅前の路上で、通学途中の女子大生（二一歳）が何者かによって刺殺されたというものである。最初は通り魔事件ではないかとみられていたが、被害者の女子大生が、事件前、元交際相手から執拗なストーカー行為にさらされていたことが判明し、一躍ストーカー事件として有名になった。写真週刊誌『フォーカス』の記者の執念により、警察よりも早く犯人を特定し、事件解決へと導いた事件としても著名であり、被害者とその家族が、警察に何度もストーカー被害を届け出ていたにもかかわらず、適切な捜査をせず、あまつさえ調書を改ざんしていたことが発覚し、埼玉県警内で懲戒免職者三人、県警本部長を含む一二人の大量処分者を出したことでも話題となった。当初、新聞、テレビ、週刊誌等のマスメディアが、被害者である女子大生の人格の尊厳を害するような報道をし、この事件が「マスコミ報道被害」の典型例として問題になったことでも知られている。

詳しい事件の経緯は、清水潔『遺言』（新潮社・二〇〇〇年）、あるいは鳥越俊太郎&取材班『桶川女子大生ストーカー殺人事件』（メディアファクトリー・二〇〇〇年）を読んで頂きたいと思うが、この事件は、テレビ朝日の報道番組「ザ・スクープ」が特集を組んだことがきっかけとなり、参議院予算委員会（二〇〇〇年三月七日）でも質疑応答が行われている。そして、およそその二カ月後の二〇〇〇年五月一八日、奇しくも被害者の二二歳の誕生日に、ストーカー規制法が成立しているのである。

一　ストーカー規制法の概要

（一）　ストーカー規制法の目的

ストーカー規制法（全一六条）は、その第一条に目的規定を置いているが、これによると、本法は、ストーカー行為等について必要な規制を行うこと等により、「個人の身体、自由及び名誉に対する危害の発生を防止し、あわせて国民の生活の安全と平穏に資すること」を目的とすることが明記されている。

いわゆるストーカー行為は、従来、軽犯罪法や刑法で対応できるものもあったが、直接的にはこれらの刑罰法規が発動されることは極めて少なく、しかも、特定の者に対して繰り返し行われることによって、その相手方に不安や恐怖を覚えさせるとともに、次第に行為がエスカレートして殺害に至るケースがままみられるようになったことから、こうした犯罪による被害の発生を未然に防止するとともに、国民が安心して平穏に暮らせる状態を確保するという観点から、ストーカー行為等を規制することを、第一条において明らかにしたのである。

（二）　規制の対象となる行為

第二条では、規制の対象となる行為として、「つきまとい等」（第一項）と「ストーカー行為」（第二項）が挙げられている。まず、「つきまとい等」であるが、ここでいう「つきまとい等」とは、特定の者に対する恋愛感情その他の好意の感情又はそれが満たされなかったことに対する怨恨の感情を充足する目的で、当該特定の者又はその配偶者、直系・同居の親族その他当該特定の者と社会生活において密接な関係を有する者に対して、次のいずれかに掲げる行為をすることをいうものとされている。

①つきまとい、待ち伏せし、進路に立ちふさがり、住居、勤務先、学校その他その通常所在する場所（以下「住居等」という。）の付近において見張りをし、又は住居等に押し掛けること（第一号）。

②その行動を監視していると思わせるような事項を告げ、又はその知り得る状態に置くこと（第二号）。

③面会、交際その他の義務のないことを行うことを要求すること（第三号）。

④著しく粗野又は乱暴な言動をすること（第四号）。

⑤電話をかけて何も告げず、又は拒まれたにもかかわらず、連続して、電話をかけ若しくはファクシミリ装置を用いて送信すること（第五号）。

⑥汚物、動物の死体その他の著しく不快又は嫌悪の情を催させるような物を送付し、又はその知り得る状態に置くこと（第六号）。

⑦その名誉を害する事項を告げ、又はその知り得る状態に置くこと（第七号）。

⑧その性的羞恥心を害する事項を告げ若しくはその知り得る状態に置き、又はその性的羞恥心を害する文書、図画その他の物を送付し若しくはその知り得る状態に置くこと（第八号）。

一見したところ、これらの「つきまとい等」の行為は、軽犯罪法や刑法等に該当する行為のようにも見えるが、その規制の趣旨・範囲は、軽犯罪法や刑法とは異なるものと考えられ、いずれもいわゆるストーカー行為の実態を踏まえて規定されたものである。また、主観的要件として規定されている「恋愛感情やその他の好意の感情」には、女優、ニュースキャスター等に対する憧れの感情や、特定の女性と性交渉を持ちたいという「性的な感情」も含まれると解される。しかし、事実上、本条の「恋愛等一定の感情」の内容を特定するには、本法の運用による事例の積み重ねを待つしかないであろうと思われる。いずれにせよ、規制対象を恋愛感情等一定の感情を充足する目的の行為に限定したのは、国民に対する規制の範囲を最小限にし、マスコミの活動や組合活動、あるいは探偵業務等、商業活動や労働運動、宗教活動等に規制が及ぶことを避けるための配慮である。この点は充分に評価できるであろう。

次に、「ストーカー行為」であるが、第二項においては、「つきまとい等」の行為を、同一の者に対して反復して、つまり、複数回繰り返して行った場合を、「ストーカー行為」と定義している。ただし、①から④に掲げる行為については、「身体の安全、住居等の平穏若しくは名誉が害される不安を覚えさせるような方法」により、行われる場合に限られるのである。

分かり易く言えば、本条においては、いわゆるストーカー行為の中から悪質性の高いものを「ストーカー行為」として捉えて罰則の対象とするとともに、そこまでに至らない前段階の行為を「つきまとい等」として捉え、特に危険防止の観点から、警告、禁止命令等行政措置の対象としたと考えられるのである。

(三)「つきまとい等」の規制

「つきまとい等」の規制として、まず、何人も、つきまとい等をして、その相手方の身体の安全、住居等の平穏若しくは名誉が害され、又は行動の自由が著しく害されるような不安を覚えさせてはならない（第三条）こととされている。

これに違反して「つきまとい等」がなされた場合、警視総監・都道府県警察本部長・警察署長（警察本部長等）は、「つきまとい等」の相手方から申出を受けて、当該行為をした者に対し、更に反復して当該行為をしてはならない旨を警告することができることとした（第四条）のである。通常、こうした場合に警告を行うのは、被害者の住所地を管轄する警察本部長である（第一〇条第二項）。そしてその場合、本条の警告は、行政指導の一種であるとされているところから、行政訴訟の対象とはならないことに注意しなければならない。

警告を受けた者が当該警告に従わずに「つきまとい等」をして、その相手方に不安を覚えさせた場合には、都道府県公安委員会は、この者に対し、この者からの聴聞を行った上で、更に反復してそのような行為をしてはならない旨の命令、すなわち禁止命令等をすることができることとした（第五条）。

ここで注意しなければならないことは、第四条の警告については、迅速に「つきまとい等」をやめさせるために、警察本部長等が行うこととしたが、禁止命令等については、その違反に対して罰則が科せられることから、手続を慎重に行うために公安委員会が行うこととしている（第一〇条第一項、第四項）点である。また、禁止命令を行う際には、行政手続法第一三条第一項によれば、弁明の機会を付与すれば足りるところ、行為者の人権保障に配慮して、特に聴聞を行うこととしている点にも注意しなければならない。

このほか、「つきまとい等」の相手方からの申出を受けた警察本部長等は、緊急の必要があると認めるときは、更に反復してそのような行為をしてはならない旨の「仮の命令」をすることができる（第六条）ことになっている。

「つきまとい等」の被害者が、どのような段階で警告を求める旨の申出を行うかは、被害者の判断によるところであり、「つきまとい等」が一回行われた時点で申出を行う場合もあれば、すでに行為がエスカレートしており、緊急に対処しなければ、被害者が傷害、脅迫等の犯罪の被害を被るおそれのあるような場合も想定される。

後者のような場合、警告等の手続をとっていたのでは被害者に対する危害を防止することはできず、本法の目的を達成できないことになる。そのため、緊急の必要があると認められるときは、本法で規定されている警告等の手続を経ることなく、禁止命令等に移行し得る「仮の命令」をすることができることとしたのである。

仮の命令は、事前手続なしに行われることから、その効力を一五日以内に限定し（第三項）、その期間内に公安委員会が「意見の聴取」を行うこととしている（第五項）。意見の聴取の結果、当該仮の命令が不当でないと認めるときは、公安委員会は聴聞を行わずに禁止命令を行うことができ（第七項）、そうでない場合には、直ちに仮の命令の効力を失わせることとなる（第九項）。

（四）　ストーカー行為等の被害者に対する援助措置等

また、本法においては、警察本部長等は、ストーカー行為等の相手方からの申出に応じ、当該ストーカー行為等に係る被害を自ら防止するための措置の教示等の必要な援助を行うこととしている（第七条）。これは、被害者が自ら防止策を講じようとしている場合に、それを支援することを警察本部長等の具体的責務として規定したものである。もちろん、言うまでもなく、このような被害者の自助努力を支援するだけでなく、警察がパトロールの強化等の被害防止策を講じることは当然のことである。本条による援助の具体的内容については、国家公安委員会規則で定めることとされているが、たとえば、①電話録音や行為者の行動の記録等の証拠収集方法の教示、②行為者との交渉を行う場としての警察施設の利用、③防犯ブザー等の防犯器具の貸与等が考えられよう。

もちろん、これは今さら改めて言うまでもないことであるが、ストーカー行為等を防止するとともに、その被害者の救済を図ることは、警察のみならず、国、地方公共団体、関係事業者、地域住民が一体となって取り組むべき事柄である。そこで、本法は、国、地方公共団体等が、ストーカー行為の被害者に対する支援活動を行うよう努める旨の規定が置かれている（第八条）。しかし、本条は、あくまでも努力規定を定めたものであるから、関係事業者に特別な措置を講じることまでを求めるものではないが、被害者の求めに応じて対応できる範囲内で、被害者の支援を行うことが期待されているといえよう。ちなみに、ここでいう「関係事業者」とは、ストーカー行為等が、電話、郵便、宅配便等を利用して行われることが少なくないことから、これらのサービスを提供する事業者で、実際にそのサービスがストーカー行為等に利用されているものを指しているのである。

（五）罰　則

最後に、本法は、第一三条から一五条に罰則規定を設けている。すなわち、ストーカー行為をした者は、六月以下の懲役又は五〇万円以下の罰金に処せられるのである。なお、この罪は親告罪で、被害者等からの告訴がなければ公訴を提起することができないことになっている（第一三条）。

また、禁止命令を受けた者が当該禁止命令に違反してストーカー行為をした場合や、禁止命令を受けた者が当該禁止命令に違反して「つきまとい等」をした場合で、禁止命令前の行為から通して評価するとストーカー行為をしたといえるときには、一年以下の懲役又は一〇〇万円以下の罰金に処せられることになっている（第一四条）。

このほか、禁止命令を受けた者が当該禁止命令に違反した場合で、禁止命令前の行為から通して評価しても、ストーカー行為をしたとはいえないときは、五〇万円以下の罰金に処せられるのである（第一五条）。

二　今後の見直しに向けて

以上がストーカー規制法の概要である。本法は、およそ二カ月間という短期間のうちに制定されたことから、本法の早期成立は、ストーカー規制の必要性を国民が認識した結果であるとする者もあれば、一方、それゆえに、立法の拙速性を問題とする者もいる。特に、「感情の認定をどうするか」という点から構成要件の不明確性を指摘する見解や、警告や禁止命令を発する主体と、聴聞などを経て当該行為の危険性を判断する機関が、ともに公安委員会であるというのでは、「適正手続の保障」に欠けるとする意見もある。また、申出に応じて警察が的確に対応するかどうか疑問であり、禁止命令を出すのは本来中立的な裁判機関であるべきではないかとする意見、さらには、この法律を警察が乱用して不当に国民の権利を侵害するのではないかという懸念、はたまた、本法の規定内容では被害者の保護が全うされるかどうかは極めて疑問であるという意見等様々である。施行五年後の見直しの際には、こうした諸点の検討が望まれる。

第６章　改正少年法

二〇〇二年一月二五日の夜、東村山市で起きた「ホームレス集団暴行事件」において、二七日、四人の少年が逮捕され、そのうちの三人が一四歳であったことから、「改正少年法ではどうなるのか」とのコメントを、共同通信社から求められ、「法改正以降、一四歳の少年犯罪としては、初めて検察官が審判に立ち会うか、検察官に逆送される初のケースになる重大事件として注目される」と答えておいた（日本経済新聞一月二八日朝刊、日刊スポーツ一月二八日等に掲載されている）。

考えてみれば、私のように法律の専門家ならともかく、一般の人々には、「少年法が改正され刑罰が厳しくなったらしい」といったような認識があるくらいで、どういう点がどのように変わったのか、あまり知られていないのではないかと思う。本章においては、改正少年法の要点について、できるだけ簡単に易しく解説してみることにしたいと思う。

一　改正少年法が施行されるまでの経緯

今般改正の対象となった一九四八年少年法は、第二次世界大戦後、ＧＨＱのバーデット・ルイス（Burdett G. Lewis）博士からの提案に基づいて作られたものであり、全米プロベーション協会の「標準少年裁判所法」を模範としたものである。そのためもあってか、一九四八年少年法は、当時アメリカで全盛期にあった国親思想に基づき、保護優先主義の強い影響を受けて制定されたのである。

この一九四八年少年法は、一九二二年少年法を全面改正したものであり、少年年齢を一八歳から二〇歳に引き上げたことと、検察官の先議権を廃して全件送致主義を採用したことに特徴がある。その結果、従来、刑事訴追を選択することを通じて、社会防衛を担ってきた検察官の権限が縮小されたことは言うまでもない。ここに、少年法改正問題の原点があるのである。

この保護優先主義を標榜する一九四八年少年法のおよそ二〇年にわたる運用状況を勘案して、一九六六（昭和四一）年に、法務省は、「少年法改正に関する構想」を発表し、全件送致主義や保護優先主義に一部修正を加えて、検察官の権限を一定程度拡大する案を提示したが、学界からの批判が強かった。そこで、一九七〇年になって、法務大臣は、「少年法改正要綱」についての諮問第二七号を発出し、法制審議会少年法部会において実質的な審議を開始した。この要綱は、一八歳と一九歳を「青年層」とし、一八歳未満の少年や成人とは異なる手続を採用することを中核として、少年法全体の見直しをすることを内容とするものであった。しかし、審議はうまくいかず、一九七七年に、審議会は、少年法部会の中間報告に基づく「中間答申」を行うことで、決着をみたのである。

この中間答申は、少年法の基本構造の枠内で、①少年の権利保障の強化と一定限度内での審判への検察官関与という両面から少年審判手続の改善を図ること、②一八歳以上の年長少年について、中間・年少少年の事件とはある程度異なった特別の扱いをすること、③一定限度内で捜査機関による不送致を認めること、④保護処分の多様化・弾力化を図ること等を主な骨子とするものであった。しかし、この中間答申に対しても、日本弁護士連合会等からの反対意見が強く、少年法改正問題は、その後、しばらく中断することとなったのである。

ところが、一九九三（平成五）年に発生した「山形マット死事件」において、少年審判における事実認定が問題となり、社会の耳目を集める少年事件が相次ぐ中で、裁判官の側からも少年法の事実認定手続の問題点を指摘する意見が出されるようになった。こうした事態を受けて、法務省は、一九九六年一一月、法曹三者による「少年審判に関する意見交換会」を設け、その成果を受けて、一九九八年七月には、法務大臣諮問第四三号が発出された。この諮問第四三号に対する法制審議会の答申である「少年審判における事実認定手続の一層の適正化を図るための少年法の整備等に関する要綱案」と、これに基づいて立案された「少年法等の一部を改正する法律案」が、第一四五回国会に提出され、二〇〇〇年の第一四七回国会で審議が始まったが、運悪くも、同年六月の衆議院の解散により廃案となった。

しかしながら、二〇〇〇年五月以降、「西鉄バスジャック事件」をはじめとする一連の一七歳の少年による凶悪な少年事件が生起するに及び、七月には、与党三党による「与党政策責任者会議少年問題に関するプロジェクトチーム」が結成され、「少年法等の一部を改正する法律案」が立案されるに至ったのである。そして、この法案は、二〇〇〇年九月、議員提案により第一五〇回国会に提出され、一一月二八日に成立し、一二月六日に公布された。これがいわゆる「改正少年法」と呼ばれているものであり、二〇〇一年四月一日に施行されている。

二　改正少年法の要点

このような経緯で成立をみた「改正少年法」の要点は、その内容からみて、大きく三つに分けられる。すなわち、①少年事件の処分等の在り方の見直し、②少年審判の事実認定手続の適正化、③被害者への配慮の充実である。以下において、その概要をみてみることにしたい。

(一)　少年事件の処分等の在り方の見直し

(1)　年齢区分の見直し

一九四八年少年法においては、犯行時一四歳の少年であれば、刑法上は刑事責任があるのにもかかわらず、いかに凶悪で重大な犯罪をしようとも、少年法の規定により、刑事処分には付されないことになっていた。しかし、一九九七年に起こった「神戸児童連続殺傷事件」を契機として、一四歳の少年であっても、罪を犯せば処罰されることがあることを明示することによって、その責任を自覚させることが必要であるとの認識から、刑事処分年齢を一四歳まで引き下げ、一四歳以上の少年に係る死刑、懲役又は禁錮に当たる罪の事件については、調査の結果、その罪質及び情状に照らして刑事処分を相当と認めるときは、検察官送致決定ができるとされたのである（改正少年法第二〇条第一項）。

ここで問題となるのは、もし一四歳、一五歳の少年が逆送されて、検察官によって起訴され、地方裁判所で審理され、懲役刑を言い渡された場合には、少年刑務所に送られることになるが、それでよいのかという問題である。刑法第一二条第二項によれば、懲役刑受刑者には「所定の作業」が課されることになっている。少年刑務所において作業に従事させるということになれば、年少者の労働を禁じている労働基準法第五六条に違反することになるであろうし、そうでなくとも、一四歳、一五歳が義務教育年齢であることを考えれば、労働作業をさせるよりも、教科教育を重視しなければならないことは言うまでもない。そのため、今回の改正少年法では、懲役刑を言い渡された一四歳、一五歳の少年は、一六歳に達するまでの間、少年院において刑の執行を受けることができることとし、その場合において、当該少年には、矯正教育を授けることとしたのである（改正少年法第五六条第三項）。そして実際に、そうした少年を扱う少年院においては、「Jt」という処遇分類を設けて、他の少年院収容者とは区別して処遇することにしているのである。

(2) 原則逆送制度

また、今般の改正少年法では、故意の犯罪行為によって人を死亡させるような重大な罪を犯した場合には、少年であっても、刑事処分の対象となるという原則を明示することが、少年の規範意識を育て、健全な成長を図る上で重要なことであると考えられている。そのため、家庭裁判所は、故意の犯罪行為により被害者を死亡させた罪の事件であって、その罪を犯すとき一六歳以上の少年に係るものについては、検察官に送致する決定をしなければならないと定め、この種の事件については、検察官送致決定を行うことが原則とされている（改正少年法第二〇条第二項）。もちろん、家庭裁判所の調査の結果、刑事処分以外の措置を相当と認めるときは、検察官送致決定を行わないことができるのは言うまでもない。

そして、この場合の「故意の犯罪行為により被害者を死亡させた罪」とは、殺人の他、傷害致死、強盗致死、逮捕・監禁致死のように、死の結果自体についての故意がないものを含むが、過失致死のように犯罪構成要件に故意の要素を含まないものや、殺人未遂のように死の結果が発生しなかったものは含まないと解釈されている。

(3)　刑罰緩和規定の見直し

この点に関して注目すべきことのまず第一は、無期刑緩和を裁量化したことである。一九四八年少年法は、第五一条において、犯行時一八歳未満の者について、死刑をもって処断すべきときは、無期刑を科し、無期刑をもって処断すべきときは一〇年以上一五年以下の範囲で有期刑を科することとしていた。これに対して、改正少年法は、無期刑相当の事案について、必ず有期刑に減軽するのは適当でないとの考えに立って、無期刑を科すか有期刑を科すかを、裁判所が選択できることとしたのである（改正少年法第五一条第二項）。

第二は、死刑を無期刑に緩和した場合においては、仮出獄可能期間の特則を適用しないとしたことである。現行刑法では、成人が無期刑に処せられた場合、一〇年を経過しなければ仮出獄が許されないが（刑法第二八条）、少年の場合には、七年に短縮されるという特則が規定されていた。一九四八年少年法では、死刑で処断すべき者が無期刑に減軽された場合にも、この特則が適用され、二重に刑が緩和されることになっていたのである。改正少年法は、これを改め、この特則は適用しないとしたのである（改正少年法第五八条第二項）。

(4)　保護者に対する措置

これは今までになかった規定であるが、家庭裁判所は、必要があると認めるときは、保護者に対し、少年の監護に関する責任を自覚させ、その非行を防止するために、調査又は審判において、自ら訓戒、指導その他の適当な措置をとり、又は家庭裁判所調査官に命じてこれらの措置をとらせることができるとする規定が設けられた（改正少年法第二五条の二）。しかし、保護者が訓戒、指導その他の措置に違反しても、法的制裁はない。いわばプログラム規定である。

(5)　審判の方式

改正少年法は、「審判は、懇切を旨として、なごやかに、これを行わなければならない」と定めていた条文を一部補充し、「和やかに行うとともに、非行のある少年に対し自己の非行について内省を促すものとしなければならない」（改正少年法第二二条）とした。少年に対して真摯な反省を促す必要があるときは、毅然とした態度で臨むことを明らかにしたのである。

(二)　少年審判の事実認定手続の適正化

(1)　裁定合議制度の導入

改正前の裁判所法では、家庭裁判所が取り扱う事件については、他に特別の定めがない限り、一人の裁判官がこれを取り扱うこととされていた。ところが、最近の少年事件においては、複雑で事実認定が困難な事案や否認事件等が数多くみられるようになり、三人の合議体による多角的な視点からの検討が必要であると考えられるようになってきた。そのために、今回の改正で、裁定合議制度が導入されたのである（改正裁判所法第三一条の四）。この裁定合議制度は、裁判官が少年と一対一で向き合い、保護教育的な観点から審理を進めるという少年審判本来の姿からすると、問題がないわけではない。幸いに、裁定合議制度がどの程度用いられるかは、すべて今後の家庭裁判所の運用にかかっている。裁定合議制度を採用する場合には、地方裁判所と同じような裁判構造を家庭裁判所に持ち込むことが、少年にとって利益となるのかどうかを勘案しながら検討をすすめるべきであろう。

(2)　検察官関与制度の導入

少年審判において、事件の真相を解明するために、非行事実を正確に認定することは、非行事実のない少年を誤って処分することがないようにすると同時に、非行のある少年に対しても、適切な保護を施し、その健全な育成を図るという観点からは重要なことである。そのために、家庭裁判所は、犯罪少年に係る事件で、故意の犯罪行為により被害者を死亡させた罪や、死刑又は無期若しくは短期二年以上の懲役若しくは禁錮に当たる罪につき、その非行事実を認定するために、審判の手続に検察官が関与する必要があると認めたときは、決定をもって、審判に検察官を出席させることができるとしたのである（改正少年法第二二条の二第一項）。

今さら改めて指摘するまでもなく、非行事実の認定上問題がある一定の事件については、証拠の収集・吟味における多角的な観点の確保や、事実を争い、裁判官と少年が対峙するといったような状況を回避するという側面からは、検察官を審判協力者として審判に参加させることは意味のあることである。そして、審判に検察官が関与した場合には、少年の側に、弁護士である付添人が付けられることも、これまた、当然である。しかしながら、少年事件をこうした形において処理する場合には、外観上は地方裁判所の刑事手続と酷似した審判構造とならざるを得ず、刑事処分と保護処分が同じ手続構造で処理されるおそれがあることに留意しなければならないであろう。すなわち、裁定合議制度は、家庭裁判所の地方裁判所化をもたらすものであるとも考えられるからである。

(3)　抗告受理申立制度の導入

今般の改正においては、従来、少年側にしか認められていなかった抗告権を、「抗告受理申立て」という形においてではあるが、検察官側にも認めることにした。すなわち、検察官は、検察官関与決定がなされた場合においては、不処分決定又は保護処分決定に対し、検察官関与決定があった事件の非行事実に関し、決定に影響を及ぼす法令の違反又は重大な事実誤認があることを理由とするときは、高等裁判所に対して、二週間以内に抗告受理の申立てをすることができることになったのである（改正少年法第三二条の四）。

この抗告受理申立制度の重要な点は、検察官が抗告受理の申立てをしても、それは抗告権ではないから当然に抗告が行われるのではなく、高等裁判所の抗告受理決定により初めて抗告審の審理が開始されることになるという点である。つまり、高等裁判所が抗告を不相当と判断すれば、抗告を受理しない旨の決定により、事件は終局することになるのである。また、少年側は、「処分の著しい不当」を理由に抗告ができるが、検察官は、処分不当を理由とする抗告受理申立てはできないことに注意しなければならない。

(4)　観護措置期間の延長

改正前の少年法では、少年を少年鑑別所に収容する観護措置期間は、最長四週間とされていた。しかしながら、少年事件においても、多数の証拠調べが必要であるなど相当の審理日数を要する事件がある。そこで、犯罪少年に係る死刑、懲役又は禁錮に当たる罪の事件で、その非行事実の認定に関し、証人尋問、鑑定若しくは検証を行うことを決定したもの、又はこれを行ったものについて、少年を収容しなければ審判に著しい支障が生じるおそれがあると認めるに足りる相当の理由がある場合に限って、更に二回、最長八週間を限度として更新を行うことができることになったのである（改正少年法第一七条第四項）。もちろん、今般の改正では、少年、法定代理人又は付添人から、少年鑑別所送致の観護措置決定及びその期間を更新する決定に関しては、異議申立てをする途を新設している（改正少年法第一七条の二）。

(5)　保護処分終了後における救済手続の整備

従来、少年法においては、保護処分継続中に限り、非行事実がなかったことを認め得る明らかな資料を新たに発見したときは、保護処分の取消しによる救済を認めていたのであるが、しかし、保護処分終了後であっても、審判に付すべき事由の存在が認められないのにもかかわらず、保護処分をしたことを認め得る明らかな資料を発見したときにも、本人の生存中の措置として、保護処分をした家庭裁判所は、決定をもって、その保護処分を取消さなければならないとし、いわゆる再審に類似する、事後的な是正に当たる救済手続が、今回の改正によって整備された（改正少年法第二七条の二）。これは、少年審判における正義の実現という観点からは、極めて重要な改正点である。

(三)　被害者への配慮の充実

(1)　被害者等に対する審判結果等の通知

周知のごとく、少年審判は、刑事裁判とは異なり非公開であるため、事件の内容やその処分等の結果を知りたいという被害者等の要求があっても、従来は、そうした要望に応えることはできなかった。そこで、今般の改正では、家庭裁判所は、事件を終局させる決定をした場合において、犯罪少年又は触法少年に係る事件の被害者等の申出により、その申出をした者に対し、①少年及びその法定代理人の氏名及び住居、②決定の年月日、主文及び理由の要旨を通知することができるとしたのである（改正少年法第三一条の二）。もちろん、通知をすることが、少年の健全な育成を妨げるおそれがあり、相当でないと認められるものについては、通知をしないこととしている。これは、最近、とみに高まっている被害者救済の流れを敏感に反映したものであるといえるであろう。

(2)　被害者等の申出による意見の聴取

いわゆる「犯罪被害者保護二法」によって刑事手続に導入された被害者等による心情その他の事件に関する意見の陳述制度（刑事訴訟法第二九二条の二）と同趣旨の規定である。すなわち、今般の改正によって、犯罪少年又は触法少年に係る事件の被害者又はその法定代理人若しくは被害者が死亡した場合におけるその配偶者、直系の親族若しくは兄弟姉妹から、被害に関する心情その他の事件に関する意見の陳述の申出があるときは、家庭裁判所は、自ら意見を聴取し又は家庭裁判所調査官に命じて、これを聴取させることができることとなったのである（改正少年法第九条の二）。

意見の陳述の申出があれば、原則としてこれを聴取するという点では刑事手続と同様であるが、しかし、少年審判では、これを必ずしも審判廷で行うことが予定されていない点が、刑事手続と異なる。この点は充分に留意しなければならない。

(3)　被害者等による記録の閲覧及び謄写

家庭裁判所は、犯罪少年又は触法少年事件について審判開始決定があった後、被害者又はその委託を受けた弁護士から申出があり、被害者等の損害賠償請求権の行使のために必要があると認める場合、その他正当な理由がある場合であって、少年の健全な育成に対する影響、事件の性質、調査又は審判の状況等の事情を考慮して相当と認めるときは、当該保護事件の記録で非行事実に係る部分に限り、申出をした者にその閲覧・謄写をさせることができることとした（改正少年法第五条の二）。

これは、民事上の請求や被害回復に資することを主たる目的とした規定であり、民事上の請求には直接関係しない少年の要保護性に係る社会記録が除外されているのもそのためである。実際の運用に当たっては、被害者救済の必要性と加害少年の人権保障のバランスを考慮することが必要であろう。

以上、「少年法等の一部を改正する法律」（平成一二年法律第一四二号）、通常「改正少年法」と呼ばれているものの、改正の要点の概略を紹介したが、今回の改正は、少年法施行（一九四九年一月一日）以来、最も大規模な改正であり、少年法の本質そのものに係わる改正であったといっても過言ではない。ただ、今般の改正法が議員の提案による立法であったこともあって予算が伴わず、解釈や運用においても、問題とされる点が存在することも事実である。改正少年法がどのように運用されるのか、我々は、その運用の実態を注意深く見守っていく必要があるであろう。また、二〇〇七年五月二五日、「少年法等の一部を改正する法律」が成立した。主な改正点は、①いわゆる触法少年の事件についての警察の調査権限の整備、②少年院に送致可能な年齢の引き下げ、③保護観察に付された少年が遵守事項を遵守しない場合の措置の導入、④一定の重大事件を対象とした国選弁護人制度の導入等を内容とするものである。

第７章　国際受刑者移送法

二〇〇二年六月四日、第一五四回通常国会において、「国際受刑者移送法」が成立した。この国際受刑者移送法は、欧州評議会（Council of Europe：CE）の「刑を言い渡された者の移送に関する条約」（Convention on the Transfer of Sentenced Persons）の国内実施法として制定されたものである。

犯罪の国際化に対応して、来日外国人犯罪の急増の原因を探求し、どのような施策を展開すべきかということに関しては、すでに『平成六年版犯罪白書』において検討されていたところである。

私は、当時、拙著『刑事政策概論』（青林書院）のなかにおいて、矯正や保護の国際化という視点から配慮しなければならないこととして、「非拘禁措置に関する国連最低基準規則」（United Nations Standard Minimum Rules for Non-Custodial Measures：いわゆる東京ルールズ）や「条件付き判決又は条件付き釈放を受けた犯罪者の保護観察の移管に関する模範条約」（Model Treaty on the Transfer of Supervision of Offenders Conditionally Sentenced or Conditionally Released）のような国際準則や条約を、我が国の制度のなかに、どのように取り込んでいくかが今後の課題であるとした。

我が国で犯罪をして、運悪く刑務所に収容されても、作業賞与金の額が母国のエリートサラリーマンの給料に匹敵するものであり、その上、刑務所で日本語を習得することができ、職業訓練さえも受けられるというのでは、日本の刑務所に収容されることが、かえってメリットになると考えたからである。そうした経済格差からくる諸問題を考慮した場合、「受刑者の移送」や「保護観察の移管」のような制度の採用を、真剣に考えるべきときがきているのではないかと提言したのである。

犯罪者の母国における刑や保護観察の執行は、当該犯罪者にとって、何ら基本的なつながりをもたない犯罪地国における刑や保護観察の執行よりも、より効果的な社会復帰を図ることが可能であり、本来の社会復帰の理念にも適合すると考えられる。また、犯罪者が復帰する社会は、犯罪者の母国であることの方が本来の姿であり、犯罪者の社会復帰を、こうした国際的次元で図ろうとすることは、適正な刑事司法の理念にもかなうものである。また、そうすることによって、裁判所が外国人に実刑判決や保護観察を言い渡すことをためらい、行刑当局が仮釈放の申請手続を躊躇するような事態が発生することを避け得ることにもなるとしたのである。

このたび制定された国際受刑者移送法は、こうした私の年来の提言に添うものであり、私個人としては、本法の制定を評価したいと思っている。そこで、本章では、国際受刑者移送法の目的とその内容について、簡単に紹介してみたいと思う。

一　国際受刑者移送法案提案理由説明

ところで、この国際受刑者移送法は、受刑者の国際的な移送手続について定めたものであるが、その提案理由によれば、概略、次のような趣旨説明が行われている。

「外国人受刑者を処遇する行刑施設においては、言語、風俗習慣、宗教、生活様式の相違に配慮しつつ、その改善更生及び円滑な社会復帰に向けて努力しているところであるが、近時の急速な国際化に伴い、外国人受刑者も急増し、その国籍も多様化していることから、その改善更生及び円滑な社会復帰を更に促進するため、新たな施策を実施すべきことが重要な課題となっている。このような改善更生及び社会復帰を促進するための新たな施策を実施する必要性は、海外で服役する日本人受刑者についても同様であると考えられる。

そこで、この法案は、このような状況を踏まえて、外国において拘禁刑により服役している日本国民及び我が国において懲役又は禁錮の刑により服役している外国人について、国際的な協力の下に、その本国において刑の執行の共助をすることにより、その改善更生及び円滑な社会復帰を促進するため、及び欧州評議会の『刑を言い渡された者の移送に関する条約』を実施するため、これらの刑の執行の共助等について、必要な要件、手続を定めようとするものである」と。

そして、この趣旨説明を受ける形で、本法律案の要点が次のように述べられている。

「第一は、外国において拘禁刑により服役している日本国民等の受刑者を我が国に移送し、その刑の執行の共助を行うこととする『受入移送』についてである。受入移送は、受刑者が移送に同意していること、受刑者が一四歳以上であること、受刑者の犯罪行為が我が国でも禁錮以上の刑が定められている罪に当たること、受刑者の犯罪行為に係る事件が我が国の裁判所に係属していないこと等をその実施要件とし、東京地方裁判所が、これらの要件を満たしていると判断して、受入移送をすることができる旨の決定をした場合において、法務大臣が受刑者の改善更生等の観点から移送を相当と認め、かつ、相手国との合意に達したときに行うものとしている。我が国に移送した後の受刑者については、外国で言い渡された刑が懲役に相当するときは懲役に処せられた者とみなし、禁錮に相当するときは禁錮に処せられた者とみなして、我が国の刑罰執行法令を適用することとしている。」

「第二は、我が国において、懲役又は禁錮の刑により服役している外国人受刑者を、その本国に移送し、その刑の執行の共助の嘱託を行うこととする『送出移送』についてである。送出移送は、受刑者が移送に同意していること、受刑者の犯罪行為がその本国でも罪に当たること、我が国の裁判所に再審や別件刑事事件が係属していないこと等をその実施要件とし、法務大臣が、これらの要件を満たしており、受刑者の改善更生の観点等から移送を相当と認め、かつ、相手国との合意に達したときに行うものとしている。受刑者を本国に移送した後の刑の執行の共助は、その国の法令に従って行われ、その国において刑の執行の共助が終了したときは、我が国の刑の執行も終了することとしている。」

以上が、本法の趣旨である。

こうした趣旨からすると、国際受刑者移送法の目的は、条約を実施することと共に、外国において、裁判の執行として拘禁されている受刑者を、国際的な協力の下に、その受刑者の本国において当該裁判の執行共助を行うことにより、当該受刑者の改善更生及び円滑な社会復帰を促進することにあるということになる。

換言すれば、受入移送であるか送出移送であるかを問わず、母国以外の外国で服役する場合には、言語、宗教、文化、風俗習慣等の違いから、受刑生活に様々な困難を伴うことが予想され、このような困難は、受刑者自身にとって負担となるばかりでなく、受刑者の改善更生及び円滑な社会復帰にとって障害となる場合がある。また、当該受刑者の家族や親族は、母国で生活している場合がほとんどであろうから、家族との面会や外部交通という点からも問題があり、社会復帰後の環境調整にも支障が生じるおそれがある。このような障害や支障を緩和し、受刑者の改善更生や円滑な社会復帰を促進することが、本法の目的とされているのである。

二　受刑者移送制度の概要

国際受刑者移送法は、第一章 総則（第一条～四条）、第二章 受入移送（第五条～二七条）、第三章 送出移送（第二八条～三八条）、第四章 雑則（第三九条～四七条）、付則（第一条～五条）から成るものであり、本法の骨子は、趣旨説明のところでみたごとく、二つの受刑者移送を定めたところにある。すなわち、外国において裁判の執行として拘禁されている日本国民等を我が国の刑務所に収容する「受入移送」（第二条第五号）と、我が国の刑務所で服役している外国人受刑者を、その母国の刑務所に収容する「送出移送」（第二条第六号）である。

いずれの受刑者移送も、その法的性質は裁判の執行共助であり、外国の刑罰執行権を我が国が委譲されたり、我が国の刑罰執行権を外国に委譲するものではない。国際受刑者移送法は、あくまでも自由刑に関する裁判の執行共助制度を定めたところに意義があるのである。

本法における受刑者移送の基本的な要件としては、移送を実施しようとしている両国の合意に加えて、受刑者本人の同意が必要とされている。また、条約上の双罰性の観点から、本法においても、双罰性を受刑者移送の要件として定めている。移送の対象となる受刑者は、あくまでも自由刑の執行を受けて、現に拘禁されている受刑者であり、死刑確定者はその対象ではない。また、自由刑の判決を受けた者であっても、執行猶予中の者や仮釈放中の者のように、現に拘禁されていない者は移送の対象とはならない。その刑期は、無期は無期とし、有期の場合は三〇年（少年の場合は一五年）を上限として、日本国の法令に従って執行の共助を実施する。

また、受刑者移送は、裁判国からの要請、執行国からの要請及び受刑者からの申出のいずれもが、その端緒となり得ることになっている。条約上は、受刑者の同意を得るのは裁判国の責任とされており、裁判国側が移送要請をしようとする場合には、自国の刑務所で服役している受刑者から同意を取り付けた上で、執行国に対し移送要請をするであろうし、執行国側が移送要請をしようとする場合には、裁判国に対して受刑者移送に関する意向を受刑者に聴取することを依頼し、受刑者が移送を望むのであれば、同意書を得ることを要請することになるであろう。

条約は、裁判国により受刑者の同意が徴されたときは、執行国は当該同意が任意かつ充分な法律知識を有した上でなされたものであることを確認することができるとしており、これを受けて、本法は、受入移送の場合においては、法務大臣の委任を受けた外国に駐在する日本国の大使、公使若しくは領事官又はこれらの者が指定する職員、あるいは法務大臣が指定する職員が、受刑者の同意を確認することとしている（第六条）。逆に、送出移送の場合には、執行国が同意の確認を望む場合には、執行国の大使、公使、領事官その他領事任務を遂行する者又は執行国が指定する当該執行国の公務員が、受刑者と接見できる旨を規定している（第二一条）。

受刑者の同意が確認されたならば、受入移送の場合においては、法務大臣においてその他の移送要件の具備及び受入移送を実施することの相当性について判断がなされ、これらが具わっている場合には、東京地方検察庁検事正を通じ、東京地方裁判所に移送要件の具備についての審査を請求することとしている（第七条、八条）。

東京地方裁判所の審査を経ることとしたのは、受入移送が実施されることになれば、新たに我が国の公権力による身体の自由の剥奪が行われることとなるため、行政官庁の判断のみでは、人権保障上の問題が生じるおそれのあることから、公正・中立な裁判所の審査を仰ぐこととしたものである。

法務大臣の相当性の判断については、受入移送の場合は、①残刑期間の長さ（条約上は六カ月以上あることが要件とされている）、②当該受刑者と我が国との結びつき、③当該受刑者が我が国で社会復帰する可能性、④我が国で別途処罰する必要があるか否か等が、検討されることになる。一方、送出移送の場合は、①残刑期間の長さ、②当該受刑者に関する余罪、裁判出廷等の有無、③被害者を含む社会一般の感情、④これまでの我が国の刑務所における服役状況、⑤送出移送実施後、執行国において行われる処遇の内容等の諸事情を勘案して総合的に判断されることになる。

受刑者移送の具体的な方法については、本法に規定はないが、一般的には、裁判国の国際空港で身柄の引き渡しが行われているようである。なお、移送に要する費用については条約上規定があり、執行国の負担となっている。

受刑者移送実施後の受刑者の処遇については、執行国の法令に従って行われることが条約によって規定されている。したがって、受入移送の場合においては、受刑者は我が国の刑務所に収容され、我が国の懲役刑受刑者又は禁錮刑受刑者とまったく同じ処遇を受けることになる（第二一条）。送出移送の場合は、執行国の法令に従った処遇が行われることはいうまでもない。また、執行国において刑の執行の共助を終了した場合には、我が国においても、その刑の執行を終了したものとすることになっている。

最後に問題となるのは受刑者の移送時期であるが、受刑者移送の実施時期については、受入移送の場合は、残刑期間があまりにも短く、受入移送を実施する実効性に乏しいと認められる場合は別として、どの時期、どの段階においても可能である。送出移送の場合は、あまりにも早く移送決定をすることは、被害者の感情を害するおそれがあり、被害者の理解を得られない場合もあると考えられるので、適切な移送時期を検討する必要があるであろう。

三　国際受刑者移送法制定の意義

今般制定された国際受刑者移送法は、二〇〇二年二月七日に開催された欧州評議会閣僚委員会において、我が国に対し、「刑を言い渡された者の移送に関する条約」への加入要請が行われたことを受けてのものである。この条約は、一九八三年に採択されたものであり、欧州評議会加盟国以外にも加入が認められている条約である。事実、二〇〇二年九月現在、欧州評議会加盟国（四〇カ国）以外に、すでに、アメリカ、カナダ、チリ、コスタリカ等一一カ国が加入している。条約の締結については、二〇〇二年七月二三日に国会の承認を得ているので、条約が締結されれば、我が国はアジアで最初の締約国となる。

しかしながら、条約が締結されたとしても、現時点において、我が国の刑務所に収容されている来日外国人のうち、条約に加入している国の国籍を持つ者はごくわずか（条約締結国で受刑する日本人は、二〇〇二年一月一日で四二人、条約締結国の来日外国人受刑者は、二〇〇二年七月末現在で一三七人）であり、近時、緊喫の課題となっている過剰収容問題を解決するための有効な手段となるものではないようである。

そうはいうものの、国際受刑者移送法は、刑事司法の分野において国際協力の発展に貢献するという意味からは重要な法律であり、国際社会において受刑者の改善更生と円滑な社会復帰を図ることは、刑事政策の国際化という側面からも意義のあることであるように私には思われる。将来的には、保護観察の移管の問題についても検討してみるべきではなかろうか。

第8章　心神喪失者等医療観察法

二〇〇三（平成一五）年七月一〇日、第一五六回国会において、「心神喪失等の状態で重大な他害行為を行った者の医療及び観察等に関する法律」（平成一五年法律第一一〇号、以下、心神喪失者等医療観察法と略称する）が成立し、同月一六日に公布され、二〇〇五（平成一七）年七月一五日に施行された。本章では、この法律の概要について紹介したいと思う。

一　心神喪失者等医療観察法の概要

本法は、全六章、一二一カ条から成るものであり、心神喪失又は心神耗弱の状態で殺人、放火等の重大な他害行為を行った者の社会復帰を促進するため、新しい処遇制度を創設したものである。

第一章（第一条～第二三条）は総則規定であり、本法の目的のほか、本法において用いられている各用語の定義、並びに新たな処遇制度の担い手となる裁判所、指定医療機関及び保護観察所に関する規定を置いている。

第二章は（第二四条～第八〇条）は、対象者の処遇の要否及び内容を決定するための審判手続について定めるものであり、審判手続の総則規定のほか、入院又は通院に係る審判、退院又は入院継続に係る審判、処遇の終了又は通院期間の延長に係る審判及び再入院等に係る審判に関する規定、あるいは抗告に関する規定等が置かれている。

第三章（第八一条～第一〇三条）は、指定医療機関における医療について定めるものである。対象者に対する医療の実施、指定医療機関への精神保健指定医の必置、指定医療機関の管理者の講じる措置、入院者に関する措置についての規定等が置かれている。

第四章（第一〇四条～第一一三条）は、通院患者の地域社会における処遇に関する規定である。処遇の実施計画、精神保健観察、関係機関相互の連携に関する規定が置かれている。

第五章（第一一四条～第一一六条）は雑則である。本制度における処遇と刑事手続、精神保健福祉法による手続との関係についての規定が置かれている。

第六章（第一一七条～第一二二条）は、罰則規定である。関係者の守秘義務違反、虚偽報告に対する罰則についての規定が置かれている。

なお、本法には附則があり、精神保健福祉法の一部を改正するなど、本法の施行に関して必要な関係法律の整備を行っている。

本法は、全体で一二一カ条にも及ぶものであり、条文の引用及び準用が多いため、通読しただけではその内容を理解することが困難であると思われるので、以下においては、手続の進行に合わせて、主要な規定のみを紹介することにしたいと思う。

本法は、その第一条において目的規定を置き、「この法律は、心神喪失等の状態で重大な他害行為（他人に害を及ぼす行為をいう。以下同じ。）を行った者に対し、その適切な処遇を決定するための手続等を定めることにより、継続的かつ適切な医療並びにその確保のために必要な観察及び指導を行うことによって、その病状の改善及びこれに伴う同様の行為の再発の防止を図り、もってその社会復帰を促進することを目的とする」と規定している。

本法の対象者は、殺人、放火、強盗、強姦、強制わいせつ（以上は未遂も含む）、傷害致死、傷害（軽微なものを除く）等の他害行為を行った者（第二条第二項）で、行為時に心神喪失か心神耗弱で検察官が不起訴とした者、及び、心神喪失や心神耗弱により無罪又は有罪（執行猶予付き）の判決が確定した者（第二条第三項）である。

審判手続は、まず、検察官が地方裁判所に審判（処遇の要否及び内容を決定すること）を申し立てる（第三三条）。この場合、再び対象行為を行うおそれが明確にないと判断される場合を除いては、原則として、申立てをしなければならない。申立てを受けた裁判所は、国公立病院に新設する専門治療施設に対象者を鑑定入院させることになる（第三四条第一項）。病院においては、精神保健判定医が再び対象行為を行うおそれについて鑑定を行い、入院の必要性について意見を付する（第三七条）。そのために、対象者は処遇の決定が出るまで、最長で三カ月間在院しなければならないことになるのである（第三四条第三項）。

この間に審判を行うことになるが、審判は、裁判官一人と、新設される精神保健審判員（厚生労働大臣が作成した学識経験をもつ精神科医の名簿の中から事件ごとに地方裁判所が任命する）一人の合議体により行われる（第一一条）。審判には検察官、対象者、付添人（弁護士）が同席する。審判は非公開であるが、被害者等は傍聴できることになっている（第四七条）。また、被害者等は、申立てにより、対象者の氏名及び住居、決定の年月日、主文及び理由の要旨を通知してもらうことができる（第四八条）。そして、この審判には、裁判所が必要と認めれば、精神保健参与員（精神保健福祉士等から任命）を関与させることができるのである（第三六条）。

次は、処遇の要否及び内容を決定する審判手続であるが、まず、決定又は命令をするにあたって必要がある場合には、事実の取調べが行われる（第二四条）。そして、裁判官は、保護観察所長に対して、対象者の生活環境を調査させ、報告させることができる（第三八条）。そして、この報告に基づき、対象者が本当に他害行為を行ったかどうか、そしてまた、対象者が心神喪失又は心神耗弱であるかどうかについて判断をすることになるのである。その結果を受けて、①医療を受けさせるために入院をさせる旨の決定（入院決定）、②入院によらない医療を受けさせる旨の決定（通院決定）、③この法律による医療を行わない旨の決定のいずれかの処遇を選択し（第四二条）、それらのいずれにも該当しない場合には、検察官による申立てを却下することとしている（第四〇条）。審判の際の判断基準は、「医療を行わなければ、再び対象行為を行うおそれがあるかどうか」である（第四二条）。決定又は命令を下すには、裁判官と精神保健審判員の意見の一致が必要である（第一四条）。

入院決定の場合には、厚生労働大臣が定める指定入院医療機関（国公立病院）において、専門的な医療を受けることになる（第一六条、第四三条第一項）。期間は無期限であり、医療機関は、精神保健指定医の診察の結果、入院の必要がなくなったと判断した場合には、保護観察所長の意見を付して、地方裁判所に退院許可を申立てなければならない（第四九条一項）。また、診察の結果、入院の必要がまだあると認める場合は、決定があった日から起算して六カ月以内に、保護観察所長の意見を付して、入院継続確認の申立てをしなければならない（第四九条第二項）。

通院決定の場合は、厚生労働大臣の定める指定通院医療機関（病院又は診療所に限る）に通院させることになる（第一六条第二項、第四三条第二項）。期間は三年で、保護観察所長の申立てにより二年以内の延長が認められる（第四四条、第五四条）。保護観察所（社会復帰調整官）が対象者の生活の観察・指導を行い（第一九条、第二〇条）、通院の必要性がなくなれば、指定通院医療機関の管理者と協議の上、治療終了を申立てることになっている（第五四条）。もちろん、再入院も考えられる。再び対象行為を行うおそれがあるか（第五九条第一項）、通院患者に継続的な医療が確保できないと認める場合にも（第五九条第二項）、保護観察所長は再入院を申立てることができることになっている。

もちろん、本法は、対象者の権利についても規定していることに注意しなければならない。まず、対象者は、弁護士を付添人に選任することができる（第三〇条）。また、対象者、保護者及び付添人は、審判において意見を述べ、及び資料を提出することができる（第二五条）。さらに、対象者、保護者及び付添人は、地方裁判所に対し、退院の許可及び医療の終了を申立てることができる（第五〇条、第五五条）。また、対象者又は保護者は、入院中において処遇の改善を求めることができる（第九五条）。さらに、検察官、指定入院医療機関の管理者、保護観察所長、対象者、保護者及び付添人は、法令違反、重大な事実誤認又は処分の著しい不当を理由として抗告することができる（第六四条）。さらにまた、附則においてではあるが、精神医療等の水準の向上が明記されているのである（附則第三条）。

二　本法の評価に関する賛否両論

本法の評価については、意見が分かれるところである。「新法制定の最大の意義は、精神障害犯罪者に対して、初めて責任ある処遇が国の手によって行われることにある」（山上皓・東京医科歯科大学）とか、「限定された対象者に対して、専門病棟において手厚い看護を行うことは、司法精神医療改革の第一歩として大きな意義を有する」（川本哲郎・京都学園大学）、「新制度では、裁判官が加わることにより、安定的な規範的評価が可能となる」（前田雅英・東京都立大学）として、本法を評価する意見がある反面、「本法案は、刑事手続による典型的な『保安処分』制度を回避したかに見えるが、実質的には、より緩和された手続によって同様な効果を目指すものであるという意味で、『隠された保安処分』として性格づける以外にはない」（中山研一・京都大学）とする意見や、「審判・裁判が、裁判官主導の下に非公開で行われること、犯罪事実及び責任能力の認定につき、対審構造の下での審理は行われず、証拠法則（自白法則・伝聞法則）の適用もないことが特徴である。このような手続は、『少年審判』に近いが、……安易に少年法の手続を真似ることには疑問を覚える」（浅田和茂・大阪市立大学）との意見もある。この他、「法案は、精神障害者の生存権をまったく問題とすることなく、重大な他害行為を行った精神障害者に対する鑑定入院命令や入院命令・通院命令を規定することにより、精神障害者を『社会』から隔離しようとしている。……この法案は、精神障害者の生存権を奪うものであり、憲法一三条に違反している」（足立昌勝・関東学院大学）とする意見や、「法案は、精神障害者による再犯の防止という点でも、一般の精神医療では対応が困難な『処遇困難者』に特別の処遇を与えるという点でも、まったくという訳ではないが、殆ど無意味である」（町野朔・上智大学）とする意見もある。

三　現行の措置入院制度の問題点と新しい医療観察制度の特徴

これまで、現行刑法の下においては、①精神障害者が責任無能力と判断された場合には、無罪として刑が科せられず、②限定責任能力と判断された場合には、刑は科せられるが、その刑は減軽され、③責任能力があると判断された場合には、通常人と同じ刑が科せられていた。もっとも、責任無能力と判断された触法精神障害者は、そのまま野放しになるわけではなく、「精神保健及び精神障害者福祉に関する法律」（以下、精神保健福祉法と略称する）に基づいて措置入院を命じられることになるのが普通である。すなわち、精神保健福祉法（第二三条～第二九条）は、精神障害者又はその疑いのある者を知った者の都道府県知事への申請並びに警察官、検察官、保護観察所長及び矯正施設長の都道府県知事への通報について規定している。申請又は通報を受けた都道府県知事は、その者が精神障害者であり、かつ医療及び保護のために入院させなければ、その精神障害のために自身を傷つけ、又は他人に害を及ぼすおそれのあることが二人以上の精神保健指定医により一致して認められた場合には、精神病院に措置入院させることができるとしているのである。

しかしながら、この現行の措置入院制度には、田中剛（以下の叙述は、『法律のひろば』二〇〇三年一〇月号一九頁を参考にしたものである）の指摘するごとく、いくつかの問題がある。すなわち、①対象者が一般の措置入院での対応となるため、対象者に必要な手厚い医療を実施することができない。②入退院の判断が事実上医師に委ねられており、医師に過剰な責任を負わせている。③退院後の通院医療を確実に継続させるための実効性のある仕組みがない。④処遇の実施主体が地方公共団体であり、都道府県を越えた連携を確保することができない等の問題がそれである。

そのために、新設される医療観察制度においては、そのような諸点を改善するために、次のような試みがなされているのである。すなわち、①医療スタッフや設備を充実させた指定入院医療機関を新たに設け、専門的な医療を国費により行う。②裁判官と医師による合議体が、医療的判断とあわせて法的判断を行うことにより、個々の対象者に最も適切と考えられる処遇を決定する仕組みを導入する。③社会復帰調整官による退院前の生活環境の調整、退院後の観察・指導等により、医療の継続を確保する。④全国の保護観察所に置かれる社会復帰調整官がコーディネーターとして指定通院医療機関の管理者や都道府県知事等と協議の上で、処遇の実施計画を策定する。対象者が転居するような場合には、保護観察所のネットワークにより、都道府県を越えた緊密な連携を取ることができる等である。

四　心神喪失者等医療観察法の問題点

今般の心神喪失者等医療観察法においては、こうした現行の「措置入院制度」（行政手続）のほかに、心神喪失又は心神耗弱の状態で殺人、放火等の重大な他害行為が行われた事案において、心神喪失による不起訴・無罪が確定した場合や、あるいは心神耗弱による起訴猶予・刑の減軽（執行猶予）が確定した場合に、その対象者に対して、検察官の申立てにより、裁判所が処遇の要否及び内容を決定し、必要な医療を確保し、不幸な事態を繰り返さないようにすることによりその社会復帰を図るための制度（司法手続）、すなわち、「医療観察制度」を導入したのである。ある意味において、本法は、従来から批判のあった刑事手続による保安処分制度導入の疑いを回避するために考え出された方便であるともいえよう。しかしながら、その方便ゆえに問題なのは、一度心神喪失を理由として裁判で無罪とした者を、たとえ「刑事手続」ではなく、「治療措置」の申立てにすぎないと説明したとしても、検察官の申立てにより、もう一度対象者を審判にかけることが、「二重の危険」（一事不再理の原則）に当たらないかどうかを検討する必要があるのではあるまいか。本法で、特に気にかかるのはこの一点である。

第９章　犯罪被害者保護二法

我が国で本格的に犯罪被害者の補償や保護について考えるようになったのは、一九八一（昭和五六）年に、通り魔殺人事件や故意の犯罪行為により不慮の死を遂げた者または重障害を負った者に対して、国が一定の給付金を支給することを定めた「犯罪被害給付制度」が創設されてからのことである。その後、一九九〇年代に入ってから、それも、特に阪神淡路大震災と地下鉄サリン事件を契機として、刑事司法制度の各段階において、被害者の法的地位の確立や保護が急速に実現されてきた。たとえば、警察段階においては、一九九六年に、被害者対策の基本方針を取りまとめた「被害者対策要綱」が制定され、一九九九年には、犯罪捜査規範に被害者対策に関する規定が整備された。捜査の進捗状況や被疑者の処分結果等事件に関する情報の提供を可能とする「被害者連絡制度」や、被害直後の精神的被害の大きい被害者に対する警察職員による病院への付添い等の各種支援活動の実施を可能とする「指定被害者支援要員制度」も創設された。検察段階においては、事件の処理結果や裁判結果等を通知する「被害者等通知制度」が設立され、一九九九年には、全国の検察庁に被害者支援員が配置され、被害者からの相談を受けるという「被害者支援員制度」が完備された。また、二〇〇一年には、被害者等に対し、受刑者の釈放に関する情報の通知を行う「一般釈放情報通知制度」と再被害防止のための「特別釈放情報通知・通報制度」が導入された。

こうした一連の流れのなかで、二〇〇〇年五月一九日、「刑事訴訟法及び検察審査会法の一部を改正する法律」（平成一二年法律第七四号、以下「刑訴法等改正法」という）及び「犯罪被害者等の保護を図るための刑事手続に付随する措置に関する法律」（平成一二年法律第七五号、以下「犯罪被害者保護法」という）が公布され、被害者の意思の尊重と権利保護のための制度がさらに拡充された。本章では、このいわゆる「犯罪被害者保護二法」について概観してみたいと思う。

一　刑訴法等改正法の内容

刑訴法等改正法の具体的な内容としては、①証人の負担軽減のための措置、②親告罪であるいわゆる性犯罪の告訴期間の撤廃、③被害者等による心情その他の意見の陳述、④検察審査会への審査申立権者の範囲の拡大等がある。

（一）　証人の負担軽減のための措置

この証人の負担軽減のための措置としては、①証人尋問の際の証人への付添い、②証人尋問の際の証人の遮蔽措置、③いわゆるビデオリンク方式による証人尋問、④ビデオリンク方式による証人尋問の録画等がある。

まず、証人尋問の際の証人への付添いであるが、年少者や性犯罪の被害者が証人として尋問を受けるときは、緊張や不安感を抱くことにより、二次的被害をこうむる恐れがある。そのために、法廷での証言の間、適当な者（たとえば、心理カウンセラーや親）を証人に付き添わせることができることとしたのである（刑事訴訟法第一五七の二）。

また、被害者等が、証人として、被告人や傍聴人の面前で証言する場合、被告人や傍聴人に見られていることで、精神的圧迫を受けることがある。そうした弊害を除去するために、法廷で、証人と被告人または傍聴人との間に、衝立を置くなどの遮蔽措置を採ることができることとしたのである（刑事訴訟法第一五七の三）。この遮蔽措置には、双方がお互いを認識できないようにするものと、どちらか一方から相手方を認識できないようにするものとがあり、裁判所がいずれかの措置を選択する。なお、傍聴人との間では、相当と認めるときは、双方向の遮蔽措置を採ることができるのである。

今般の刑訴法等改正法の目玉は、ビデオリンク方式による証人尋問を採用したことであるが、このビデオリンク方式による証人尋問とは、証人を法廷外の別室に在席させ、その別室と法廷を回線で接続し、テレビモニターを介して証人尋問を行う方式である。アメリカ、イギリス、ドイツ等では、証人保護の尋問方式としてすでに制度化されている。

犯罪被害者の保護という観点からみると、このビデオリンク方式は最適な方式のように思われるけれども、憲法第三七条第二項が保障する証人審問権、すなわち被告人の証人対質権との関係から問題があるとする指摘もある。

たとえば、川崎英明（東北大学）は、「証人対質権が証人と直接に対面する権利を被告人に保障したものだとすると、ビデオリンク方式の尋問は映像と音声を介しての間接的対面であり、遮蔽措置がとられる場合には音声のみの部分的対面にとどまるから、ここに憲法的疑義が生ずる」とする。これは、我が国のビデオリンク方式が、アメリカ方式ではなく、イギリス方式を採用したことからくるもののようである。つまり、アメリカ方式のように、裁判官と被告人は法廷におり、尋問を行う検察官と弁護人は別室に赴いて証人と同席し対面して直接尋問できるという方式ではなく、我が国の方式は、裁判官及び訴訟関係人が、証人を尋問するために在席する場所以外の場所にその証人を在席させ、映像と音声の送受信により、相手の状態を相互に認識しながら通話をすることができるという、イギリス方式を採用しているからである。

川崎英明は、「証人の証言態度を細心の注意をもって直接に観察することは反対尋問の実効性を確保するうえで最も重要なことであるのに、ビデオリンク方式の尋問となれば直接対面に匹敵するほどのリアルな観察が十分に保障されないこととなるし、遮蔽措置がとられる場合にはそうした観察自体が不可能となる」とするのである。

これに対して、酒巻匡（上智大学）は、「憲法第三七条第二項の証人審問権が『証人に対して審問する機会を充分に与えられ』という文言上、不利益証人との直接対面を絶対的に保障しているとまでは解されないから、憲法上の合理的調整が可能というべきである」とし、「証人の精神の平穏侵害防止という重要な目的のために、証人審問権の一要素である直接対面を制約したとしても、映像送受信を介して証人の供述態度や表情を弁護人が認識することができ、ひいては証人の供述内容の信用性を被告人・弁護人と事実認定者たる裁判所が同時的に吟味することが確保されている以上、証人審問権保障の趣旨を充分満たしているといえるから、これは合理的制約と解される」とするのである。

そうした争いはともかくとして、このビデオリンク方式による証人尋問は、ビデオテープ等の記録媒体に録画して調書に添付できることになり、一定の要件のもとに証拠能力が認められることになった（刑事訴訟法第三二一条の二第一項）。

これは、後の公判において、被害状況を一から改めて証言する弊害を避けるためであり、しかも、ビデオリンク方式による証人尋問を記録した記録媒体は、テレビモニターを通じてではあるが、裁判官の面前で、かつ宣誓をした上で証言したものであり、その記録媒体に記録された内容は、元の裁判で、裁判官がテレビモニターを見て心証を得たものと同一内容であることから、訴訟関係人に反対尋問の機会を与えることを条件に、証拠能力を認めることとしたものである。しかし、ビデオリンク方式による証人尋問の状況を記録した記録媒体については、当該記録媒体が、一般の者の目に触れるようなことがあれば、証人のプライバシーや名誉等が害されることが考えられるため、検察官、弁護人は、記録媒体を謄写することはできないことになっている（刑事訴訟法第四〇条第二項、第一八〇条第二項、第二七〇条第二項）。

（二）　親告罪であるいわゆる性犯罪の告訴期間の撤廃

強制わいせつ罪や強姦罪等のいわゆる性犯罪のなかには、親告罪として告訴がなければ起訴することができないものがあり、その場合の告訴期間は、犯人を知った日から六カ月以内とされている。しかしながら、これらの犯罪にあっては、被害者が受けた精神的打撃から短期間で告訴に踏み切ることが困難であったり、犯人との特別な人間関係から直ちに告訴するかどうかの意思決定をすることが躊躇される場合のあるところから、親告罪のうち、強姦罪、強制わいせつ罪のほか、構成要件にわいせつな行為が想定されるわいせつ目的略取誘拐罪等の性犯罪について告訴期間を撤廃し、公訴時効完成（強姦罪は一〇年、強制わいせつは七年）まで被害者に告訴するかどうかの判断を委ねる趣旨の法改正が行われたのである。対象となる犯罪は、①強制わいせつ、②強姦、

③準強制わいせつ・準強姦、④わいせつ又は結婚の目的で犯した略取・誘拐、⑤右罪を幇助する目的で犯した被略取者等の収受等、⑥わいせつ目的で犯した被略取者等の収受等及びこれらの未遂である。

(三)　被害者等による心情その他の意見の陳述

このアメリカで「被害状況報告書」(Victim Impact Statement：被害者が犯罪によって被った影響についての供述)と呼ばれている被害者の意見陳述権を保障したのは、今回の刑訴法等改正法のなかでも注目すべきことであり、刑事手続のなかに被害者を一定限度で主体的に関与させる新たな仕組みを構築したものである。

意見陳述のできる者は、被害者又はその法定代理人である。意見陳述を希望する者は、あらかじめ、検察官に意見の陳述の申出をしなければならず、このような申出を受けた検察官は、意見を付して、これを裁判所に通知しなければならない。裁判所は、被害者等から申出があれば、原則として意見を陳述させることとなるが、例外的に相当でないと認めるときは、意見陳述に代え、意見を記載した書面を提出させ、又は意見の陳述をさせないことができるとしている。それゆえ、権利としての意見陳述権が認められたわけではないのである。

被害者等に陳述させることができる意見の内容は、被害感情や被告人に対する処罰感情等の被害に関する心情その他の被告事件に関する意見である。その内容は被害者等が自己の実体験を基礎としてなすものであるから、裁判所は、これを単なる意見として斟酌するだけでなく、量刑上の資料の一つとすることができる。しかし、こうした陳述を犯罪事実の認定のための証拠とすることはできないことになっている。そうだとすれば、被害者の意見陳述は、原則として証拠調べが終了した段階において行うべきであろう。被害者の意見陳述が裁判官の心証に与える影響を過小評価することはできないからである。

（四）　検察審査会の審査申立権者の範囲の拡大

検察官が事件を不起訴にした場合、被害者や告訴・告発等をした者は、その処分の当否の審査を検察審査会に申立てることができるが、被害者が死亡した場合の遺族は審査申立権者とされていなかった。今回の改正で、これを改めて、被害者遺族（配偶者、直系の親族又は兄弟姉妹）にも審査申立権が認められたのである。

二　犯罪被害者保護法

犯罪被害者保護法は、①公判手続の傍聴、②公判記録の閲覧及び謄写、並びに③被告人と被害者との民事上の争いについての刑事訴訟手続における和解（いわゆる刑事和解）の措置等を規定している。

（一）　公判手続の傍聴

改めて指摘するまでもなく、裁判は公開されており誰でも傍聴できるが、社会的に耳目を集めた事件では傍聴希望者が多く、傍聴者を整理するために裁判所において傍聴券を発行することがある。そのような場合には、当然のことながら、傍聴券を有する者のみが傍聴を許可されることになる。しかし、被害者は、当該事件において直接被害を受けた者として、事件の審理状況や審理内容に深い関心を有する者であり、被害者の立場を考慮すると、裁判の傍聴において、一般の傍聴希望者と同列に取り扱うことが適当であるとは考えられない。従前からも、被害者が傍聴を希望する場合には、検察官を通じるなどして、裁判所が特別傍聴券を交付していたようであるが、今回の犯罪被害者保護法では、被害者等から傍聴の申出がある場合には、当該刑事被告事件の係属する裁判所の裁判長に、傍聴ができるように配慮しなければならないことを、法律上の義務として規定したのである。

(二)　公判記録の閲覧及び謄写

現行刑事訴訟法においては、公判に提出された証拠書類や公判調書等事件に関する訴訟書類を編綴整理した訴訟記録は、刑事裁判確定後には閲覧できるが、公判継続中に記録を閲覧・謄写することを認めた規定は存在しなかった。しかし、被害者が損害賠償請求訴訟を提起している場合に、その訴訟が係属する民事裁判所に対し、刑事事件の訴訟書類の提出を希望する場合などがあり、このような必要性は、公判継続中においても生じ得ること、また、公判に提出された書証等については、裁判所によって証拠能力が認められた公開の法廷で取り調べられたものであり、その取調べで内容の一部が公開されたものであることなどを考慮すると、刑事裁判が係属中であっても、被害者の保護に必要で、かつ相当な理由があると考えられる場合には、一定の条件のもとに、公判記録の閲覧・謄写を認めることが妥当であるとしたのである。

(三)　刑事和解

実務上、刑事裁判の過程で、被告人と被害者等との間で、被害弁償等に係わる示談が成立し、量刑に関する資料として示談書等が裁判所に提出されることがある。しかしながら、この示談書には民事手続上強制執行力がないので、後日の支払を約束する内容のものである場合、刑事裁判終了後、被告人がこれを誠実に執行しない場合には、被害者等は、改めて民事訴訟を提起し、確定判決を得てから強制執行をすることになるが、このような事態は、被害者等に相当の負担をかけることになっていた。

そこで、被告人と被害者の間で、当該被告事件に係わる被害について、民事上の合意が成立した場合には、被告人と被害者等が共同して和解の申立てができることとし、裁判所において、その内容を公判調書に記載したときは、裁判上和解があった場合と同一の効果を有するものとしたのである。かつての我が国の付帯私訴制度に近いものであり、諸外国の損害賠償命令にも似た制度であるといえよう。

以上、我が国の犯罪被害者保護二法の内容について紹介したのであるが、一九七九年にドイツで開催された第三回被害者学シンポジウムに出席して、我が国の被害者学の発展過程を紹介した者として、ここ四半世紀の我が国の犯罪被害者の法的地位の確立やその保護法制の充実ぶりには目をみはるものがある。犯罪者サイドの人権と被害者サイドの人権のバランスをとることを本来の趣旨として発展してきた我が国の被害者保護制度は、ここら辺りでもう一度視点を戻し、犯罪者サイドの人権を再考する段階に来ているのではあるまいか。

第10章　犯罪予防策としての破れ窓理論

かつてオランダ、アイルランド、スウェーデンと並んで犯罪が最も少ないといわれた我が国において、二一世紀に入るや否や刑法犯認知件数が三〇〇万件を超え、刑務所は過剰収容となり、治安は悪化した。世界一安全な国といわれた我が国の「安全神話」は、まさに崩壊寸前にある。

そうした状況を踏まえてか、最近において、一九八二年に、アメリカの政治学者であるウィルソン（J. Q. Wilson）と犯罪学者であるケリング（G. L. Kelling）によって提唱され、一九九四年にニューヨーク市長となったジュリアーニ（Rudolph Giuliani）によって実践された「破れ窓理論」（Broken Windows Theory）が脚光を浴びている。

もちろん、ニューヨーク市における成功は、警察官の増員、凶悪な犯罪の撲滅のためには軽微な街頭犯罪を徹底的に取り締まるという「ゼロ・トレランス政策」（Zero Tolerance Policy）や犯罪データベースを用いてリアルタイムの戦略策定を行うコムスタット（COMPSTAT：Computerized Statistics）会議等様々な要因を考慮に入れなければならないが、ニューヨーク市が、一九九〇年代中頃から、犯罪発生率において、全米二五大都市中で二三番目にランク付けされる安全な都市となった要因は、破れ窓理論による政策展開にあることは事実である。

本章においては、一九八二年のウィルソンとケリングの論文「警察と近隣地域の安全――破れ窓――」（The

Police and Neighborhood Safety: Broken Windows）を参照しながら、犯罪予防策としての「破れ窓理論」について紹介したいと思う。

一　警察官と地域社会の連携の重要性

まず、ウィルソンとケリングは、パトカーによるパトロールと徒歩によるパトロールの有効性いかんについて分析し、徒歩によるパトロールは、実際の犯罪抑止効果よりも地域住民の不安感の解消に有用であったと、以下のように解説している。

「一九七〇年代の半ば頃、ニュージャージー州は、二八の都市における地域社会の生活水準を改善することを目的とした、『安全かつ清潔な近隣地域プログラム』（Safe and Clean Neighborhoods Program）を発表した。そのプログラムの一環として、州政府は、市当局が、警察官をパトカーによるパトロールから解放し、彼らを徒歩によるパトロールにつかせることを助成するための資金提供を約束したのである。州知事やその他の州政府職員は、徒歩によるパトロールを、犯罪を減少させるための手段として採用することに強い興味をもっていたが、しかし、多くの警察署長は、そうした手段にはきわめて懐疑的であった。彼らの見地からすれば、徒歩によるパトロールは、ほとんど信頼されていなかったからである。なぜならば、徒歩によるパトロールは、警察の機動性を減退させるものであり、市民の警察サービスに対する要求に即答することを困難にし、パトロール警察官に対する本部の統制力を弱めるものであると考えていたのである。

多くの警察官も同様に、徒歩によるパトロールを嫌っていたが、それは異なる理由によるものであった。つまり、徒歩によるパトロールは重労働であり、寒く雨の降る夜でも、彼らは屋外にとどまらざるを得ず、いわゆる『うまみのある逮捕』を行う機会を減少させるものであると考えていたのである。いくつかの警察署においては、警察官を徒歩によるパトロールにつかせることは、懲罰の一種として用いられていた。さらに、治安維持に関する専門家たちは、徒歩によるパトロールは、犯罪率に何らの影響も及ぼさないと考えていたのである。すなわち、徒歩によるパトロールは、大部分の意見では、世論に対して機嫌をとるためのものにしかすぎなかったのである。しかしながら、そうは言うものの、州政府が徒歩によるパトロールに対して予算を付けるということなので、市当局は、進んでこれに同調したというのが偽らざる真実なのである。

プログラムが開始されてから五年後に、ワシントンＤＣの警察財団は、徒歩によるパトロール計画についての評価結果を公刊した。主としてニューアークで実施され、綿密に統制された実験についての分析に基づき、警察財団は、徒歩によるパトロールは犯罪率を減少させなかったと結論づけたのである。しかし、徒歩によるパトロールが行われている地域の住民たちは、それ以外の地域の人々よりも、犯罪の危険性が少ないと感じているように思われたし、少なくとも犯罪が減少していると信じる傾向にあり、さらには、たとえばドアを施錠して家にいるなど、犯罪から自分自身を守るための方策を、あまり講じていないように思われたのである。さらに、徒歩によるパトロールが行われている地域の人たちは、他の場所に住んでいる人たちよりも、警察についてより好意的な意見を持っていた。さらに徒歩によるパトロールを行っている警察官は、パトカーに割り当てられている警察官に比べて、より高い士気、より大きな職業上の充実感、さらには彼らの地域における住民たちに対して、より好意的な態度を有していたのである。

これらの結果は、徒歩によるパトロールの懐疑論者たちが、自分たちの主張が正しいという証拠として用いられるかもしれない。すなわち、徒歩によるパトロールは犯罪率に何らの影響も与えないのであり、単に市民をだまして、より安全であると信じさせているにすぎないという解釈である。」

しかし、「破れ窓理論」の提唱者であるウィルソンとケリングの見解、さらには警察財団研究の著者たちの見解では、ニューアークの市民たちは、まったく誰もだまされてはいなかったと主張する。彼らは、徒歩によるパトロールの警察官が何を行っていたかを知っており、そのことが、パトカーでパトロールをする警察官の業務内容とは大いに異なっていたことも知っており、さらには、警察官に、徒歩によるパトロールをしてもらうことが、実際に彼らの住む地域をより安全なものにしたという事実をも知っていたのである。

二　犯罪への不安感と警察官の秩序維持の機能

ウィルソンとケリングは、徒歩によるパトロールと犯罪への不安感の関係、ひいては警察による秩序維持の機能について、続いて、以下のように説明している。この説明は都市防犯の見地からは極めて重要な指摘である。

「しかし、犯罪率が下降していないのに、いや実際には、上昇していると解釈できるかもしれないのに、ある地域は、いかにして『より安全』であるといえるのであろうか。この答えを見いだすためには、第一に、我々が公共の場において、最も頻繁に人々を脅えさせるものが何であるかを理解することが必要であろう。むろん多くの市民たちが、主として犯罪、特に見知らぬ人による突然で、暴力的な攻撃を伴う犯罪によって脅えさせられていることは確かである。この種の危険性は、多くの大都市においてそうであるように、ニューアークにおいても、非常に現実的である。しかし我々は、時として、不安感の別の要因、すなわち秩序を守らない人々により苦しめられるという不安感を見落としがちである。それは、暴力的な人々でもなければ、必ずしも犯罪者ではないが、評判が悪い、騒々しい、あるいは予期しない人々によるものである。すなわち、それは、物乞い、酩酊者、中毒者、騒々しいティーン・エージャー、売春婦、徘徊者、精神異常者等である。

徒歩によるパトロールの警察官が行ったことは、彼らがなし得る限りにおいて、これらの地域における公共の秩序の水準を向上させるためのものであった。近隣の人々が圧倒的に黒人であり、徒歩によるパトロール警察官が大部分は白人であったにもかかわらず、警察のこの秩序維持の機能は、双方の人々が全般的に満足するようになされたのである。

頑固な懐疑論者は、もしかしたら、熟練した徒歩によるパトロールの警察官が、秩序を維持し得ると認識するかもしれないが、しかしそれでもなお、この種の『秩序』が、地域社会の不安感、特に、暴力的な犯罪に関する不安感の実際の原因とはほとんど関係がないと主張するであろう。そして、そのことは真実である。しかし、二つのことが留意されるべきである。第一に、外部の観察者たちは、どれだけ自分たちが、多くの大都市の地域において、現在の地方独特の不安が、実際の犯罪に対する不安感から生じているかについて、さらには、どれだけ道路が無秩序で不快で厄介な出会いの場であるかという現場感覚から生じているかについて、知っていると仮定すべきではない。ニューアークの人々は、彼らの行動、ならびに彼らのコメントから判断すると、見たところ、公共の秩序に高い価値を与えており、そして、警察官がその秩序を維持することについて手助けをするとき、救済され、元気づけられたと感じているのである。

第二に、地域社会のレベルにおいて、無秩序と犯罪は一種の発展的連続性の上において常に複雑に結びつけられているものである。社会心理学者や警察官たちは、ビルの窓が破れ、そして修繕されていないままで放置されている場合、残りのすべての窓が、時を経ずしてそのうちに破られるであろうということに対して、意見の一致をみる傾向にある。このことは、荒れ果てた地域においてと同様に、整理整頓された地域においても真実である。窓を破る行為は、必ずしも大規模に発生するものではない。というのも、ある地区には窓破りの常習者たちが居住することもあるであろうが、他の地区には、窓をすぐにでも修繕する人々が住んでいるからである。一枚の修繕されていない壊れ窓は、いわば誰もそのことを気にかけないというシグナルであり、それゆえに、もっと多くの窓を壊すことは費用のかからないこと、というよりは、それは、もともと楽しみでさえあるのである」と。

この後半の部分の説明がいわゆる「破れ窓理論」と呼ばれるものである。誰かが一枚の窓ガラスを壊したとき、その壊れた窓ガラスをそのままに放置していると、他の人も何ら罪の意識もなくつられて窓ガラスを壊すようになり、結局のところ、その地域全体に無秩序感を生み出すことになり、ひいては犯罪者がその地域の住民の無関心に付け込み、悪事を働くようになる、というのである。この破れ窓理論のルーツは、三〇数年前に、スタンフォード大学の心理学者が行った「自動車の放置実験」にあるのであるが、ウィルソンとケリングは、それについても、次のように説明している。

「スタンフォード大学の心理学者であるフィリップ・ジンバード（Philip Zimbardo）は、一九六九年に、『破れ窓理論』を試すいくつかの実験について報告している。彼は、ナンバープレートがない自動車を、ボンネットを上げた状態で、ニューヨーク州ブロンクスの路上に駐車させ、これと対比するために、もう一台の自動車を、カリフォルニア州パロアルトの路上に駐車させるように手はずを整えた。ブロンクスの自動車は、それを放置した直後の一〇分間の間に、『心なき破壊者たち』によって攻撃されたのである。最初に現れた者たちは、ラジエーターとバッテリーを取り去った。犯人は家族で、父親、母親と若い息子であった。二四時間の間に、値打のあるものすべてがほぼ持ち去られたのである。その後は、勝手気ままな破壊が始まった。すなわち、窓は粉砕され、部品は引きちぎられ、室内装飾用品は引き裂かれた。子供たちは、自動車を遊び場として使い始めたのである。成人の『心なき破壊者』の大部分は、身なりが良く、見たところ身だしなみのよい白人たちであった。パロアルトの自動車は、一週間以上の間そのままの状態であった。そのためジンバードは、故意にハンマーで自動車の窓ガラスを粉砕した。まもなく通行人たちが破壊行為に加わった。数時間の間に、自動車はひっくり返され、完全に破壊されたのである。『心なき破壊者たち』は、またも、普通の身なりをした白人たちであったのである。」

これが破れ窓理論が提唱される契機となった実験であるが、このことから、次のような事実が演繹されるという。

「ほったらかしにされている財物は、楽しみあるいは略奪を求めている人々にとって、さらには通常そのようなことをすることなど夢見ることはないであろう人々、及びおそらく自分自身は法を遵守していると思っている人々にとってさえ、かっこうの標的になるのである。ブロンクスにおける地域社会の特質——すなわち、その匿名性、あるいは自動車が遺棄されたり、物が盗まれたり壊されたりすることがしばしば起きるということ、または『誰も人のことなど気にしない』という過去の経験からして、この地域での破壊行為が、比較的落ち着いた地域社会であるパロアルトにおいて行われる破壊行為と比べて、はるかに速く始まることは言うまでもない。確かに、パロアルトでは、個人の所有物は大切にされ、害を及ぼす行為は高くつくと、人々は信じている。

しかし、ひとたび地域社会の防壁――すなわち、お互いの敬意や礼儀正しい行為に対する感覚――が、『誰も人のことなど気にしない』と思われるような行為によって弱められると、結局、破壊行為は、いかなる場所においても起こり得るのである」と。

三　交番を地域住民の防犯センターに

以上、私は、極めて簡単にではあるが、ウィルソンとケリングによる「破れ窓理論」を紹介した。しかし、この理論の実践によって凶悪な犯罪を防止することができるかどうかは定かではない。地下鉄での落書きや無賃乗車あるいは酔っ払いの取締り、さらには、軽微な街路犯罪を徹底的に取り締まることによって、重大犯罪の劇的な減少をもたらしたニューヨーク市の例をみる限り、かなりの効果が期待できそうである。

幸いにも我が国は、交番制度という世界に誇りうるコミュニティ・ポリシングの制度を持っている。小泉首相所信表明演説にもあるように、「空き交番ゼロ」の施策を展開し、交番を地域住民の防犯センターとして機能させることが、今何よりも重要なことであると私は思う。交番制度が充実し、駐在所が地域社会の中心的存在となっていた頃の我が国では、国民に犯罪の不安感などなかったことは、歴史の証明するところである。安全神話の復活のためにも、「犯罪捜査主体」の警察から「社会秩序の維持」を重視する警察へと、その役割を大きく転換することが求められる。世界一安心といわれた我が国の治安を回復させ、国民のために安全な社会を構築するためには、何よりも政府による思いきった施策の展開が望まれるところである。

第2部

犯罪者処遇の新展開

第1章　近代的刑務所の起源

私の犯罪学研究のテーマの一つに、近代的刑務所の起源論がある。かなり長い間資料を集めていたが、英語の論文としては唯一のものと思われる貴重な資料が見つかったので、近い将来、論文としてまとめてみようと思っている。本章では、その手始めとして、近代的刑務所の起源は、英国のブライドウェル懲治場にあるのではないかということを検討してみたいと思う。

一　我が国の学説の動向

近代的刑務所がいつ頃どこで誕生したのかということに関しては、従来、我が国においては、オランダのアムステルダム懲治場（一五九六年）にその起源があるとする見解と、英国はロンドンのブライドウェル懲治場（一五五五年）にその起源があるとする見解にわかれている。アムステルダム懲治場にその起源があるとする見解についての本格的論文は、滝川幸辰の「近代的自由刑の誕生」である。滝川は、この論文を収録した、その著書『刑法史の断層面』においても、「刑事制度に関する文献に従えば、近代的自由刑は、一六〇〇年頃にヨーロッパの都市に建設された懲治場にまで溯るべきであるということは、意見が一致している。ことに懲治場制度の発達に刺激を与えたのはオランダであって、通説はアムステルダムの懲治場を以って最初のものとする。通説に根拠を与えたのはヒッペルの研究である。私の小文は通説の立場に立って、アムステルダムの懲治場に第一順位を認めるものである」と述べている。

この滝川の見解に代表されるごとく、アムステルダム懲治場に近代的刑務所の起源をみる見解は、ヒッペルが、ストラスブルクの大学図書館で、全くの偶然から発見したといわれる『サン・ラスピニの奇蹟』(Miracula San Raspini Redivivi, 1612) という書物と、アムステルダム懲治場の規程をもとにして発表した『自由刑の歴史への寄与』(Beitrage zur Geschichte der Freiheitsstrafe) にその基盤を置くものである。

小野坂弘も、「近代的自由刑の発生と展開」という論文において、「ヒッペル説は、根本的な点では、今日でも通説の地位を占めているが、我が国でのヒッペル説の紹介は充分なものではなく、況んや、ヒッペル以後今日までの論争に関する文献は、私が探した限りでは、クリークスマン説の紹介のほか見あたらない。ためにヒッペル説は、多くの場合、正しい理解を妨げられているのではなかろうか」とし、ヒッペル説をめぐる諸学説を詳細に検討している。そして、総括の部分において、小野坂自身がヒッペル説に従うかどうかは明言を避けながらも、以下のような興味深い指摘を試みている。すなわち、「『近代的自由刑はアムステルダムに始まる』という文章は、従って、まず、時間的関係では、ロンドンのブライドウェルを無視したものとして誤っている。又、日本の自由刑制度についての記述中に無限定でこの文章を挿入する事は、ヒッペルがこの文章でハンザ諸都市、もっと広くいってドイツ又はヨーロッパ大陸の『近代的』自由刑の起源を――詳細な跡づけによって――アムステルダムに求めた事を考えれば、やはり誤っているといってよい。」

　このように、ロンドンのブライドウェル懲治場が時期的に先行することを認めながらも、ドイツやヨーロッパ大陸諸国の刑務所に対して手本となったのは、アムステルダム懲治場であるとして、近代的刑務所の起源をアムステルダム懲治場に求めるヒッペルの見解を支持する者が、我が国では比較的に多い。

　一方、近代的刑務所の起源は、ロンドンのブライドウェル懲治場にあるとする見解を採るものとしては、小河滋次郎、市川秀雄、坂田仁等がいる。

　市川秀雄は、「教育刑のメッカあむすてるだむ監獄」において、「受刑者の改善を目的とする自由刑は、ブライドウェルの監獄において行われたのがはじまりといわれている。バーネス Barnes がロンドンの監獄ブライドウェルに就いて Mayhew and Binny : The criminal prisons of London 1892 から引用して説明しているところに依ると、今日ブライドウェル監獄が設けられているところは、曽ては St. Bride-Brunnen という名のある鉱泉 penitentiary を不逞の徒輩、法規違反者、健康な乞食者及び浮浪者のための矯正所とした、というのである。要するに、ブライドウェル監獄において近代の新しい自由刑の夜明けが訪れたということで、ここに新しい自由刑の思想のあけぼのがはじまったということになるのである」と記している。

　また、坂田仁は、ブライドウェル懲治場の生成、発展、そしてその衰退過程を詳細に検証した論文、「英国の懲治場（House of Correction）について」において、「近代自由刑の発祥の地としてアムステルダムの懲治場（tukthuis）の名は余りにも有名である。これはヒッペル（v. Hippel）によって一八九八年に明らかにされたものである。アムステルダムの懲治場は、その後欧州諸国に模倣され、自由刑は一九世紀にいたってその全盛時代を迎えるのである。しかし、犯罪者の改善を目的とした施設処遇――自由刑――はそれ以前には存在しなかったのか。その問に対する答えは否である。ヒッペルも指摘するように、アムステルダムの懲治場の設立の約四十年前一五五〇年代に英国のロンドンに設立されたブライドウェル（Bridewell）とそれにつづいて英国内の各地に設立された懲治場（House of Correction）に我々は注目しなければならない」と論じている。

二　貧民の刑務所としてのブライドウェル懲治場

一六世紀になって英国で懲治場が創設された社会的背景については、仲里達雄は、その著書『刑務作業の本質についての研究』において、（1）浮浪人等の都市への流入（農村からの流入及び寺院からの放出）、（2）勤倹を標榜するカルヴィン主義的倫理思想の普及、（3）重商主義政策と労働需要の増大、（4）人口減少に伴う労働人口の払底等を、特に取り上げて論じ、懲治場の目的は、労働を好まぬ人々の労働力を、社会的に役立てようとすることにあったと説明している。

また、坂田仁は、その著書『犯罪者処遇の思想――懲治場からスウェーデン刑政へ――』において、（1）封建的土地所有関係の近代化、（2）エンクロージャー（囲い込み）、（3）封建的家臣団の解体、（4）宗教改革に続く修道院の解体等が、「浮浪」という社会問題を生み出した結果として、浮浪者に対する処遇方法の模索の中で構想され、制度化されたと述べている。

しかしながら、そうした要因に加えて重要なことは、一六世紀において、英国中央政府及び地方政府の権力を掌握した人々は、自分たちが新たな制度を創設し、日々取り組んでいる様々な問題が、英国社会における貧困階級の、生活様式、生活条件、及びその行動から惹起されたものであると考えていたという点である。一方において、貧民たちの窮状は、確かに救済を必要としていたのも事実である。しかし、他方において、彼らの罪業と節度のなさ、反抗的な態度と従順でない行為に対しては、紀律と統制を施す必要性もあったのである。

この時期において、政府による制度創設の試みとしてもたらされたものが、新たな種類の刑罰施設、すなわちブライドウェル（bridewell）あるいは懲治場（house of correction）と呼ばれるものであったのである。旧来の監獄（gaol）は、一義的には未決拘禁の場であり、そこには種々の理由で拘禁された様々な男女が収容されていた。ある者はそこで裁判を待ち、ある者は刑に処せられるのを待った。また、ある者は罰金の不払いゆえに、そしてまた、ある者は民事訴訟（大半は借金返済に関する訴訟）に関連して拘禁されていた。したがって、旧来の監獄は、今日の拘置所に相当するものであったのである。

しかし、新しい刑務所ブライドウェル懲治場の考え方はまったく異なっていた。ブライドウェル懲治場は、「労働貧民」（labouring poor）階級の男女で、特に貧民に固有と考えられていた軽微な犯罪、すなわち「怠惰かつ無規律」な種々の行動、許可証のない乞食、浮浪等を行った人々だけを対象としていたのである。こうした人々を収容する刑務所は、単なる拘禁の場ではなく、むしろ処罰と改善の場であるべきだとされたのである。その壁の内側では、囚人たちは、形式的で特に厳格な紀律を施されることとされていた。笞で打たれることもあったかもしれないが、彼らは、主に、製造業あるいはその他適当な業種の雇用のもとで、「重労働」（hard labour）を科されるべきだとされていたのである。

トーステン・エリクソン（Torsten Erikson）（犯罪行動研究会訳『犯罪者処遇の改革者たち』）によれば、「ブライドウェルは、一六名の職員によって管理され、四つの業種のための設備、すなわち、紡織工場、金属加工、及び木工の工場、製粉工場、製パン工場をもっていた。売春婦たちは紡織工場で働き、男たちの中で質の良い者は金属加工及び木工の工場に、そして質の悪い者は製粉工場と製パン工場に配置された。二名の収容者は掃除夫の役につけられた。全員がその労働に対して賃銀を支給され、そして食費を支払わされた。この施設は自営のものとして計画されていたのである。業種は徐々に増えていき、一五七九年の末までには少なくとも二五業種が行われていた。一五六三年には、若い収容者のためにいくつかの分野での技能実習が取り入れられた。（貧しい両親を持つ子どもたちには、ブライドウェルの収容者たちといっしょに、訓練されることの許可さえ与えられたのである！）」との説明がなされている。

ブライドウェル懲治場は、その終焉の年となる、一八六五年までは、英国の刑務所システムにおいて明確な独自性を保ったが、その年に、旧来の監獄と統合されて「地方監獄（local prison）」という新たな範疇が形成され、それで終わりを遂げるのである。それまでの三一〇年間、その利用や管理の方法には様々な変化があったが、それでもなお、少なくとも一九世紀前半までは、創設期にあった特性の多くが維持されたと考えられるのである。

三　ブライドウェル懲治場台頭の要因

近代的刑務所の起源をブライドウェルにあるとみた場合、ここで明記すべきことは、ブライドウェル懲治場の台頭をもたらした要因は、当時の英国において深刻な社会問題とされていた「浮浪者問題」にあったという点である。もちろん、今さら改めて言うまでもなく、浮浪者問題は、英国は言うに及ばず、全ヨーロッパ的な現象であったが、とりわけ事態が深刻であったのは、英国であった。懲治場を考案したのが英国であったことは、決して単なる偶然ではなかったのである。

一六世紀を通じて、貧民層の境遇は劣悪化し、その数も増え続けた。一六世紀も後半に入る頃には、ヨーロッパ大陸は、その資源の割には人口密度が高くなり過ぎ、もはや、経済成長の波に乗って進むことのできない時代となっていたが、ここにおいて、かなりの数の人間が窮乏化し、日々のパンを得ることにも難儀するという傾向がみられたのである。もちろん、こうしたことの原因には、いくつかのものが考えられる。ヨーロッパ諸国家は、この頃までには、すでに体制を整え、秩序を維持し、大封建領主の力を支配し得るほどに強力になっていたため、封建領主の軍隊は解体させられ、同時に権力は「人の指導者から富の所有者」に移るという現象が生起していたのである。ヨーロッパ全土で、それまでの封建家臣や兵士が略奪行為やその他諸々の犯罪行為に走り、はては、乞食にまで成り果てていたという記録さえ残されている。

都市では、手工業の発達によって、不景気な時期に窮乏状態にさらされやすい労働者層が創出された。英国では、おそらくこの初期の都市労働者の数は、「囲い込み運動」において締め出された農業労働者や小規模なヨーマンによって、一層膨れ上がっていたであろうと思われる。

同時に、新世界からの銀の流入は、全般的な物価の上昇を引き起こした。食料、衣類、家賃の値上がりの速度は、賃金のそれよりも早く、その結果、貧乏人は生活必需品さえも入手することが困難になった。そして、このことは、貧民に対して援助を与える諸機関自体の変容をも余儀なくさせたのである。ヘンリー八世の治世下における英国修道院の解体は、その速度と規模において独得なものがあったとはいいながら、ヨーロッパの至る所で、教会の保護を受けて、過去二、三世紀の間にめざましい発展の極に達した慈善団体、病院、修道院等は解散したり、著しい衰えをみせ始めていたのである。結局のところ、当時のいわゆる貧民救済事業は、まとまりのない、非生産的なものであり、実際には、貧民を救済するのとほとんど同じくらい、乞食や浮浪者を増やすようなものとみられていたのである。

この浮浪者問題は、一六世紀当時においては、都市固有の社会問題となる傾向にあった。なぜならば、余剰人口が土地にしがみついて得られるよりも、よりよい機会を求めて都市に集中するという現象は、世界の歴史上、あまねくみられたことだったからである。しかも、都市の匿名性は、当局が浮浪者の動向を察知し、コントロールすることを困難にした。そうしたことから考えれば、懲治場創設の動きが、ロンドン、ノリッジ、アムステルダム、パリ、及びドイツ・ハンザ同盟諸都市において始まったことが、単なる偶然でなかったことが窺えるのである。

ヨーロッパにおける貧民と浮浪者の問題に対する社会の対応全般をみれば、懲治場の発達をはるかに越える広い範囲にわたっている。義捐金やその他の慈善事業を導入したり、貧民救済のための税収源を作り出したり、土地から離れることを制限したり、食品の価格を統制したり等、様々な分野に力が注がれた。英国においては、ロンドン及びその他のいくつかの都市における実務は、法令の規定よりもかなり進んでいたといわれている。そして、この時期の主要な特徴は、貧民救済事業の自治体の組織化という点にあったのである。後にその名が英国の懲治場の総称ともなった、ロンドンのかつての王宮ブライドウェルは、一五五〇年頃までには、こうした目的のために改造されていたと考えられるのである。また、ノリッジのブライドウェルは、一五六五年に始まっている。この両都市は、いずれも働けないか、もしくは一時的に困窮している、その土地に住む貧民に対して、比較的慈悲深い公的救済の機構を設けていたが、どちらも決まった住所が確認できて、新たに移住してくる貧民をなくすように注意を払っていたようである。そして、これらのブライドウェルには、「労働能力のある乞食」と「怠惰な人間」が送られ、彼らは自分の生計を立てるために働くように強制されたのである。

このように、懲治場は、収容者にまじめな労働に基づく生活規則への手ほどきをし、また、収容者に実用的な技能を仕込み、そして、紀律と道徳教育を通じて収容者の性格を改善しようとしたのである。したがって、収容者は、これらのことが身に付けば釈放されるのであって、彼らはもはや社会のお荷物でも、厄介者でもない存在となる。懲治場は、まさにそうした意味において、改善機能を有していたとみなされるのである。

四　ブライドウェル起源説の正当性と将来の課題

英国のブライドウェル懲治場の歴史が、オランダのアムステルダム懲治場の歴史に溯ること四〇余年であることを考えるとき、私は、近代刑務所の起源は、歴史的現実として、英国のブライドウェルにあるといえるのではないかと思う。しかも、当時、オランダと英国、とりわけアムステルダムとノリッジやロンドンとの間には、ドーバー海峡を隔てて、緊密な通商関係があった。近世初期の英国は、オランダの羊毛工業に対する原料としての羊毛の主要な供給国であったことを想起することが必要であろう。通商関係を通じて、英国の懲治場の思想と実践が、オランダに移入された可能性は充分に考えられるであろう。そうしたことから考えても、アムステルダムの懲治場は、英国の制度を模範として創られたものであると推測することができるのである。一歩下がって、オランダのアムステルダム懲治場は、英国のブライドウェル懲治場を、細部にわたって模倣したものではないとしても、「着想」として、オランダのアムステルダム懲治場の創設に、役立ったということが考えられよう。労働と宗教教育を刑罰上の処遇手段として利用するという構想は、ひとたびその構想が浮かび上がれば、その構想を現実に移すに当たっては、もはや、異なった方法を考える余地は、あまりなかったのではないかと思われる。

ところで、近代刑務所の起源が、英国のブライドウェル懲治場にあり、それが完成した形において展開されたのがオランダのアムステルダム懲治場であったとした場合、このアムステルダム懲治場は、我が国の刑務所制度に何らの影響を及ぼさなかったのであろうか。我が国の近代刑務所の起源は、一七九〇年に創設された石川島人足寄場にあるとされるのが通説である。この石川島人足寄場は、その構想において、オランダのアムステルダム懲治場に極めて類似するところがある。無宿人や軽罪に処せられた者で落ち着き先のない者のための授産場としての役割を、人足寄場は担っていたからである。しかも、江戸時代約二六〇余年の鎖国政策の中で、唯一の西洋通航国はオランダであった。そうした歴史的事実から考えるとき、オランダのアムステルダム懲治場の構想が、長崎は平戸あるいは出島での貿易を通じて、さらにはまた、蘭学を通して、あるいはまた、オランダ商館の通詞と長崎奉行との会話を通じて、伝播された可能性があると考えることはできないであろうか。私の手元にこれらの事実を証明する確たる資料があるわけではない。しかしながら、近代的刑務所制度が、英国からオランダへ、そして海を渡って我が国へと伝わったという仮説は、単なる歴史的ロマン以上のものがあるように、私には思われるのである。今後の研究課題にしたいと思う。

第２章

日本行刑の特質

二〇〇二年四月一三日、中央大学市ヶ谷校舎の国際会議場において、日本比較法研究所による「第四回シンポジウム」が開催された。テーマは、「日本の法文化（Legal Culture in Japan）」と題するもので、我が国は、律令制度を始めとして、明治維新、戦後を通じて、中国、ヨーロッパ、アメリカ等多くの国から法を継受した継受法国であるが、外見上は外国法を継受しているが、その運用は、極めて日本的であり、「日本化」されているのではないかとのアプローチから、各法分野における「日本の法文化」を明らかにしようとするのがその目的である。公法、刑事法、国際関係法、民事法、商事法、手続法等あらゆる法分野からの検討を試みるもので、私が担当したのは、刑務所行政、すなわち「行刑に見られる日本の法文化」、もっと端的に言えば、「日本行刑の特質」である。

私は、私に与えられたテーマである「日本行刑の特質」を明らかにするために、欧米、特にアメリカ合衆国との比較において、この問題を検討してみることにした。以下がその時の報告の内容である。この報告は、本来、学術的な体裁を持つ報告であるため、初出論文においては引用文献を明示しているが、本章においては、他の章との体裁を同一にするため、あえて引用文献の表示を省略したことをお断りしておきたい。

一　日本行刑の特質

（一）　中央集権の全国単一制度

周知のごとく、アメリカ合衆国の行刑制度は、連邦（一一〇施設）、州（一、五五八施設）、ローカル（都市、郡）（三、三六五施設）に分かれ、それぞれの政府が管轄し運営している。ドイツにおいても、刑務所はラント（州）が管轄し運営していることから、それぞれの州政府の方針や経済力によって、受刑者の処遇面における格差のあることは否めない事実である。ところが、日本では、行刑制度は中央集権による全国単一制度であり、欧米と比べて、処遇格差が生じることは少ない。この行刑が全国的な単一組織によって運営されているところに、実は、日本行刑の第一の特質があるのである。

このように、行刑が単一組織によって運営されていることの最大のメリットは、分散収容を可能にするという点である。我が国の受刑者は、いざというときには、日本全国どの施設にでも収容することが可能である。実際問題として、たとえば、組織暴力団関係受刑者は、現時点でも、全国的な規模で分散収容されている。行刑が州単位で行われているアメリカでは、分散収容などという芸の細かい施策を展開することは極めて難しい組織構造になっていることに注意しなければならない。

（二）　工場担当制

また、アメリカの行刑制度の特徴として、保安を担当する職員と処遇を担当する職員――すなわち、精神科医、心理学者、社会学者、ソーシャル・ワーカー、教科教員、職業指導教官、宗教家等——との間での役割分担は、はっきりと区別されている。そのことが、結果として、保安職員が処遇職員に無関心になるという弊害を生み、時として、本来の矯正職員としての一体感が欠如したり、処遇に関して統一性を欠くきらいがあるとして批判されているのである。我が国の場合は、いわば官僚制に裏付けられた職員組織であり、担任職務の分類編別によって部門に分かれ、縦割りのピラミッド型の上部に権限が集中する組織構造となっている。したがって、行刑に要求される各種の機能が、最終的に被収容者に対して最も効率的に働くことができるように、すべての対被収容者業務は、一人の現場職員に集中する仕組みができあがっているのである。

このように、日本の行刑施設では、各部門で分掌される業務のほとんどが、実際に実施される場合には、処遇部門という一部門に集中され、さらにそれが個々の被収容者に対して実現される場合には、処遇部門の「担当」と呼ばれる個々の職員を通じてのみ行われる。これを「担当制」と呼ぶのである。それというのも、我が国では、受刑者が施設に収容された場合、被収容者は、それぞれ施設内の工場その他の作業場で作業に従事することになるのであるが、受刑者の生活は、原則として、この「作業場単位」で営まれることになる。しかも、この作業場単位の生活は、レクリエーション活動、娯楽、食事、入浴、物品の給与・消費等にまで及ぶのである。そのため、施設では、各作業場ごとに、こうした被収容者集団の統率に当たる責任者として「担当」を任命することになる。そしてこの担当は、自分の受持ちとなっている受刑者の、規律、秩序維持、作業の遂行と促進、能率の向上、安全管理、生活指導、成績評価、相談・助言活動等、所内生活のほぼ全般にわたって責任を持ち、指導・監督し、あらゆるプライベートな相談にも応じるのである。

こういう担当制は、我が国独得の施設運営方法であり、この点こそが、日本行刑の最大の特質であるといえるであろう。少なくとも、アメリカ矯正施設では、日本のように、工場担当として任命された保安の看守又は看守部長が、朝七時半の工場出場時から夕方五時の舎房点検時まで、わずかな休憩交代時間を除いて、受持ちの受刑者と生活を共にし、作業の監督はもとより、受刑者間の人間関係の調整から、家族への手紙の発信の相談に至るまでの日常生活の面倒をみるといったようなシステムにはなっていないのである。

日本の行刑施設における対被収容者業務のほとんどは、被収容者の日常生活の第一次管理者たる担当によって、又は担当の指示によって行われ、他の部門や処遇部門の多くの職員は、担当に対し、監督、指揮ないし協力の関係に立つか、事務的企画立案又は事務的処理に当たるにしかすぎないのである。被収容者の施設内行動の規制、及びこれに対する指導教化は、あげて担当個人に委ねられているといっても過言ではない。

そこに、工場担当と受持ち受刑者の間に、家族的とも思える情緒的なつながりがかもし出される所以のものがあるように私には思われる。受刑者が担当職員を、年齢が下でも、「担当さん」「おやじさん」と親しみを込めて呼んでいるのもそのせいであろう。難しい言葉で表現すれば、そこには「パターナリズム」、日本語では「家父長原理」あるいは「温情主義」とでも呼ばれる、日本的文化の特徴を垣間見ることができるのである。つまり、担当を家長とし、受刑者を家族とみる擬似的な家族関係、あるいは擬似的な共同体意識がそこに醸成されることになるのである。そこでは、「恩と義理」「愛護と忠誠」という、日本的な義理人情の世界が展開されることになる。つまり、担当は受刑者の面倒をみてやる代わりに、受刑者は担当への忠誠・協力を誓い合うという構図が生まれることになるのである。日本で刑務所暴動が起こらない理由の一つは、自分の担当さんを裏切らない、また、仲間にも裏切らせないという、受刑者による一種の日本的忠誠心の現われとみることも可能であろう。日本行刑の第二の特質は、いわばこの「義理人情行刑」であるといえるであろう。

良くも悪くも、このような心情的共感によって、人間社会の円滑な維持管理を図るという手法は、ひとり行刑に限らず、日本社会一般にままみられる特徴であるともいえるであろう。この点こそが、合理性を前提にし、常に明確な理論的思索や自然科学的判断が優先する欧米での行刑理念とは、大きくその性格を異にするところなのである。

この担当制に基づく「心情的日本行刑」は、我が国近代行刑の成立以来、施設運営の基本体制として伝統的に維持されてきたものであり、現時点までは、それなりの成果をもたらしているようではあるが、問題があることも確かである。その点について、保安上の要請と矯正処遇上の要請という相矛盾する要請に対し、担当一人で全責任を全うするということが、果たして一個人の能力をもってして可能であるかという観点から、大芝靖郎は次のように述べている。

「担当には、収容者の合規範的行動を確保するためこれを監視統制する任務と、他方、収容者個々の特性に応じて、その向上意欲を引き出し、将来の社会復帰について何程かでも有効な影響を与えるという教化指導の役割が同時に課されている。しかるに、この前者の任務を完全に達成するための基本的な執務態度は、もっぱら、収容者のすべての行動を疑い、拘禁下にある人間のとり得べきあらゆる反社会的行動を予想し、これを防止すべく周密な注意を寸時も怠らぬということであり、換言すれば、本来、人間の行動に対する不信と猜疑から出発することを要するに反して、後者の役割を果たすためには、多かれ少なかれ、人間の合規範的行動意志及び自己変革能力への信頼ないし期待に立脚することを必須の条件とする。両者はまさに相反する異質の態度及び能力を要求するとみるべきであるが、これを実際には一個人に同時に期待するということは、むしろ不可能を強いるものではないかと思われるのである」と。

この他にも、担当とある特定の受刑者の間に共感し得ないものが存在するときには、その処遇に不公平感を生む可能性があることも否定できないし、担当職員の人格特性によって、各工場ごとに被収容者に対する取扱いが異なるという、処遇格差をもたらすおそれもないとはいえないのである。意地の悪い言葉でいえば、「情実行刑」に陥る可能性があるともいえよう。

しかしながら、赤塚康の言うように、担当制は、心情的行刑であるとはいわれながらも、日本の行刑においては、重要な意味を持つように思う。なぜならば、我が国では、「工場担当と受刑者の関係も、欧米の受刑者のように、あるいは制度の建前どおり、契約に代わる拘禁の法律関係によって発生したものとは、工場担当にも受刑者にもお互いに受け止められていない」からである。「日本的に言えば、それは『縁あって結ばれた間柄』であるとの認識があるにしかすぎないからである。

日本の行刑において、こうしたいわゆる「間柄主義」より生まれた人間関係は、極めて重要な意味を持つのである。かつて、文化人類学者濱口恵俊は、その著書『間人主義の日本社会』において、欧米人の「個人主義」(individualism) に対して、日本人については「間人主義」(contextualism) を提唱しているが、この「間人主義」は、公文俊平らの用いる「間柄主義」と表現した方が、分かり易いかもしれない。すなわち、日本人にとっては、もともと「個人」という表現が、欧米人のように、「単独に存在する一個人」を意味するものではなく、「対人関係を内在する存在」であることを意味するものであるところから、「間人モデル」あるいは「間柄主義」では、他者との一体感が先にあって、そして、その対人感覚自体が、自己の存在を確証するものとなると考えるのである。いわば、日本人は、他者を介して自己同一性が確立されるのであり、他者との人的連関において初めて自己の存在が確証されることになるのである。このことは受刑者とて同様である。受刑者にとっても、刑務所全体ではなく、刑務所の中のある工場という、小集団に組み込まれることが、自己を確証するためには必要なことであり、この自分の属する小集団の他者を通して、自己を確立し自己同一化を達成することになるのである。このいわば「集団的自律性」の確立が重要な意味を持ち、そして、それを全面的に援助するのが「担当」であり、工場担当は、家父長的存在として、受刑者たちの面倒をみることが期待され、その代わりとして受刑者は担当の言うことを聞き、そうすることによって、受刑者と担当とは、お互いの身分を超えて強い「情緒的信頼関係」を結ぶことになるのである。このように、日本の行刑において、担当制が持つ機能は極めて重要であるといえよう。工場担当制は、日本の刑務所行政の特徴であると同時に、管理上も運営上も無視することができない、行刑制度の「核」なのである。

(三)　民族・人種・宗教問題が少ないこと

日本行刑の第三の特質は、日本の行刑施設は、民族・人種・宗教問題等に悩まされることが極めて少ないということである。それというのも、我が国は、同一民族によって構成された国であり、同一文化の下に生活し、同一言語を話すという特徴を持っているからであると説明されている。確かに、日本はアメリカ合衆国のように多民族国家ではないから、民族問題や、人種差別の問題、あるいは宗教問題に悩まされることが極めて少ないことは確かであろう。そのために、ごく少数の外国人受刑者は別として、行刑職員と受刑者の間にコミュニケーション上のトラブルが生じたり、人種的対立から相争うということもないようである。被収容者はどちらかといえば職員に服従的で、むしろ、「長いものには巻かれろ式な国民性」がそこにみられないでもない。

もちろん、その本来的な、それぞれが置かれた立場からは、職員と被収容者の立場は、むしろ、対立的であると考えられるが、現実には、両者の関係は極めて相互依存的である。日本人の国民性として、その処遇に多少の不平不満があったとしても、権力や権威に弱く、へつらう傾向があり、また、欧米人のように、自己の持つ権利を主張し、徹底的に相争うということをしないで、適当なところで妥協し、いわゆる円満な解決を求めるという「和の精神」を尊ぶ性癖のあることも確かであろう。欧米の多くの国とは違い、民族紛争や宗教戦争、あるいは人種問題を、塀の中に持ち込まない点こそが、我が国の行刑が上手く機能している理由の一つであるといえるのである。

二　処遇方法の特質

（一）　刑務作業の充実

日本の行刑は、刑務作業の遂行と作業量の確保に努力を払い、受刑者の事実上の不就業を回避することに留意し、労働内容の充実を図っているところに特色がある。我が国の刑務作業は、これを矯正処遇の一環とみ、刑務作業によって単調な刑務所生活における無為から生じる心身の退廃を防ぎ、受刑者に労働に対する尊敬の念と規則的労働の習慣を体得せしめ、職業上の訓練を与え、必要な技能を身に付けさせることによって、受刑者の社会復帰を可能ならしめるという考え方を基調とするものである。そして、この刑務作業が、受刑者の収容生活の大部分を形成することにより、結果として、少数の監視者による多数の受刑者の統率を可能としていることも事実であろう。そうした点からして、この刑務作業そのものが、行刑施設内の規律維持機能の役割を果たしているということは、どんなに強調しても強調しすぎることはないように思われる。

アメリカにおいては、一九三四年のホーズ・クーパ法（Hawes-Cooper Act)、一九三五年のアシャースト・サマーズ法（Ashurst-Summers Act)、一九三六年のウォルシュ・ヒーリー法（Walsh-Healy Act）により、刑務所製品を一般市場において販売することが禁止されているため、刑務作業そのものが有名無実なものとなっているのである。これは事業主からする民業圧迫の主張と、労働組合側からする雇用機会の減少という要請によるものではあるが、結果的には、受刑者のやる気のなさを助長し、刑務所暴動にまで至る遠因を醸成するもとともなっているのである。

（二）保安業務の特徴として、武器の不使用と人的戒護の強調

日本の行刑における保安業務の特徴は、武器の不使用と人的戒護の強調である。我が国の保安職員は、通常拳銃を携帯せず、また警棒も着けずに勤務している。「被収容者を自己の視線内に置く」というフーコー的「まなざし」による監視を第一義とし、職員による綿密な監督・監視を励行させ、所内の規律や秩序を維持しているのである。アメリカのように、外観は、高く厚い壁に囲まれ、ガンタワーとライフル銃を携帯した職員による監視が行われ、コンピュータロックによって警備されている施設でありながら、内部での行動は比較的自由であるという国と比べれば、格段の相違があることが分かるであろう。物的戒護重点方式のアメリカと人的戒護重視の日本の処遇方式との違いは、職員と受刑者の人間関係に甚大な影響を与えていることはいうまでもない。外国からの学者や実務家が、日本の刑務所を参観して一番驚くのは、大勢の受刑者の中で、ホイッスル一つで、身に寸鉄も帯びず、丸腰で働いている保安職員を見たときである。「これで不祥事は起こらないのか?」「保安事故は起こらないのか?」というのが、彼らのまず口にする質問であり、「一〇年間で三三件の逃走事故

があった」と説明すると、「一日の間違いではないのか？」と問い返す始末である。外国人にとっては、日本的戒護システムは、どのように説明しても理解してもらえないというのが、私が外国の友人を刑務所に案内しての率直な感想である。

（三）　職員の研修体制が確立していること

日本の行刑職員は、刑務官採用試験又は公務員採用試験によって採用された国家公務員であって、採用後も定期的な研修体制が充実しているところに特色がある。全国規模において、矯正研修所及び八つの同支所が置かれ、初任者のための初等科研修、施設の係長級を養成するための中等科研修、さらには、幹部を養成するための高等科研修が計画的に行われている。その上、各職種・業務の専門研修と研究員制度があって、職員の資質向上に努めているのである。周知のごとく、アメリカでは、連邦刑務所において訓練プログラムが一九三〇年に導入され、公的中央研修制度が一九八二年に確立されているが、全米的・全州的な中央研修機関がない。専門的な研修や研究は、むしろ外部の大学や研究機関に委嘱し、その成果のみを採用するといった傾向がはるかに強いのである。

また、日本の場合には、親子三代にわたって矯正職員として勤務しているという者も数多く見られ、所属意識が強く、何よりも自分が行刑に携わっているということを誇りとしていることである。幹部職員について言えば、永年勤続の専門実務家で、しかも、全国単一組織下の各施設の重要ポストを歴任した、経験豊富な行政官であるということである。こうした研修体制と豊かな処遇経験とが、我が国の行刑を支えていることは今さら指摘するまでもないであろう。アメリカの場合は、刑務所のみならず一般の職場でもそうであるように、給与や勤務条件が良ければすぐにでも転職するという傾向があり、そのために、幹部職員と一般職員の中間に位置する、中堅幹部職員の層がどうしても薄くなってしまうという弊害が生み出されてしまうのである。アメリカの場合、さらには、政権交代に伴い、施設長クラスの幹部職員が、何の予告もなく入れ替わってしまい、しかも、全くの素人が刑務所運営に携わるという現象もままみられるところである。こうした人事体制の違いが、アメリカと日本との行刑政策の違い、すなわち、日本の行刑では人の要素を重視するが、アメリカの行刑では新処遇技法に依存するという違いを生み出しているように、私には感じられるのである。

（四）その他の特質

こうした特質のほかにも、日本の行刑は、「改善」ということが唱導される場合、まず、何よりも食事、冷暖房、機械設備等の物的処遇の改善向上への努力から始まるという点や、人的処遇として、被収容者に対する親切、誠意、熱意等が絶えず意識され、いわば日本的「甘えの構造」に陥るような「相互依存の精神」が強調されていることが挙げられるであろう。また、これは外国人受刑者によって言及されていることであるが、日本の刑務所は、受刑者を甘やかすこともしないが、不当な取扱いもしないという点に特色がある。あるアメリカ人受刑者は、「日本の法制度が公平である」という点を強調して、以下のように述べている。

「『日本人はおれをだますなんてことはしなかったね。取調べの時でさえね』『日本人ていうのはいつでも信用できる連中さ。おれなんか五年くらっても不思議じゃなかったのに、判決は二年だったんだ。日本側に協力したアメリカの当局の方じゃ、おれが二〇年の判決でも宣告されたらいいと思っていたんだぜ。府中の看守も厳しい処遇ぶりだったけど、あいつらだって、理由なしには、おれをいためつけるなんてことは絶対やらなかったよ。仲間の囚人が背後からとびついてくることもないし、それに、日本の法律は誰にでも平等だ、それがなによりだよ。こっち（アメリカ）の法律は（金を）いくら出せるかできまるんだ。おれはどうせ住むんなら、厳しくても公平な法律制度の国の方がいいと思うね。』」と。

説明は要らないであろう。アメリカと日本との彼我の差は、受刑者の公平な取扱いにもみられるのである。

以上においてみたごとく、日本の行刑の特質は、深く我が国の国民性、あるいは日本文化に根差しているように私には思われる。矯正職員処遇体験記『苦しみと喜びと』に掲載されている具体的な処遇事例をみるとき、行刑担当職員が、不幸な生い立ち、家族との別離等から自暴自棄に陥った受持ち受刑者の心の悩みを聞き出し、共に悩み、時には厳しく突き放し、最終的には、受刑者に将来の希望を抱かせるような指導・援助をすることが、結果として、受刑者の立ち直りのきっかけとなったことが述べられている。「罪を憎んで人を憎まず」「祓って清めればすべての罪は許される」という日本文化の伝統、すなわち「宗教的トレランス」が、行刑の分野にも色濃くみられると考えるのは、私一人であろうか。

第3章　過剰収容時代の刑事政策

二〇〇一年九月九日に放映されたＴＢＳの報道特集において、我が国の行刑施設が過剰収容時代に入ったことについてのコメントを求められ、このままでは、一九五三（昭和二八）年の刑務所暴動を最後に、世界で最も安定した犯罪者処遇の実績のある我が国においても、近い将来、刑務所暴動が起こりかねないという話をした。一九八二（昭和五七）年に二〇〇万件を超えた刑法犯認知件数は、二〇世紀最後の年、二〇〇〇年に、遂に三〇〇万件を超えた。それに伴い、一九九二年のバブル経済の崩壊時に七〇％であった施設収容率が、二〇〇一年九月一日、ついに未決拘禁施設を含めて一〇〇％を超えるに至ったのである。信頼できる筋での推計によると、五年後には、施設被収容者の数は一〇万人を超え、終戦直後の混乱期のレベルにまで達するのではないかといわれている。我が国の行刑施設の現在の収容能力は、六万四、一九四人であるから、欧米のように新しい刑務所の建設と矯正職員の増員が喫緊の課題となるであろう。

また、二〇〇一年八月五日、東京新聞日曜版の「学校の教材に役立つ大図解」で、更生保護の特集が企画され、編集者に求められてコメントを付けた。そこでも、矯正段階での過剰収容に対処するためには、矯正の出口、更生保護の入口に位置する場所に、「社会内処遇センター」を設置するべきではないか、との提言をした。

新聞とテレビというメディアの違いはあるが、どちらも今、我が国が直面している犯罪者処遇の問題に焦点を当てたものである。犯罪の増加とそれに伴う欧米並みの過剰収容という事態を目の前にして、われわれはどのように対処したらよいのであろうか。本章では、過剰収容を解消するためには、犯罪者を施設内で処遇する「矯正」と、社会内で処遇する「保護」との連携が、今何よりも肝要であるという視点から、現行制度内での過剰収容解消策について検討してみることにしたいと思う。

一　仮釈放の積極的運用

過剰収容を解消するためには、刑務所人口を削減すればよいということは誰もが考えることであろう。刑法第二八条によれば、改悛の状という実質的要件と刑期の三分の一の経過という形式的要件を充足すれば、行政官庁の処分によって、受刑者を仮出獄させることが可能となっている。実際には、刑期の八〇%を執行した段階で仮出獄させているようである。もちろん、残りの二〇%は、保護観察という形で社会内で刑の執行が行われるのである。この仮出獄の規定を積極的に運用すれば、過剰収容が緩和されることは明らかである。つまり、刑務所内での処遇と社会内での処遇の割合を、八〇%対二〇%から七〇%対三〇%という具合に調節するのである。

しかしながら、こうした施策に対しては、被害者感情や社会一般人の不安感を考慮した場合、問題があるという指摘も可能であろう。そのために、アメリカでは、仮出獄を決定するに際して、電子監視を付けるとか、社会奉仕命令を付加するとか、被害弁償命令を付け加えるとか、VORPという被害者・加害者和解プログラムを義務づけるという方法を採用しているのである。

我が国でも、将来的にはこうした施策を検討しなければならない時期が到来するかもしれないが、当面のところは、矯正と保護との有機的連携によって問題を解決することが可能ではないかと思われる。そして、そのための施策としては、仮釈放準備調査制度と施設駐在官制度の効果的な活用が望まれよう。

まず、仮釈放準備調査制度であるが、通常、地方更生保護委員会においては、矯正施設の長からの仮釈放申請を受理すると、原則として、保護観察官が主査委員の面接に先立って本人と面接し、必要な調査を行っているが、このほかに、現在では仮釈放申請を受理する前であっても、保護観察官が矯正施設へ出向いて面接調査を行っている。これが「仮釈放準備調査」と呼ばれるものである。

この仮釈放準備調査の目的は、早期に仮釈放の審理及び整備を行うことによって、矯正施設と保護観察所の連携を密にし、受刑者又は少年院在院者に対する矯正処遇と更生保護との有機的な連携の強化に努めることにより、被収容者のより円滑な社会復帰を図ることにあるのである。この制度をより充実させることにより、仮出獄ないし仮退院の時期を早めることが可能となるのではないかと思うのであるが、どうであろうか。もちろん、こうした仮釈放準備調査を充実させるためには、保護観察官が矯正施設に常駐していることが必要条件となるであろう。そしてまた、そうした必要性によって生み出されたのが「施設駐在官制度」なのである。

この施設駐在官制度は、一九八一（昭和五六）年一〇月一日から広島刑務所で試行的に実施されたことに端を発しているが、一九八四年九月一七日の「仮釈放準備調査の実施について」（矯正局長・保護局長通達）において明文化されており、現在では、この施設駐在官制度は、仮釈放準備調査の一環としての位置づけがなされている。保護観察官の増員を図ることが必要となるであろうが、この制度を全施設で採用することを提言したい。

なぜならば、施設駐在官は、仮釈放準備調査に当たるほか、矯正施設が実施する受刑者の刑執行開始時の指導や、釈放前指導等への協力、矯正施設内の処遇に関する会議への参列、受刑者の環境調整のために行う家族やその他の面接等にも従事しており、矯正と保護の連携を強め、施設内処遇から社会内処遇への一貫性を確保する上でも有効に機能しているからである。過剰収容の解消策として、仮釈放の積極的な運用を展開する上での必須条件といえるであろう。

二　仮出獄に対する釈放前指導等の充実

仮釈放の積極的な運用に際して重要なもう一つの施策は、仮出獄に対する釈放前指導及び援助である。ここでいう釈放前指導及び援助（以下、「釈放前指導等」という）というのは、受刑者の社会復帰を円滑に行わせるため、各矯正施設において、釈放間近に一定期間実施されているもので、受刑者処遇の総仕上げとしての意義を有するものである。仮出獄により釈放される受刑者は、前述のごとく、有権的な更生保護である保護観察に付されるため、釈放前指導等において、保護観察制度その他更生保護に関する知識を付与するなど、更生保護との連携を強化する指導がなされると同時に、更生保護の分野からも釈放前指導等に対して協力がなされているところである。

具体的には、この釈放前指導等は、社会情勢、釈放に関する諸手続、更生保護・職業安定所・社会福祉等に関する説明、釈放後の社会生活への円滑な移行に役立たせるためのプログラム等が準備されている。また、受刑者の自立心を涵養するために、できる限り社会生活に近い環境と開放的な雰囲気のなかで、個々の対象者にふさわしい内容及び方法で計画的かつ組織的に行われているのである。しかしながら、従来の釈放前指導等は、全国的に統一された基準がなく、各施設ごとに実施要領を定めて行われていることから、その実施内容がまちまちとなっているきらいがあった。そこで、法務省矯正局において、統一的な実施基準として、一九九四年三月三一日付けで、「釈放前指導等に関する訓令」(法務大臣訓令)及び「釈放前指導等に関する訓令の運用について」(依命通達)を発出し、同年一〇月一日から施行している。

各施設においては、右記訓令及び依命通達に基づき、各施設の実情に応じて所内規定を整備し、個々の対象者の特性に応じた指導機関の確保、指導内容の充実を図ると同時に、処遇方法の研究、指導案の作成、外部機関との連携等に取り組んでいるところである。この最近の釈放前指導等を通じて、矯正と保護の連携はますます重要視されるに至っており、保護が行っている矯正への協力としては、保護観察職員等の講師としての派遣、釈放前指導等の一環として保護観察所訪問を受け入れる、などが行われている。

こうした状況に鑑みるとき、この釈放前指導等と連動する形において、私が東京新聞において提言した「社会内処遇センター」を創設することを考えてみてもよいのではあるまいか。犯罪者を受け入れる入口に位置する矯正の段階で、全国八カ所の矯正施設に受刑者を分類する「分類センター」があるのに、その出口の更生保護の段階では、現在全国に一〇一カ所ある各更生保護施設の特色を生かしそれらを統合する、統括的な機能を持った「社会内処遇センター」が存在しないことが、過剰収容を解消するための手段としての仮釈放の積極的な運用を阻害しているおそれさえあるからである。

三　長期受刑者に対する中間処遇制度

仮釈放の積極的な運用と並んで重要な施策は、長期受刑者に対する処遇である。長期受刑者は施設に長く収容されていることから、過剰収容の最大の原因となっている上、社会に復帰するに際しても、最も困難をきたすであろうと考えられるからである。そのまま長期間刑務所に残留すれば過剰収容の原因となり、社会復帰がうまくいかず、再犯をして刑務所に舞い戻ってくれば、また、それはそれで、過剰収容の一因となることはいうまでもない。矯正施設に長期にわたって収容されている者は、どちらかと言えば、凶悪・重大な犯罪をしたものであり、性格特性や環境条件等で問題のある者が多い。このため、地方更生保護委員会では、長期受刑者の仮釈放審理に当たっては、本人の心身の状況、被害者の感情をはじめ、関連事項について、特に周到な調査と審理を尽くすと共に、本人に対する指導・助言、帰住予定地の環境調整等に格別の配慮をしているところである。

特に、一九七九年四月からは、長期受刑者に対する新たな施策が実施され、無期受刑者及び執行すべき刑期が八年以上の長期受刑者の仮出獄審理においては、保護観察官の準備調査をできるだけ早期に開始し、かつ、これを定期的に継続すると共に、主査委員による複数回の面接や複数委員による面接を行うなどして慎重を期している。さらに、こうして仮出獄を許可された者のうち、地方更生保護委員会が相当と認め、かつ本人から同意が得られた場合、仮出獄当初の一定期間（現在は一カ月）を更生保護施設に居住させる、いわゆる中間処遇制度を計画的・集中的に行っているのである。

本制度は、そもそもがプリズニゼーション（刑務所化）の弊害を除去し、施設内処遇から社会内処遇への円滑な移行を目的として実施されたものであり、矯正と保護の連携がいかにうまく行われているかどうかを示す、一種のバロメーターとなるものではないかと思う。そして、そのことは同時に、この中間処遇制度が、過剰収容を解消するための重大な施策の一つとなっていることを意味するのである。一九九六年四月一日に施行された更生保護事業法に基づく新しい更生保護法人との協力のもと、本制度のより一層の拡充が望まれるところである。そして、願わくば、「社会内処遇センター」の創設により、より豊かな施策の展開を期待したいと思う。

四　その他の過剰収容解消策

もちろん、今さら改めて言うまでもなく、過剰収容の問題は、仮釈放の積極的な運用や長期受刑者の処遇の改善のみで解決するほど単純なものではない。施設収容前の施策としては、微罪処分や起訴猶予や執行猶予等のダイバージョン的施策を積極的に活用することが考えられよう。しかし、その場合、起訴猶予や執行猶予の対象者は、結局のところ、更生保護の段階で対応しなければならないことに注意しなければならない。

施設被収容者を減少させるという視点からは、仮釈放の積極的運用に加えて、イギリスにおいてかつて利用されたレミッション（remission：減刑と訳す。善時制の一種。受刑者が善行及び勤勉を保持することにより、自動的に刑期を短縮する制度）や、アメリカで利用されている善時制（good time system：受刑者の自律的改善を促すために、施設内での勤勉と善行の保持を条件として、一定の割合で刑期を短縮する制度をいう）を採用することも考えられよう。また、最近の過剰収容の一因が、来日外国人受刑者にあることから考えると、「受刑者の移送」を効率的に運用することを検討することも必要であろう。一歩進んで、更生保護の段階で、将来的には「保護観察の移管」を考慮することも大切である。

我が国が主権国家である以上、犯罪をした来日外国人を裁判にかけ、有罪を言い渡すことは当然である。しかし、国費を使ってまで処遇することは必要ないのではあるまいか。むしろ、来日外国人の属する本籍国に移送して、母国で刑を執行してもらう方が、我が国にとってはもちろん、本人にとっても利益となるのではないかと私は思う。また、来日外国人の場合、施設内での刑の執行も、平均六〇％に留まっているようである。そうだとしたならば、刑の一部執行後、ただ単に、退去強制処分にして本国に送還することよりも、「保護観察の移管」を考えることの方が、司法権の実効性を担保するという観点からは、妥当な方法であるといえないであろうか。犯罪者の母国における刑の執行や保護観察の執行は、当該犯罪者にとって、何ら基本的なつながりを持たない犯罪地国における執行よりも、より効果的な社会復帰を図ることが可能であり、本来の社会復帰の理念にも適合すると私は思うのである。

五　今後の課題と展望

以上、私は、現在我が国が直面している過剰収容という刑事政策の危機について、その深刻さを憂えると同時に、現行制度内でどのような努力ができるかについて検討してみた。しかしながら、矯正と保護の連携のみによって、問題の解決を図ることは、緊急避難的な対応策としてはともかく、かなり難しいのではないかと私には思われる。およそ二万一、〇〇〇人の矯正職員と一、二〇〇人の保護職員のみで、問題の根本的な解決が図れるとは私には思われないのである。矯正職員と保護職員の定員を増加させることが必要であろう。刑務所の増築と新設も必要であろう。民営刑務所を検討することも必要であろう。社会内処遇センターの創設も必要であろう。しかし、そうした対処療法的な対応には限界がある。むしろ、現在我が国が直面している経済不況を一日でも早く克服し、失業率を下げることが、遠まわりのようにみえても、一番早い過剰収容の解決策であるように私には思われる。

第４章　ヨーロッパにおける高率収容の実態分析

一　高率収容の実態を分析するための概念枠組

（一）過剰拘禁、過剰収容、高率収容という言葉の意味するもの

現在、我が国が当面する刑事政策上の重要課題は、過剰収容をいかに解消するかということである。二〇〇二年五月二〇日のフジテレビの番組「スーパーニュース」は、「六人部屋に八人の大男」と題して、横浜刑務所の超過密生活を報道している。

今ここで使用している「過剰収容」という言葉は、かつて「過剰拘禁」という言葉で表現されていたものを、よりやわらかく表現したものであるが、実は、これらの言葉よりも、刑務所の実態を把握する上でより優れているように思われるのは、「高率収容」という用語である。従来使用されていた「過剰拘禁」という用語は、受刑者をむりやり施設に拘禁し、拘禁過剰であるがゆえに、改善更生教育がおろそかにされているのではないかという、負のイメージを伴うものであったし、「過剰収容」という言葉も、収容過剰という現実を説明しているのみで、何らの積極的な努力をしていないかのような響きがあった。その点、「高率収容」という用語は、施設収容率が高率になったという事実を表現するものであるから、客観的な分析になじむ言葉であるように私には思われる。したがって、本章では、「過剰収容」という言葉に代えて、「高率収容」という用語を用いて、ヨー

ロッパの刑務所の実情について紹介してみたいと思う。

（二）　刑務所人口の増加という場合の「増加」の意味

ところで、もう一つここで注意しなければならないことは、「刑務所の高率収容」という言葉は、「刑務所人口の増加」という言葉と混同されてはいけないということである。我々が通常「刑務所人口の増加」について言及する場合、それは、直接的には、被収容者数が大規模に増加したことを意味するからである。

しかしながら、国際比較をする場合の刑務所人口の増加というのは、全体の人口増加の割合に対して、あらゆる均衡を失った受刑者人口の増加を意味するのである。たとえば、フランスにおいては、一九七五年から一九九五年において、受刑者人口が一〇〇％増加しているが、もし、同時期に全体としての人口の増加も一〇〇％であれば、実数としての刑務所人口は増加していても、刑務所人口が増加したとはいわないであろう。フランスの場合、同時期における全体の人口増加の割合は、実際のところはわずか一〇％に過ぎないから、刑務所人口は危機的に増加したとか、あるいは、驚異的に膨張したという表現が用いられるのである。

このように、通常、刑務所人口の増加について分析する場合、我々は、犯罪の増加、量刑の厳格化、あるいは、その他受刑者人口の増加の原因として作用する諸相の検討を行うことなしに、数字のみを基準として、刑務所人口の増加という実態を認めているのが現実であろうかと思う。いわば、刑務所人口の増加の測定は、一見、直線的であるように私には思われるのである。実際上、統計的には、その測定は、人口一〇万人当たりの数値、あるいは暦年、もしくは一二カ月間における割合において示される、年間の比較増加率を使用してなされることが多いのである。しかし、そこでは、刑務所において利用可能な居室数については何ら言及することなしに、単純に増加率だけが計算されていることに注意しなければならない。

(三)　高率収容という言葉のもつ二つの意味

ところで、本章で用いるある特定の期日における刑務所の過剰収容状況について言及する、「高率収容」という用語は、日常の用語法においては、二つの全く異なる意味を有しているように思われる。すなわち、高率収容という事実を証明する基準について何ら言及することなく、刑務所に非常に多くの受刑者が収容されているということを指摘する場合の「一般的な意味」と、利用可能な居室数に対して高率収容になっていると表現する場合の「特別な意味」である。後者の「特別な意味」においては、明らかに、一定の時点における受刑者数と刑務所の収容能力との間の不均衡を意味しているのである。したがって、この場合の「高率収容」というのは、一般に「拘禁率」とか「占有率」と呼ばれる、居室数との関係における受刑者人口の割合によって測定されているということになる。フランスにおいては、こうした状態を説明する用語として、「刑務所密度」(prison density, densité carcérale) という用語が用いられているようである。

もちろん、改めて指摘するまでもなく、刑務所人口の増加と高率収容は密接な関係にある。実際のところ、刑務所人口の増加が、刑務所の数が充分でないために、高率収容という問題を生じさせているからである。以下においては、具体的に、ヨーロッパ諸国における高率収容の実態について、分析・検討してみることにしたい。

二　ヨーロッパ諸国における高率収容の実態

刑事政策の文献においてしばしば指摘されているような、刑務所人口の増加が、ヨーロッパにおいて、永続的で、一般的であり、しかも普遍的であるという問題の設定の仕方は、刑務所の高率収容の実態を見誤らせるものである。それゆえに、ヨーロッパ各国の刑務所の実態を分析する場合にも、それぞれの国の持つ法律制度や文化の違いなどから、それぞれの国において事情が異なり、高率収容という状態にない国もあれば、たとえ高率収容の状態にあるといっても、高率収容の状態そのものも多様性をもつことから、すべての国を概括的に論じることはできないということに、我々は、まずもって留意しなければならない。

しかしながら、そうは言っても、ヨーロッパ諸国のどの国が高率収容の状態にあるのかという実態を知り、その原因を明確にすることは、現在、我が国が直面している高率収容の問題を解決する上での、重要な示唆を与えてくれるのではないかと思う。しかし、実際のところ、ヨーロッパ諸国における高率収容の多様性の分析については、何らかの統一的な視点を持って論述することは極めて困難である。そこで、本章においては、ヨーロッパ諸国の中から特徴のある国をいくつか選び出して、高率収容の実態とその問題点について分析・検討してみることにしたい。

(一)　オランダの場合

ヨーロッパ諸国の中で、データが入手できた国は、ドイツ、オーストリア、ベルギー、キプロス、デンマーク、スペイン、フィンランド、フランス、ギリシャ、アイルランド、イタリア、ルクセンブルク、ノルウェー、オランダ、ポルトガル、連合王国（イングランド及びウェールズ、スコットランド並びに北アイルランドを除く）、スウェーデン、及びスイスである。本章において用いた主たるデータは、一九八三年から一九九七年までの間における、刑務所人口の年間比較増加率である。

ところで、年間比較増加率を用いて分析してみて、まず気が付くことは、この期間中、増加率において連続性を有していた唯一の国は、オランダであるということである。オランダの受刑者人口は、一九八三年の約四、〇〇〇人から、一九九七年の一万三、六一八人にまで一貫して上昇しており、一四年間で二四〇％の増加を示している。しかしながら、そもそも統計を取り始めた一九八三年の出発点において、オランダは刑務所人口の数値が、他国と比べて特に低かったという点に注意しなければならないであろう。すなわち、一九八三年において、オランダの拘禁率は、人口一〇万人当たり二八であり、アイスランドの二四を除けば、西ヨーロッパで最も低かったのである。ちなみに、この時期におけるヨーロッパの平均拘禁率は、人口一〇万人当たりほぼ七〇前後であった。

(二)　ドイツ、オーストリア、フィンランド、イタリア、北アイルランドの場合

逆に、ヨーロッパ諸国において、刑務所人口が継続的に減少したという記録を持つ国は存在しなかったが、五つの国が多年にわたり刑務所人口の増加の回避に比較的成功していたといわれている。それは、ドイツ、オーストリア、フィンランド、イタリア、北アイルランドである。

東ドイツを統合する以前のドイツ、すなわち西ドイツにおいて、受刑者人口は、一九八三年から一九九〇年

の間に、六万二、五二五人から四万八、五四八人に減少しており、七年間で二二％の減少である。一九九〇年以降の傾向としては、徐々にそれまでの減少率が低下し始め、東ドイツと統合したことによって、受刑者人口は、現在七万四、〇〇〇人を超えている。

オーストリアも、一九八三年から一九八九年の六年間に、受刑者数が三一％も減少（八、三八七人から五、七七一人）するという極めて稀な経験をしているのである。そして、一九九〇年以降は、継続的な上昇を経験したにもかかわらず、刑務所人口は、いまだ一九八三年の水準に達していない（七、〇〇〇人未満）のである。当時、オーストリアは、西ドイツ（人口一〇万人当たり一〇〇）、スコットランド（同九七）、イングランド及びウェールズ（同八七）、イタリア（同七三）、及びフランス（同七〇）を凌ぎ、西ヨーロッパにおいて最も高い刑務所人口の割合を保持していた（同一一〇）。この順序は、その後、その記録がポルトガルによって更新され（人口一〇万人当たり一四五）、イングランド及びウェールズ（同一二〇）、スコットランド（同一一九）、スペイン（同一一三）、北アイルランド（九五）と続くに及び、一九九七年現在においては全く異なったものとなっている。

フィンランドは、もう一つ別の興味深い事例を提供している国である。フィンランドの刑務所人口は、一九八九年から一九九二年までにおいて六％上昇したことを唯一の例外として、継続的に減少している。一九九七年における刑務所人口は二、八〇〇人であるが、これは、同国がヨーロッパ評議会に参加する前の年である一九八八年における刑務所人口三、六〇〇人と比べても少ないということが分かるであろう。

イタリアにおいては、刑務所人口の減少はより短期間のものであったが、より大きな幅を持ったものであった。二年間の安定期の後に、一九八六年から一九八九年の間に大幅に減少している。事実、刑務所人口は、四万三、六八五人から三万九五四人に減少したが、三年間に三〇％の減少を示したのはヨーロッパでの新記録である。

また、一九八四年において、北アイルランドでは二、一九八人の受刑者が施設に収容されており、拘禁率は、人口一〇万人当たり一四一であった。同時期のイングランド及びウェールズのそれは八五であり、スコットランドのそれは九〇であった。そして、一九九一年までの七年間に二四％の減少をみ、その後、一九九三年から一九九七年の間において、さらに一六％減少するという記録が続いている。一九九七年当時の受刑者人口は、一九八四年当時におけるよりも、二七％少ないことが報告されている。

オランダのように刑務所人口の増加を回避し得なかったその他の国々は、様々な状況的変化を経験した。同一期間の始期と終期とにおける受刑者人口を比較してみると、およそ四つのグループに区別されるように思われる。すなわち、それは、（１）超高率収容国としてのオランダ（二四〇％）、スペイン（一九二％）、ポルトガル（一四〇％）、（２）高率収容国としてのルクセンブルク（一九八三年から一九九六年までにおいて七六％）、アイルランド（六六％）、スイス（五六％）、ギリシャ（四九％）、イングランド及びウェールズ（四三％）、キプロス（四〇％）、フランス（三九％）、（３）中程度の比率の収容国としてのベルギー（二八％）、スコットランド（二一％）、ノルウェー（一九％）、スウェーデン（一八％）、（４）低率収容国としてのデンマーク（六％）である。

（三）　その他の国の収容状況

また、実際問題として、オーストリア、クロアチア、デンマーク、フィンランド、マケドニア、ノルウェー、オランダ、スロバキア、スロベニア、スウェーデン、及びスイスの各国は、収容率一〇〇％を超えていなかったし、このうちの三カ国、オーストリア、マケドニア、及びスロバキアは、過剰収容の状態にある刑務所をまったく有していなかったのである。

一九九七年九月一日現在において、スウェーデンの刑務所の四％、クロアチアの刑務所の五％、デンマークの刑務所の一〇％、フィンランドの刑務所の一二％、スロベニアの刑務所の一五％、ノルウェーの刑務所の一七％、オランダの刑務所の二三％、及びスイスの刑務所の四三％は、過剰収容の状態にあった。アイルランド、フランス、ラトビア、ベルギー、連合王国、イタリア、及びスペインの刑務所の五〇％ないし七五％も、また、過剰収容の状態にあったといわれている。さらには、ハンガリー、ポルトガル、ブルガリア、ルーマニア、及びエストニアにおいては、刑務所の八〇％以上が過剰収容の状態にあったし、ブルガリア（最大限三七一％）、ポルトガル（最大限三六八％）、ハンガリー（最大限三二一％）、フランス（最大限二九九％）、ルーマニア（最大限二四二％）、エストニア（最大限二〇八％）、及びスペイン（最大限二〇〇％）では、収容率が二〇〇％に達している刑務所が複数存在したのである。

三　ヨーロッパ諸国の高率収容に関する分析モデル

ところで、これは改めて指摘するまでもないことではあるが、ヨーロッパ諸国の刑務所収容状況を分析するためには、「分析モデル」を設定することが必要である。ここでは差し当たり、刑務所人口が増加する場合を、（1）A1モデル：刑務所人口の増加が新入受刑者の流入の増加に由来する場合、（2）B1モデル：刑務所人口の増加が拘禁期間の長期化に由来する場合、（3）C1モデル：刑務所人口の増加が新入受刑者の流入の増加と拘禁期間の長期化の両者に由来する場合とに分け、また、刑務所人口が減少する場合を、（1）A2モデル：

表7　ベルギーにおける刑務所人口の推移

ベルギー	1982年—1986年	1987年—1991年	1992年—1996年
新入受刑者数	21,300	17,900	17,600
拘禁期間（月）	3.5	4.4	5.0
受刑者人口	6,200	6,600	7,300

刑務所人口の減少が新入受刑者の流入の減少に由来する場合、（2）B2モデル・・刑務所人口の減少が拘禁期間の短期化に由来する場合、（3）C2モデル・・刑務所人口の減少が新入受刑者の流入の減少と拘禁期間の短期化の両者に由来する場合の六つに分ける、「分析モデル」を設定しておくことにしたい。

この分析モデルを用いて分析した場合、最も頻繁にみられるモデルは、B1モデルであり、刑務所人口の増加が拘禁期間の長期化に由来する場合である。これは、多少の変形こそあるが、ベルギー、キプロス、デンマーク、フランス、イタリア、ルクセンブルク、ノルウェー、及びポルトガルにおいてみられる類型である。

例えば、ベルギーを例に挙げて説明してみよう。表7に見られるごとく、ベルギーにおいては、受刑者人口は、一九八二年から一九八六年までは六、二〇〇人、一九八七年から一九九一年までは六、六〇〇人、そして、一九九二年から一九九六年までは七、三〇〇人となっている。各区分年ごと新入受刑者数が減少しているにもかかわらず、刑務所人口の増加がみられるのは、拘禁期間の長期化がその原因であるということが分かるであろう。

もう少し理解を深めるために、拘禁期間が一定である（三・五カ月）という仮定のもとに、統計的に修正を加えた理論上の受刑者人口を算出してみると、一九九二年から一九九六年の期間中の受刑者人口は、五、一〇〇人となり、実際の数値である七、三〇〇人よりも三〇％少ないことになる。

次に、新入受刑者数が一定である（二万一、三〇〇人）という仮定のもとに、理論上の受

表8　拘禁期間が一定であると仮定した場合

ベルギー	1982年―1986年	1987年―1991年	1992年―1996年
新入受刑者数	21,300	17,900	17,600
拘禁期間（月）	3.5	3.5	3.5
受刑者人口	6,200	5,200	5,100

表9　新入受刑者数が一定であると仮定した場合

ベルギー	1982年―1986年	1987年―1991年	1992年―1996年
新入受刑者数	21,300	21,300	21,300
拘禁期間（月）	3.5	4.4	5.0
受刑者人口	6,200	7,800	8,800

刑者人口を算出してみると、一九九二年から一九九六年の期間中における理論上の受刑者人口は、八、八〇〇人となり、実際の数値七、三〇〇人よりも二〇％多くなることが分かるであろう。

このように、刑務所人口は、毎年刑務所に入ってくる新入受刑者数と拘禁期間の関数として理解されなければならないのである。

ギリシャと北アイルランドの二つの国は、Ａ１モデルに属し、刑務所人口の増加は、新入受刑者の流入による増加に帰することができるのである。また、Ｃ１モデルに属する国としては、スペインとオランダがある。新入受刑者の流入の増加と拘禁期間の長期化とが同時に生じているからである。

フランスにおいては、刑務所人口は、最近の四年間減少傾向にある。一九九六年に五万二、六五八人であったものが、一九九七年には五万一、六四〇人となり、一九九八年には五万七五四人、一九九九年には四万九、六七二人となっており、二〇〇〇年一月一日現在では、四万八、四六八人となっている。もちろん、このことをもって、フランスの刑務所人口は縮小過程にあると直ちに断言することはできないであろうが、近年、その傾向が、拘禁期間の長期化よりも新しく収容される受刑者数の減少が優勢になっているという点からみると、新入受刑者数の減少によって刑務所人口の縮小がなされているという意味において、Ａ１モデルに属するということになるであろう。

四　我が国の課題

これまで検討してきたように、ヨーロッパの多くの国々も高率収容時代を迎え、刑務所人口の増加という現実に直面している。そして、この高率収容そのものの原因は、新入受刑者の増加ということもさることながら、拘禁期間の長期化にあるということがわかるであろう。我が国でも、新入受刑者の増加に加えて、平均刑期が三・七カ月長期化し、平均在所期間も一・三カ月長期化している。このことが我が国の高率収容をもたらしている一つの要因であることは疑いのないところであろう。

我が国が高率収容時代を迎えた今、微罪処分、起訴猶予、執行猶予等のダイバージョン的施策の積極的運用という、矯正施設の入口での対策を考えることはもちろん必要であろうが、いかにして拘禁期間の長期化を回避するか、その施策をまずもって考えることこそが重要であるということを、本章で分析したヨーロッパの現実は示唆しているように思われる。仮釈放の積極的運用をはじめとして、施設内処遇から社会内処遇への代替策（たとえば、短期自由刑の代替策）をどのように構成するのか、今まさに矯正と保護との連携を密にした刑事政策の展開が期待されているのである。

第５章

アメリカ合衆国における刑務所の民営化

最近の我が国の犯罪学・刑事政策における緊急課題は、矯正施設の過剰収容問題への対応である。バブル経済崩壊後の平成不況の中で、新受刑者の増加と平均収容期間の長期化により、過去三年間で一万二、〇〇〇人の被収容者数の増加がみられ（二〇〇二年七月末現在約六万七、〇〇〇人：一〇四％）、このままの状態では、二〇〇五年には受刑者総数が八万人に達するであろうとの予測がなされている。

現在のところ、法務省は、既存の施設の増・改築や新しい刑務所の新設等によって対応していくようであるが、そうした施策のみでは根本的な問題解決にならないことは、欧米の現状からみて明らかなことである。最近、我が国でも、「民間資金等の活用による公共施設等の整備等に関する法律」（平成一一年法律第一一七号）が成立したことをうけて、ＰＦＩ（Private Finance Initiative）事業による刑務所の民営化、すなわち、民営刑務所の創設が真剣に検討されるようになった。イギリス、アメリカ、オーストラリア等では、早くからこうした過剰収容問題に対処するために、ジェイル（拘置所）、刑務所、少年施設等の矯正施設の民営化が試みられているところである。

本章では、我が国の当面している過剰収容問題を解決するための施策として、参考になるのではないかと思われる、アメリカの刑務所の民営化の現状について紹介してみることにしたい。

一　刑務所の民営化の歴史

アメリカにおいては、矯正の分野に民間企業が参入するということ自体は、それほど珍しいことではない。民間企業は、長年、釈放前プログラムを運営したり、官営刑務所内の受刑者に食事や医療やその他のサービスを供与する契約を締結していたからである。また、刑務所の民営化そのものは、アメリカにおいては、すでに一九世紀において試みられていたところである。たとえば、テネシー州においては、受刑者はもちろん職員をも含めて、刑務所全体が私企業の中でも最も高い値を付けた企業に対して貸し出されていたことが報告されている。

こうした囚人賃貸制度（Convict Lease System）は、一九二三年頃に終わりを遂げるが、今日の民営刑務所の台頭は、一九世紀の頃の事情とは違って、現在危機に瀕している官営刑務所の過剰収容問題を緩和するための一つの手段として考えられているようである。

一九七〇年代の初めの頃から、アメリカ国内の刑務所収容人口は記録的な割合で増加した。一九八〇年から一九九九年の間だけをみても、刑務所人口は三二万九、八二一人から一二五万四、五四七人へと二八〇％増加しているのである。二〇〇一年一月現在においては、アメリカの刑務所人口は、一二〇二万六、五九六人であり、司法省の推計では、一日平均約七〇〇万人のアメリカ人が複数ある矯正制度のいずれかにおいて監視下にあるという実態も報告されている。

このように、多くの官営刑務所は過剰拘禁状態にあり、所内のサービスは悪化する一方である。それと比例するかのように、受刑者収容に必要な政府の支出も急激に増加しており、現在では、年間三五〇億ドルが費やされている。

こうした折柄、民間企業の経営者は、自分たちが刑務所を運営するならば、連邦あるいは州政府のお役所仕事を放逐し、公務員ではない民間人を雇用することによって、受刑者の収容にかかる経費を削減することができると主張するのである。実際に、そのように経費をうまく節減できるかどうかは疑問であるが、刑務所の運営について民間企業と契約を結び委託することで、政府の経費を多少なりとも節減していることだけは確かである。また、民間の経営する施設に受刑者を収容することによって、連邦や州レベルで、刑務所やジェイルの過剰拘禁の緩和が促進されていることも事実である。

これは今さら説明するまでもないことであるが、民営刑務所は、一般に、政府機関との契約の下に運営されている。そしてその場合、契約書は、民営刑務所の経営者の責任を明確にするとともに、一人の受刑者につき一日どれくらいの割合で経営者が利益を得るのか、ということをも明確にしているのである。また、ミシシッピ州、ミネソタ州、サウスカロライナ州、ペンシルバニア州等では、矯正施設を民間企業が運営することに関して特別法を制定している。

二　民営刑務所の展開

刑務所のような拘禁施設の運営に関して民間企業の権限を拡大しようとする現在のような動きは、沿革史的にみれば、アメリカとイギリスの双方がお互いに影響を及ぼし合ったことは間違いのない事実であろうと思われるが、それにしても、大西洋の両岸において、それぞれが独自の発展過程をたどっているという事実に留意しなければならない。たとえば、イギリスでは、アダム・スミス研究所やマッコンビル（S. MaConville）＝ウィリアムズ（J.E.H.Williams）のような研究者が、最初に民営化路線を提唱しているが、アメリカでの民営化の促進は、その大部分が、自らが投機的事業を推進していた企業家たちからの申出によるものであり、その後に、研究者たちが民間企業に門戸を開放するように政府に対して働きかけ、より緻密な理論的根拠を作り出すことによって発展させたものだからである。

実際のところ、アメリカにおいて現在展開されているような民営拘禁産業のもともとの出発点は、移民帰化サービス局（U.S. Immigration and Nationalization Service：INS）の管轄下にある拘置センター・ネットワークであった。ＩＮＳは、一九七九年から聴聞会や国外追放を待っている不法入国者の拘置について、民間企業との契約を開始している。そして、一九八八年の終わりまでには、民営の拘置施設の数は七カ所に増え、そこには、ＩＮＳの管轄下において拘置されているおよそ二、七〇〇人の外国人のうち約八〇〇人が収容されているのである。これは民営拘禁産業にとって重要な市場の一つであり、現在アメリカで民営刑務所の運営において活躍しているいくつかの著名な企業にとっては、その企業活動の最初の場となったものである。そして実は、こうした企業の一つに、かの有名なアメリカ矯正会社（Corrections Corporation of America：CCA）が含まれているのである。

このＣＣＡは、一九八三年に株式会社となり、その翌年、会社として初めての拘置センターをテキサス州ヒューストンに開設し、以来、この分野で支配的な勢力の一つとして成長している。本社は、テネシー州ナッシュビルにあり、拘禁施設の設計、施行、賃貸ならびに運営を行っているが、最近においては、ＣＣＡはその経営基盤を拡大し、イギリスやオーストラリアへも進出している。

また、アメリカでもう一つの大企業として著名なのが、ワッケンハット矯正会社（Wackenhut Corrections Corporation : WCC）である。この会社は昔からある民間警備会社であるが、コロラド州デンバーにINS用の拘置施設を建設・運営する契約を結ぶことにより、民営拘禁産業に参入したものである。

この他にも、初期のINSとの契約を獲得することによって注目を浴びたテッド・ニッセン行動システム・サウスウエスト社（Ted Nissen's Behavioral Systems Southwest）のような小規模の企業がいくつかあったが、これらは大資本の出現とともにその地歩を失っていったのである。

INSの政府当局者等は、次第に民営化へと傾いていった。なぜならば、民間企業の方が連邦政府よりもはるかに迅速に拘置施設を作ることができたからである。政府による土地買い上げ手続は長期間を要するというのがその主な理由であったが、ワッケンハット矯正会社は、契約書に署名してから九〇日という驚くべき速さで、一五〇床の施設を建設・開所することができたのである。さらに、好都合なことに、このような形で新たな収容施設を建設するコストは、施設建設のために予算の割当てを要求するという、官僚的に厄介な手続を経ることなく、政府の施設運営予算以外から、つまり、一日当たりの賃金支払いという形において支払うことができたのである。

INSの拘置センターの他にも、民営拘禁産業は、また、様々な軽警備施設について、成人や少年の刑罰システムの中でもあまり目立たない領域において、早くから契約に関与していた。たとえば、連邦矯正局（Federal Bureau of Prisons : BOP）は、一九六〇年代末より、連邦受刑者がパロール前に移送される社会内処遇センターやハーフウェイ・ハウスの運営を民間企業と契約していたのである。

このような民営化の発展は、ほとんど何らの論争も起こさず、注目もされなかった。そのために、一九八五年末から一九八六年にかけて、民間企業は、それまでは政府のほぼ独占的な分野とされていた、成人のための刑罰システムの中核をなす施設を政府から引き継いだり、建設したりし始めたのである。また、一九八五年末の数カ月間に、ＣＣＡは、フロリダ州ベイ・カウンティ・ジェイルを運営する契約を締結しているのである。これと同様の契約が、一九八六年八月に、ニューメキシコ州サンタフェ・カウンティと締結されている。また、一九八六年一月には、合衆国矯正会社（US Corrections Corp.）が、ケンタッキー州セントメリーに、三五〇床の刑務所（マリアン適応センター：Marian Adjustment Center）を開設し、当州の矯正局と契約を交わしているのである。

しかしながら、ちょうどこの頃、民営刑務所の問題に人々の関心を引き付けずにはおかないような出来事が二件発生している。

その出来事の一つは、ＣＣＡがテネシー州が深刻な刑務所問題を抱えているのを知り、九九年間二五億ドルの賃貸契約で刑務所運営のすべてを引き受けようという申出を行ったことである。ＣＣＡはある一定の取り決めに基づいて、一日当たりいくら、といった割合で受刑者を収容し、かつて刑務所システム全体が不適切な拘禁環境のために合衆国憲法に違反していると判示した、連邦裁判所の設けた基準に、刑務所システムを適合させることを保証すると述べたのである。テネシー州は、数カ月間の熟慮の末、結局のところこの申出を断ったのであるが、この出来事は、当時、全米を賑わすニュースとなった。

もう一つの出来事はより深刻なものである。そもそもの問題の発端は、ペンシルバニア州コワンスビル郊外に、フィリップ・E・タック（Phillip E. Tack）という人物が二六八センター（268 Center）と呼ばれる小規模な民営施設を開設したことである。タックは、コロンビア特別区の当局者と協定して、コロンビア特別区の過剰収容緩和のために、当特別区内のジェイルから五五人の受刑者の移送を受けた。だが、このことに対して、コワンスビルの住民たちは露骨に不快の念をあらわにした。なぜならば、コロンビア特別区から送られてきた受刑者は全員が黒人で、コワンスビルの住民は、全員が白人であったからである。当地の住民たちは、受刑者の逃亡を恐れて自衛の組織を作り、ショットガンを手に街路を見回ったのである。このことが刑務所改革グループの注目を引き、このグループが反対運動を展開したことによって、結局のところ、ペンシルバニア州の立法者は、この民営刑務所の計画を中止すると宣言せざるを得なかった。

このような出来事の結果として、拘禁業務の民営化ということが、矯正の分野において最も重要な課題の一つとして登場することになった。全米司法研究所（National Institute of Justice）は会議を招集して拘禁業務の民営化手続に関するレポートを回覧し、連邦議会は公聴会を開催した。そして、刑事司法の分野における団体組織のほとんどが、この民営化問題について、自己の見解を明らかにしたのである。

三　民営刑務所の現状

アメリカにおける二大矯正施設民営企業は、前述のごとく、アメリカ矯正会社（CCA）とワッケンハット矯正会社（WCC）であるが、この二社だけでアメリカにおける全民営刑務所の八〇％の被収容者を管理するまでに急成長を遂げているのである。

二〇〇〇年末現在において、成人矯正施設を経営する民間企業の契約下にある総収容能力は一四社合計で一一万九、四四九人であり、一九九七年と比べて約一五％増加しており、適正規模の刑務所（収容規模五〇〇人）に換算して三一施設の増加がみられたことになる。これだけの収容能力があれば、我が国の場合には、民営刑務所だけですべての受刑者を処遇することが可能である。なぜならば、我が国の戦後行刑史上最大の一日収容人員一〇万三、一七〇人を記録した一九五〇（昭和二五）年の規模に受刑者総数が達したとしても、民営刑務所のみで充分にまかなえる計算になるからである。

しかしながら、アメリカでは、民営刑務所への被収容者の急激な流入は、民間企業にとっては企業拡大の絶好の機会であったが、それは同時に、急速に拡大する矯正システムをどのように適切に運営していくかといったような管理運営上の問題にも直面したのである。特に、民間企業は、彼等の刑務所を運営するために充分な数の職員を確保し、補充し、訓練し、そして維持していかなければならないという課題に対処しなければならなかった。

いくつかの民営刑務所の運営企業は、充分な訓練を受け、経験を積んだ職員を確保する上で困難があり、適切な警備の実施といった側面においても決定的な問題があるということが、幾つかの証拠によって示されている。たとえば、矯正施設に関する民営企業の中でも最大手であるＣＣＡとＷＣＣの双方において、一九九九年に、これらの企業が経営する成人刑務所からの逃走事件があった。つまり、ＣＣＡの場合、一九九九年に、四人の被収容者が、外囲いを壊し警備の厳重な施設から逃走するという事件が、三件起こっているのである。また、ＣＣＡとその子会社であるトランスコー社（TransCor America）も、同様に、被収容者を医療処置のために移送している時に、あるいはまた、刑務所に移送している時に、逃走事故を経験しているのである。

四　民営刑務所の問題点

以上、アメリカにおける刑務所の民営化の現状について紹介したのであるが、過剰収容問題を解消するために、刑罰権の行使を民間に認めることの是非について充分な議論が尽くされないままに出発した感のあるアメリカの刑務所の民営化も、現在のアメリカでは、刑事司法の一翼を担う重要な施策の一つとして定着しているようである。

現在、我が国においては、「道路公団の民営化」や「郵政三事業の民営化」等が喫緊の課題となっており、ＰＦＩ事業によって、民間資金、経営能力及び技術的能力を活用した公共施設等の建設、維持管理及び運営の促進等も図られることとなった。また、東京都が、収容定員不足を補うために大規模な留置場の建設等を、ＰＦＩ事業として推進する方針を表明した。法務省も山口県美祢市にＰＦＩ事業計画に基づく刑務所を二〇〇七（平成十九）年までに新設する予定である。

しかしながら、刑務所の民営化に際して注意しなければならないことは、民営化の問題に内在する最大の難点は、利益を上げるためには、より多くの受刑者を、少しでも長く拘禁しなければならないという点である。それは資本主義の原理から当然のことであるといってしまえばそれまでのことであるが、このことは、民間企業が受刑者を処罰することができるかという問題と共に、検討すべき重大な理論的命題を内包しているといえよう。過剰収容を避けるための民営化が、新たな過剰収容を招くとしたら、これほど皮肉なことはない。国家刑罰権の委任以上の問題がそこにあるといえるのではあるまいか。

第６章　ニュージーランドのオークランド中央拘置所の民営化

オークランド中央拘置所（Auckland Central Remand Prison）は、ニュージーランドにおける最初の民営刑事施設であり、オーストラレーシアン（「オーストラリア、ニュージーランドとその近海諸島」を意味するAustralasiaの形容詞）矯正運営会社（Australasian Correctional Management Limited）によって運営されている。オーストラレーシアン矯正運営会社は、この中央拘置所を運営するために、矯正局と五年契約をしており、契約金は一億二〇〇〇万ニュージーランド・ドルである。そして、この契約は二〇〇五年に満了する予定である。

オークランド中央拘置所は、二〇〇〇年七月一三日に運営を開始した施設であり、ノースランドとオークランド地域から新たに拘禁された男子被収容者のための主要な収容施設である。オークランド中央拘置所は、一九八九年のホークスベイ地区刑務所以降、初の主要なニュージーランドの行刑施設として建設された。最初の被収容者を受け入れたのは二〇〇〇年七月二〇日である。

ここに拘禁された犯罪者は、平均して一四日から一六日の短期間を施設で過ごすため、被収容者の回転率は比較的高いものがある。そして、オークランド中央拘置所の構造は、これらの必要性を反映したものとなっているのである。たとえば、収容棟は、被収容者を掌握しやすい小集団に分離することを可能とする構造となっている。

この施設は、拘禁された被収容者のうち、異なるいくつかの警備等級の者を引き受けているが、同時に三二名の既決囚を収容している。オークランド中央拘置所は、現時点では二九九人を収容しており、必要ならば、最大限三六〇人を収容することが可能である（但し、矯正局の承認なしには二九九人を超過することはできない）。これらの数字のなかには、最大限二二人の「危険な」犯罪者を収容する能力も含まれているのである。もちろんのこととして、ニュージーランド矯正局は、制定法上の権限を持った監視人を通じてこの民営刑務所の運営を監視することができることになっている。

建物は、ニュージーランドの刑事施設では初めてのデザインとなるいくつかの特徴のある構造を保持している。半分近くの独房にはシャワーがあり、すべての独房にトイレ設備がそなわっている。アメリカ建築家協会は、新しい司法施設についての二〇〇〇年度の年次評論において、オークランド中央拘置所のデザインを、最高の技術水準にある司法施設であると評価している。そうした意味では、オークランド中央拘置所は、国際的なレベルで二〇〇〇年の国際標準化機構九〇〇一の品質保証基準を満たしているニュージーランド唯一の刑事施設といってもよいであろう。

一　判決の運用

ところで、ニュージーランド矯正局は、この民営刑事施設を運営するにあたって、犯罪者を取り扱うための構造化されかつ統合化されたアプローチを提供している。つまり、オークランド中央拘置所において、七週間を超えて拘禁中のすべての犯罪者は、彼等の再犯の危険性、彼等の犯罪行動の原因や影響力、さらには改善しようとする彼等の意思に応じて、評価されるのである。そして、その評価は、同様に、教育上の必要性、健康上の必要性、特別の必要性及び警備上の危険性についても注意を向けるものである。

判決に関する計画は、犯罪者に再犯のサイクルを遮断する機会を与えることに焦点をあてながら、これらの評価に基づいて作成される。そのプロセスは、それぞれの犯罪者に対して、目標として設定される最も適切な介入の形態を考慮してなされるのである。この介入は、若年の犯罪者に対して、教育及び職業上の出発点を提供することから、自らが行った犯罪の原因に取り組むように動機づけられた犯罪者に対して、集中的なプログラムを提供することにまで及ぶものである。

オークランド中央拘置所に収容されている、判決を下された被収容者は、オークランド中央拘置所に収容される前に、官営刑務所事業部（Public Prison Service：矯正局の一部局）所属の刑務所から、判決に関する計画を提供される。その後、彼等は、彼等の判決に関する計画の要件を満たすために、オークランド中央拘置所におけるプログラムや活動に着手するのである。認定された被収容者は、犯罪を行った原因に取り組むための特定の課程から利益を得ることが多いので、彼等の判決に関する計画の重要な側面を達成するために、適切な時期に官営刑務所に戻されることになる。

矯正局は、また、薬物の使用によって引き起こされる侵害を最小限にするための、適切な計画を有している。その計画は、刑務所における薬物の需要と供給及びそれと関連して犯罪を減少させることを目的とするものである。この計画を達成するために用いられている手段のいくつかには、訪問者の身体検査、自動車検問所の設置、麻薬犬の使用、全国オーエイトハンドレッド（〇八〇〇：ニュージーランドのフリーダイヤル）のジェイル安全電話ラインの活用、犯罪関連情報を収集すること、警察との連絡、被収容者の無作為の薬物検査、さらにはアルコールや薬物に関わる被収容者の社会復帰プログラム等がある。

すべてのニュージーランドの刑務所では、医療、歯科治療、心理学及びカウンセリングのサービス等を提供する。教誨師は、また、礼拝や聖書の勉強グループの結成を手助けしてくれることになっているのである。

二　雇用、プログラム及び教育

雇用の機会は、施設内において、調理場での作業、清掃作業及び洗濯場での作業を含め、判決を言い渡された被収容者には利用可能である。被収容者は、調理、清掃及び洗濯について、ニュージーランド資格審査局の単位基準の取得に向けて勉強することができる。被収容者は、彼等が行った作業について小額の奨励金を受領するのである。

プログラム及び教育に関しては、オーストラレーシアン矯正運営会社は、多くの社会復帰サービスや社会再統合のためのサービスを提供することを請け負っている。これらのサービスは、マオリ族の被収容者によって行われた犯罪行為に取り組むことを助ける、ティカンガ・マオリ（マオリ族の習慣）プログラムや、太平洋諸島出身の被収容者によって行われた犯罪行為に取り組むことを助ける、文化的プログラムを含むものである。

被収容者は、同様に、アルコール問題や薬物問題、あるいは暴力防止を取り扱う課程において、ニュージーランド資格審査局の単位基準の取得に向けて勉強することもできる。より長期の被収容者の場合、もし彼らに読み書きをする能力を習得する必要性があるならば、そのことを即座に評価してもらい、そして、読み書き能力を習得するために、チューターが一対一の対面教育のレベルで提供されるのである。

職業技術に関する全国証明書（National Certificate in Employment Skills）に関しては、すべての被収容者は、オークランド中央拘置所において取得可能である。これは、基本的な読み書き能力や基本的計算力を含む、仕事に関係する技術の範囲について必要な学識を提供する就職前の資格なのである。

職業技術に関する全国証明書は、ニュージーランド全土において、多くの産業分野によって認められているものである。その焦点は、将来の職を得ることに関して被収容者たちを援助するために、彼らの教育水準を向上させることにある。被収容者は、同様に、彼等自身の費用で、遠距離学習の提供者を通じて、自発的な勉強にアクセスすることもできるのである。

何人かの被収容者が参加する建設的な活動には、健康に関する教育、運転免許のための勉強、運動時間、さらにはカパ（「チーム、行列、人の一団」の意）、ハカ（マオリ族の戦いの踊り）、ワイアタ（マオリ族の歌の総称）及び織物といった文化的な活動をも含むのである。

三　特別施設

このオークランド中央拘置所には、二二人の被収容者を収容することができる特別な必要性に対応するために準備された施設がある。この施設は、自傷の危険性があると認定された被収容者に、二四時間体制の管理及び処遇を提供する特別施設である。「危険性がある」と認定された被収容者は、「高度危険性評価チーム」（High Risk Assessment Team）によって管理されるが、このチームには、精神科の看護士及び心理学者が含まれている。

これら高度に危険性があると認定された被収容者は、精神病歴を有する可能性が高いのである。

青少年施設は、最大三四人の、裁判所によって再拘束を命じられた若年の犯罪者を収容する施設であり、さらにより高いレベルの管理を必要とする、最大一九人収容可能な施設もある。

四　地域社会への復帰

ニュージーランド矯正局は、犯罪者を地域社会へ再統合することに成功することが、社会に対しての最良の保護を提供するものであると信じている。矯正局は、犯罪者の再犯の可能性を減少させるために、地域社会で首尾よく生活するための技術、知識、さらには自信といったものを彼らに提供することを目指しており、一連の再統合のためのサービスが利用可能である。

拘置所として、オークランド中央拘置所では、大部分の者がわずか数週間とどまるといった状態で、被収容者の高い回転率がみられる。これは、彼らの釈放に先立つ、再統合のためのサービスとプログラムにとっては、限定的な要求を引き起こすのみである。帰宅許可、再統合のためのパロール、及び作業のための釈放は、特定の基準を満たす、判決を言い渡された被収容者のための選択肢である。オークランド中央拘置所では、職員は、一連の地域社会の協力者と共に仕事をするのである。被収容者の再統合のための計画作りは、彼らが施設に到着するや否やすぐに始まるのである。将来的な計画としては、現在のところ、被収容者のための、さらに大きな雇用機会の獲得が、調査研究されているようである。

五　刑事施設における拘禁

ニュージーランドでは、このオークランド中央拘置所を運営する民間のオーストラレーシアン矯正運営会社と官営刑務所事業部（Public Prison Service）が刑事施設への収容を言い渡された者の管理運営を任されているようである。両者は、もちろん、裁判所への出廷もしくは量刑宣告手続の間拘禁されている被疑者・被告人をも取り扱っていることはいうまでもない。

ニュージーランドでは、二〇〇二年六月三〇日に、二〇〇二年量刑法（Sentencing Act 2002）と二〇〇二年パロール法（Parole Act 2002）が施行され、一九八五年刑事司法法（Criminal Justice Act 1985）を大幅に修正する結果となった。量刑及びパロールの制度を再検討するために政府が関与した結果、新法は、量刑において明瞭性と一貫性と透明性をもたらし、パロールについての意思決定機構をも改善した。新たな立法のもとで、裁判所は、ある者の拘禁刑の開始日を、以前は事情がある場合一カ月であったのに代えて、二カ月まで延期できることになった。また、裁判所は、同様に、犯罪の状況が充分に深刻であると思料する場合には、二四カ月を超える刑を言い渡された者に対しては、パロールを認めない最少期間を設定することができることになった。その期間は、刑期の三分の二か一〇年のどちらか短い期間である。二四カ月以下の拘禁刑を言い渡された場合は、刑期の半分を服役した後で釈放することができるのである。

現在、ニュージーランドには一七の刑務所があり、既決・未決を含めて約六、〇九〇人が収容されている。これら一七の施設は、四つの重警備ユニット（これらはすべてオークランド刑務所内にある）と、七八の中警備ユニット、六五の軽警備ユニット、一つの矯正訓練ユニットから構成されている。女子刑務所は二つあり、マウント・イーデン刑務所(Mt. Eden Prison)には女子区がある。官営刑務所業務部には約二、八〇〇人の職員が勤務している。官営刑務所事業部は、被収容者を裁判所に出廷させるための業務も行っており、護送及び保護監督サービスにも従事しているのである。ニュージーランドでは一四の刑務所が既決囚のみならず未決囚も受け入れている。刑務所における一人当たりの必要経費は二〇〇〇年六月三〇日までの一年間で五万二、五二五ニュージーランド・ドルとなっている。一九九八年度は五万一、〇三六ニュージーランド・ドルであった。

六　民営化の四形態

本章で紹介したオークランド中央拘置所は、ニュージーランド矯正局の最新の施設であり、オーストラレーシアン矯正運営会社によって私的に運営されているものである。

刑事施設の民営化の形態としては、①施設・管理運営全体の民営化、②施設は国、管理運営は民間、③施設は民間、管理運営は国、④施設・管理運営の中枢は国、その他は民間、等があるようであるが、ニュージーランドの場合は、②の施設は国、管理運営は民間という類型に該当するようである。

それにしても、ニュージーランドも英語圏の国としては遅まきながら、アメリカ、イギリス、カナダ、オーストラリア等に続いて刑事施設の民営化の仲間入りをした。ここ二、三年のうちには、ドイツのヘッセン州（二〇〇四年）でも、お隣の韓国（二〇〇五年）でも民営化の試みがなされるようである。今や、刑事施設の民営化は世界的な潮流となっているといっても過言ではないであろう。

第７章　ニュージーランドにおける修復的司法の最近の動向

ここ二、三年、我が国の学会において盛んに論じられるようになったテーマの一つに修復的司法がある。私自身、ニュージーランドを中心にいくつかの論文を書いているが、ごく最近の情報として、二〇〇二年三月、ニュージーランドの西オークランドにおいて、全国レベルの修復的司法協議会がワイケリア刑務所で開催され、成功裡に幕を閉じたことが報告されている。この情報は、ニュージーランドの裁判所省（二〇〇三年一〇月一日に法務省に合併された）によって、修復的司法運動を支援するために創設されたニューズレターである「テ・アラ・ワカティカ」（Te Ara Whakatika）から得たものであるが、このニューズレターに裁判所が関与する修復的司法の具体的事例が掲載されているので、本章では、この事例を基にして修復的司法の現状について紹介してみたいと思う。

一　交通事故に修復的司法が適用された事例

事案は、急で、ハンドル操作が難しく、標識のないカーブで発生した交通事故である。この事故は、二人の若者の生活を豹変させた。

被害者であるアーロン・カルバート（Aaron Calvert）にとっては、それは、死そのものを意味するものであった。

ジョナサン・カータ（Johnathon Carter）——彼はカーブを無事に切り抜けることに失敗した運転手であるが——にとっては、それは、無二の親友を殺してしまったことを後悔しながら、残りの人生を生きていくことを意味するものである。もちろん、このことは、彼が拘禁刑を言い渡される可能性に直面していることをも意味するのである。

しかしながら、ワンガヌイにおいて成功をおさめている、コミュニティに基礎を置いた修復的司法プログラムは、あらゆる点で悲劇的と思われるこの出来事の中から、建設的な解決策を導き出しているのである。

修復的司法の適用は、加害者であるジョナサン・カータを刑務所に収容するのではなく、社会内において生活を維持することを認め、ワンガヌイにあるすべての中等学校の生徒たちに対して、彼の起こした事件の顚末と今の自分が置かれている立場、その反省の気持ち等を子どもたちに言い聞かせるという、一連の講義を行う義務を制裁内容とする地域社会内量刑が言い渡されたのである。

二　事件の概要

ジョナサン・カータとアーロン・カルバートは、子どもの頃からの切っても切れない親友であり、彼等の親達も、お互いに二人を自分自身の息子であるかのように扱っていた。それほどに彼等はお互いの家で時間をともにすることが多かったのである。

アーロン・カルバートが死亡した夜、彼等は何人かの友人と外で酒を飲んでおり、その中の一人が、ジョナサン・カータに運転してくれるように頼んだようである。カータは多少酒を飲んでいたが、車の持ち主が大丈夫であろうと思ったのと同様に、カータ自身も運転しても大丈夫だと思ったようである（彼の血中アルコール・レベルは、一〇〇ミリリットル中一一七ミリグラムであったと記録されているが、この数値は、三七ミリグラム以上、法律上の許容限度を超えるものであった）。

事故の直前に車を停止させた警察官は、ジョナサン・カータの運転に対して、何ら危惧の念を抱かなかったようである。その証拠に、警察官は少し話をした後に、彼にそのまま運転を続行させているからである。ジョナサン・カータが、曲り角を曲がろうとした際に、制限速度を超過していたという証拠はどこにもない。車は、反対車線の傾斜面に衝突し、道路上を転がり出る前に、傾斜面に沿って約一八メートルも進んでいるのである。シートベルトを着用していなかったアーロン・カルバートは、車から投げ出され、その場で死亡した。その他の同乗者は、全員シートベルトを着用しており、軽傷を負ったのみである。

三　裁判の結果

「この出来事は、アーロン・カルバートの家族に対して、深刻な影響を与えた」と、ビクロフト判事（Judge Becroft）は、判決要旨の中で次のように述べている。

「最年長の子どもの死が両親に与えた影響について聞くことは、石のような無情な者の涙さえ誘うものである。しかしながら、それにもまして心を動かしたものは、裁判所においてなされた、彼等の亡くなった息子にとっては兄弟のような間柄であり、ある意味では、彼等にとっても息子のような存在である加害者ジョナサン・カータを拘禁して欲しくないという内容の、真情に溢れ、涙を誘うような彼等の答弁であった。彼等にとって、ジョナサン・カータが拘禁されることは、息子の死という最初の悲劇に加えて、第二の悲劇をもたらす結果となるものであり、何も得られるものはない」と。

彼等は、「ジョナサン・カータがアーロン・カルバートの墓石にかかる費用四、〇〇〇ニュージーランド・ドルを支払うこと、カータに対する三年間の運転免許の剥奪、二〇〇時間の社会奉仕命令の実施、さらには、修復的司法コーディネーターの監督により、ワンガヌイ地域の五校の中等学校すべてに対して、事故の体験を語るという一連の包括的な講義を実施すること等の修復的司法協議会の決定」を強く支持しているのである。

ビクロフト判事は、本件は取り扱いが困難で、いくぶん感情的な量刑であったことを、法廷内の人々に対して告白している。曰く、「本件の場合、加重事由と減軽事由とを比較衡量すると、拘禁刑が出発点とならざるを得ない。しかしながら、ここでの差し迫った問題は、拘禁刑の回避を正当化する特別な事情が全くないのにもかかわらず、拘禁刑を猶予することができるような事情が存在するのかどうかといった点であった」と。

ビクロフト判事は、「結果が重大な事件であるにもかかわらず、もし猶予を正当化する事例というものがあるとしたら、この事例こそがまさにそれであるように思われる」と述べ、執行猶予処分にすることを決断している。彼は、修復的司法は、伝統的な量刑制度とは相異なる別個の量刑制度ではないことを強調した上で、「このような結果は、修復的司法が少なくとも考慮すべき重要な事柄の一つである因習的な要因を適用することから生まれたものである」と説明している。

ジョナサンは、有罪が確定し、一八カ月の拘禁刑、但し執行猶予二年の言い渡しを受けた。裁判官は、法廷内の人々に対して、この判決は異例の結果であることを打ち明けた。そして、「通常ならば、実刑判決となるのが当然であろう。あなたには、絶好の機会が与えられているのである。地域社会が絶えずあなたを監視している。あなたに課せられた義務は明白である。もしあなたが義務の一部でも履行することを怠ったならば、その時には、刑務所へ収容されることにならざるを得ないであろう」との説諭を行っているのである。

四　修復的司法委託団体の役割

ワンガヌイ修復的司法委託団体（Wanganui Restorative Justice Trust）は、この町の中で、修復的司法プロセスの発展に熱心な人々によって、三年前に設立された。この団体には、ビクロフト判事のほか、拘禁施設や、企業、イウィ（iwi）（マオリ人の部族単位）からの代表者達も含まれている。

たとえば、コーディネーターの一人であるブルース・パー（Bruce Parr）は、「良いときに良い場所で、プロジェクトのコーディネーターの仕事を得た」と述べている。

ブルース（ヌガティ・ヒューイア出身《マオリ族の一部族、「ヌガティ」は部族名の前に付けられる言葉で、「ヒューイア」はホオダレムクドリの意味》）は、かつては拘禁施設の職員で、現在はかなり著名なエンターティナーとして知られている人物であるが、彼が捜し求めていた仕事とは、まさにこれであると結論づけたのである。

このプロジェクトは、より重大な犯罪を取り扱うものであるが、一般的には常習犯罪者にねらいを定めたものである。そして、そのプロセスは、完全に被害者に焦点を当てたものである。

ブルースは、この委託団体が、地元の警察に加えてビクロフト判事によっても支持を得ており、幸運であると述べている。「警察が一〇〇％このプロジェクトを後押ししていることは間違いない」とブルースは言う。

「私たちは、警察や裁判所からの委託を受けているのである。私は、当該加害者が、修復的司法のプロセスを受けるに値する人物であるかどうかについての、本能的な感覚を得るために、加害者から話を聞くのである。私は、被害者と接触し、そのプロセスを説明し、彼等がそこに参加したいかどうかを確認するのである」と。

このプロセスが検討されるためには、加害者は有罪答弁をしていなければならない。このプロジェクトは、修復的司法協議会において、支援ボランティアとして行動するための資源として、コミュニティ・パネルを起用するのである。

「私は、パネルのメンバー二人を、それぞれの面談において招聘する。私たちは、まず文化や人格が適合するかどうかを確かめる。パネルのメンバーの役割は、両当事者を擁護したり、私たちが成し遂げ得るかもしれない事項について提案したり、私が裁判官、陪審員、あるいは絞首刑執行人に見られないように、私を心配のない状態に置くことである」とブルースは説明している。

修復的司法の結果としての合意に基づく約定は、加害者と被害者との話し合いで導き出されることになるが、この約定は、その後、裁判所に差し出されることになる。

このようにして、修復的司法が実現されているのであるが、過去三年間において、この委託団体が委託を受けた事件数は二五〇件であり、そのうちの八〇％が修復的司法協議会において処理されている。しかも、そのうちの八五％が約定事項を完全に履行しており、非再犯率は九二％となっている。

ワンガヌイ修復的司法委託団体以外においても、現在のところ、ニュージーランドにおいては、多くの修復的司法プログラムへの委託がなされているようである。事実、二六〇件以上の事例が、現在裁判所が関与する修復的司法のパイロット・プログラムに委託されている。

「委託の割合が、徐々に増加していることをみることは、本当に嬉しいことである」と、裁判所省（法務省）のプロジェクト責任者であるアリスン・ヒル（Alison Hill）は述べている。

「これは、この制度に対する裁判官、警察、法曹有資格者からの大きな信頼を反映するものである。パイロット・プログラムを実施している試験地域における修復的司法コーディネーターは、他の司法部門の機関からの職員や、ボランティア・グループと継続的に接触しており、それゆえに、彼等はプロジェクトや、このプロジェクトの潜在的な利点について知っているのである」と。

ワンガヌイ修復的司法委託団体のコーディネーターであるブルースは、このプロジェクトが発足して以来、ワンガヌイにおいて、約一四％の犯罪の減少をもたらしていると述べている。サム・ホイル（Sam Hoyle）警部も、修復的司法が、他の要因とも相俟って、犯罪の減少に寄与していることは事実であるという。こうしたワンガヌイでの修復的司法の成功は、プログラムに対する地元の支持を得るための、最初の数カ月間に行われた土台作りにあったということに留意することが必要であろう。

五　全国修復的司法協議会

二〇〇二年三月、西オークランドで開催された修復的司法協議会は、ニュージーランド全土で、様々な形態の修復的司法を発展させている人々が率先して開催したものである。この協議会は、裁判所省（法務省）の修復的司法プロジェクトと、ニュージーランドにおける修復的司法の最先端にいる地域社会グループとの間の協力関係に注意を向けるよい機会であったといわれる。特に、成人に対する修復的司法を刑事司法制度に組み入れたことは大きな進歩であったという共通の認識が確認されたようである。

しかも、この協議会では、これまでに達成した成果や、将来予測されるいくつかの問題について、話し合う機会がもてたことが何より重要なことであった。この協議会で確認された原理の一つは、修復的司法が成功するためには、修復的司法そのものが、地域社会によって育まれることがまずもって必要であるということである。修復的司法が地域社会との関係を断たれるようになったり、単に公式的な制裁体系の一部となったりしたのでは、その成果は期待できないというのが一致した意見であった。協議会に参加した人々の間では、彼等が代表する様々な地域社会において、現在存在し、あるいは発展途上にある修復的司法プログラムを堅持する一方で、裁判所が関与するパイロット・プログラムの進展を見守り、協力すべきであるという意見が圧倒的多数を占めたようである。

この協議会にはマット・ロブスン（Matt Robson）裁判所省（法務省）長官（当時）も出席していたようであるが、ニューズレター「テ・アラ・ワカティカ」は、この協議会の模様を次のように述べている。

「ニュージーランド全土から、総勢一〇〇人を超える人々が、三月に西オークランドで開催された「全国修復的司法協議会」（テ・アラ・ホウ：新しい方法）に出席した。派遣された者の中には、ニュージーランドにおいて地域社会に基礎を置いた修復的司法を促進しているグループの代表者たちや、裁判所省（法務省）の代表者たち、さらには、裁判所が関与する修復的司法のパイロット・プログラムの代表者たちも含まれていた。裁判所省（法務省）長官（当時）マット・ロブスン氏はもちろんのこととして、オーストラリア、アメリカ合衆国、南アフリカ、日本のからの専門家たちも出席していた。」

「協議会の主な焦点は、修復的司法プロセスがいかにしてコミュニティに基礎を置き続けられるかということと、いかにして政府のパイロット・プログラムと平行して押し進めることができるかという点を確かめることであった」と修復的司法ネットワークの全国コーディネーターであるジム・コンセディーン（Jim Consedine）は述べている。

「協議会は長時間にわたり延長されたが、非常に包括的なものであった。協議会に参加した様々なグループの間で築き上げられた、協力体制と支援は本物であると確信した。地域社会に基礎を置いた修復的司法プログラムと、政府のパイロット・プログラムとの関係についても熱心な討論が行われた。協議会は、大成功裡に終了したといえる。この協議会の明らかな効果を足がかりにして、新たな協議会が一二カ月以内に開催される可能性は高い」とジム・コンセディーンは述べているのである。

六　被害者支援組織の役割

「修復的司法協議会に出席している被害者は、彼等がどのように感じているかについて述べることが認められていることを知る必要がある」と、ニュージーランド被害者支援グループ協議会（New Zealand Council of Victim Support Group）の管理運営関係及び政策の責任者であるマリー・ナイト（Marie Knight）は次のように述べている。

「怒りを外に表すことは、全く異例なことではない。被害者は、修復的司法プロセスの中心にあり、被害者支援は、彼等の全幅の参加を確実なものにしようと考えるものである。修復的司法とは、被害の癒しと終結を被害者にもたらすプロセスでなければならない。被害者は、協議会において、どのような結末になるのかについての有益で、正確で、完全な情報を有することを必要とするのである」と。

マリー・ナイトは、裁判所が関与する修復的司法プロジェクトの、全国連絡委員会の一人である。彼女は、修復的司法プロセスは、加害者に対して、彼等が被害を加えた者に「人間対人間」として向かい合うことを強いるものであると述べている。

ニュージーランドにおいては、国全体にわたって、六七の被害者支援組織が存在する。このグループは、必要とされる場合に、被害者に対しての危機介入や、継続的な支援を提供する一方で、警察や政府当局との親密な協力関係に基づいて活動するのである。援助は、実際的な支援と感情的な支援を含んでいる。支援に携わるボランティア・ワーカーは、「耳を傾け、被害者に彼等の話をさせてみる」ことをモットーにしているようである。

「ボランティア・ワーカーは、被害者が自らの生活を再構築することができるような決定を下す方向へと、被害者が向かうように助ける必要がある。それが適切であると考える場合には、彼等は被害者を他の機関に委託する。彼等は、同様に、必要とされる場合には、被害者の代弁者として行動し、公判及びその他の司法プロセスにおいて、被害者に支援を提供するのである。被害者支援グループは、一日二四時間のサービスを提供している。」「ボランティアを見つけることは組織にとって継続的な問題であるが、人々の生活様式を変えることはもっと困難なことである」とマリー・ナイトは述べている。

七　刑務所で開催された修復的司法協議会

刑務所において開催された、裁判所が関与する修復的司法のパイロット・プログラムに関する最初の協議会においては、かなりの感情の高揚がみられたようである。

「たくさんの涙があった」と、協議会のファシリテーターの一人であり、ハウラキ修復的司法委託団体の一員であるヘザー・コールビー（Heather Colby）は述べている。

協議会は、二〇〇二年三月にワイケリア刑務所において開催されたが、そこに収容されている犯罪者は、重大な身体的侵害を引き起こす故意を伴う暴行に対して、有罪答弁をした後に拘禁されている者たちである。すべての人が刑務所を快適であると感じるわけではないので、協議会を行う場所は、すべての参加者、とりわけ被害者にとって同意できるものでなければならないという要請があった。ヘザー・コールビーとコーディネーターであるフィル・マクディアーミッド（Phil Macdiarmid）は、被害者が刑務所という環境でも快適であると感じることを保証するために、被害者と緊密な連絡をとっている。

二人のファシリテーターは、ハウラキ修復的司法委託団体からの、マオリ人の代表者であるヘイズル・マーティン（Hazel Martin）によって、協議会に随伴された者たちである。協議会のために、加害者の祖父が、カワ（kawa）（マラエにおいて、遵守される礼儀作法）についてのガイダンスを提供することで、マオリ族の儀式に従ったのである。

「刑務所当局は、協議会のために充分な時間をかけて準備をしており、支援体制も万全であった」と、ヘザー・コールビーは述べている。

犯罪は、ファナウ（マオリ族の社会生活上の拡大家族）の構成員間で起きたものであった。謝意を表明し、加害者の生活を好転させることを試みるといった支援を加害者に提供することで、協議会は、ファナウの構成員間だけの問題として取り扱うことで結論をみている。

以上、ニュージーランドにおける最近の修復的司法の動向について概観したが、この修復的司法協議会に参加した加害者が、「あたかも肩にかかっていた大きな重りが、肩から取り除かれたような感じがした」と述べていることからも分かるように、成人に対する修復的司法協議会は、被害者に対してのみならず、加害者に対しても、一定の効果をもたらしているようである。家族集団協議会から進展した修復的司法協議会は、刑事事件の私的団体による私的解決策から、裁判所が関与する公的和解プログラムへと変遷しつつあるようである。もちろん、これは少年に対するものと成人に対するものとの違いであるとも考えられよう。しかしながら、ニュージーランドの修復的司法プロジェクトが、ポスト・モダンの考えを背景とするものでない点に、理論的には、一定の限界があるように思うのは私一人であろうか。今後の課題としたい。

第８章　裁判所が関与する修復的司法

私は以前中央大学の機関紙『法学新報』（一〇三巻三・四号・一九九七年）において、一九八九年の「児童、青少年及びその家族法」（Children, Young Persons and their Families Act 1989）を紹介した際に、青少年裁判所の代わりとなったり、それを補佐するものとして、ニュージーランドのマオリ族の伝統的な紛争解決手段にヒントを得た「家族集団協議会」（Family Group Conference）について言及し、修復的司法の基本的な枠組を提示した。また、『戸籍時報』誌においても、「犯罪学の散歩道（九一）」において、「応報的司法から修復的司法へ」と題して、その基本的な概念について紹介したところである。

そこで、本章では、その延長線上にある新しい処遇計画で、オークランド、ワイタケレ、ハミルトン、及びダニーデンの各地方裁判所において実施されている、成人裁判所が関与する修復的司法プロジェクトについて紹介してみたいと思う。

一　裁判所が関与する修復的司法とは何か

そもそも、この裁判所が関与する修復的司法プロジェクトの目的は、修復的司法が、以下のような事項を実現しているかどうかを検証することにあるといわれている。すなわち、修復的司法は、①被害者に対してより良い成果を提供しているのであろうか、②再犯を減少させ得るのであろうか、③刑事司法システムに内包され得るのであろうか、といった諸点である。

以下においては、修復的司法という言葉が意味するもの、及び修復的司法がこのプロジェクトにおいて機能する方法について紹介すると共に、修復的司法の背景、このプロジェクトに対する地域社会の関与及び文化的な背景等についても紹介してみることにしたい。

ここで改めて説明するまでもなく、修復的司法とは、犯罪の被害者となった人々のために、事態を元の正常な状態に戻すことを目的とした手続である。修復的司法は、修復的司法協議会（Restorative Justice Conference）と呼ばれる、被害者と加害者との間でもたれる会合を通してこれを行っている。

この協議会においては、被害者は、自らのことについて述べる権利を有し、被害者が今何を必要としているのかということに焦点を絞って検討させることができる。また、加害者は、自分が行った犯罪について弁解することができるし、事態を正常な状態に戻すための努力と積極的な責任を取ることができる。

この協議会は、安全かつ私的なものであり、訓練を受けた仲介者（facilitator）によって運営される。被害者及び加害者は、彼らの支援者を一緒に協議会に参加させることもできるのである。

この協議会は、また、任意的なものである。この協議会は、被害者及び加害者が参加することに同意した場合にのみ開催されるのである。しかも、すべての当事者は、いつでもその意に添わない場合には、修復的司法の手続から撤退することができる。

特に注目すべき点は、この修復的司法プロジェクトは、不法目的侵入、窃盗、詐欺、自動車の改造（car conversion）、交通犯罪（driving offences）、及び強盗を含む、より重大な成人犯罪を対象としているということである（家庭内暴力事件は除かれている）。

二　修復的司法手続

修復的司法の手続については、協議会開始前、協議会中、協議会後に分けて説明する方が分かり易いであろう。まず、協議会開始前の手続についてであるが、被害者が犯罪行為によって身体的・精神的な影響やダメージを受けており、しかも加害者が有罪を認めている場合には、裁判官は、修復的司法協議会が開催され得るかどうかを検討するために、その事例を仲介者に付託することができる。加害者に対しては、協議会に参加する意思があるかどうか、その協議会から積極的な成果が生じる見込みがあるかどうか等を検討するために、申し入れがなされる。そして、加害者が会合への出席に同意した場合、今度は、被害者に対して協議会に出席する意思があるかどうかが照会される。両当事者が合意した場合、協議会は、判決の宣告以前に開始されるように、日程が調整されるのである。

この協議会においては、被害者は、犯罪後、自分がどのような影響を被ったかについて、加害者にその心の内を述べる機会を得ることができる。また、加害者に質問をし、どのように損害が回復され、修復されるのかについて、解答を求める権利を有するのである。こうした一連のプロセスが、結果として、被害者が犯罪の影響から回復する手段を提供することになることはいうまでもない。

次に、協議会中の手続であるが、まず何よりも、修復的司法協議会は、加害者と被害者にとって、形式にとらわれない会合となるよう意図されている。被害者と加害者は、そこでは、事件について率直に話し合い、どのような解決策が可能であるかを検討し、そして、将来的には、建設的な方向に向かって事が運ぶようにと願って、協議会に出席することになる。したがって、そこではまた、事件をどのように解決するかは、結局、被害者・加害者自身が決定すべき事柄であるということになるのである。裁判所省（二〇〇三年一〇月一日に法務省に合併された）との契約に基づく地域社会グループ出身の仲介者は、論点に従って彼等が話し合いをするように、彼等を援助するために出席しているにすぎない。被害者と加害者とは、事件そのもの及び当該事件の周辺の論点についても話し合うことになる。そのため、仲介者は、すべての参加者が安全な立場にあることを担保するとともに、すべての参加者が支援を受けていることを明示し、彼等が妨害・中断されることなく、自らの立場で話をすることができるように、配慮しなければならないのである。

もちろん、この協議会は、調停の場ではない。ほとんどの協議会が、結果として、加害者によって履行され得る合意に基づいた賠償計画を導き出すことになるであろうが、すべての協議会が、必ずしもそうした合意を引き出すためにあるというわけではないのである。修復的司法においては、調停の場合とは異なり、加害者が被害者の自由や財産を侵害したことは当初から認めている。したがって、この時点での修復的司法協議会の機能は、被害者と加害者との間の具体的で妥当なバランスのとれた関係を修復する方法を探究することにあるということになろう。そのため、ここでは、加害者は、自らの行為の影響について被害者に聞き、それについて弁解をする機会が与えられるとともに、被害回復の責任を負担する機会をも与えられることになる。加害者は、どのようにして損害を回復させ、そして、再度、犯罪行為を行わないようにするためには、いかなる方法が考えられるかといったことについて、援助を得ることもできるのである。

最後に、協議会後の手続についてであるが、仲介者は、協議会において起こったこと、及び何らかの合意事項があれば、それについて報告書を作成する。その報告書は、裁判官に渡され、そして、そのコピーが被害者と加害者にも渡される。

報告書のコピーは、当然のことながら、事件に関与した警察の訴追官、プロベーション・オフィサー、及び弁護士にも渡される。そしてその後、裁判官は、協議会から受け取った報告書、及びその他当該事件に関する報告書、もしくは当該事件に関するその他の提出物等を考慮して、一九八五年刑事司法法（Criminal Justice Act 1985）の枠組の範囲内において、公開の法廷において量刑を宣告することになるのである。修復的司法の参加者は、犯罪に対して、通常の範囲内にあることが明らかである量刑判断に対しては、それを是認することが期待されている。ここで注意しなければならないことは、仲介者による修復的司法報告書の目的は、あくまでも裁判官に情報を提供することであり、量刑勧告を行うことではないということである。

三　文化的背景

ところで、これは改めて指摘するまでもないことであるが、被害者、加害者、及び地域社会の文化的慣習の尊重は、修復的司法手続の重要な部分である。可能な場合には、被害者及び加害者の属する文化の出身者が、協議会の仲介者となることが望ましいとされている。そして、協議会は、それが被害者と加害者の双方にとって適当であれば、集会場として用いられているマラエ（marae：集会場としての囲い地）で開催されるのが望ましいのである。

ニュージーランドにおいては、修復的司法の一部として、マラエにおける審判に関する記述は多数存在するが、裁判所が関与する修復的司法は、被害者と加害者が、相互の話を聞き、将来採られるべき方策について議論するといった点において、マラエにおける審判と多くの点において類似性を有する。しかしながら、修復的司法プロジェクトにおいては、地方裁判所の裁判官が、加害者に対しての最終的な決定をするという点において違いがある。

また、この裁判所が関与するプロジェクトは、イフォガ（Ifoga）の制度に類似しているともいわれる。サモア諸島における紛争解決のための手続である「イフォガ」は、それが中立当事者によって主催される会合である点において、修復的司法プロジェクトと類似しているのである。しかしながら、イフォガの制度においては、中立当事者は、紛争当事者相互の間の仲介者（mediator）として行為するのであり、彼らが和平の期間を提案する点でも異なる。修復的司法協議会の仲介者の役割は、仲裁者ではなく、また、加害者及び被害者が、事実自体を争っているのではない点において、イフォガの場合とは異なっている。また、修復的司法プロジェクトにおいては、地方裁判所の裁判官が、加害者に対して最終的な決定を行うのである。

また、裁判所が関与するプロジェクトは、ファカレレイ（Fakalelei）に類似しているともいわれる。トンガの紛争処理手続である「ファカレレイ」の真の目的は、和平にある。それは、地域社会の関係を元の状態にすることであり、多くの場合、指名された仲裁者を通して、相互に話し合うために、被害者と加害者の家族や友人を集める手続そのものに焦点がある。いわば、「地域社会というカヌーを前に進めるために海の嵐を沈めること」に、手続の目的があるのである。加害者とその家族は、公的な場において説明責任（accountability）と行為に対する責任（responsibility）とを負担し、そして、それを明らかにすること自体において、被害者とその家族の尊厳を回復させることになるのである。被害者が、謝罪もしくは損害賠償の申出を受容するかどうかを選択することができることはいうまでもない。

四　修復的司法の背景

このように、修復的司法は決して新しいものではない。様々な形態のものが、多年にわたり、異なった文化圏において展開されてきている。マオリ文化や太平洋文化圏においては、数百年の間、修復的司法の諸原理を承認してきている。そして、これらの伝統的な考え方の多くは、ごく最近になって、西洋世界の司法システムに取り入れられつつあるのである。

伝統的な社会は、加害者が、地域社会の平和のために、被害者に謝罪することを要求する社会である。マラエは、伝統的に、被害者、ファナウ（拡大家族）、加害者等に癒しをもたらすために、事件によって影響を受けたすべての当事者が、話を聞いてもらうことができる場所である。

修復的司法への回帰に関しては、我が国のみならず、国際的な関心が存在する。それは、刑事司法システムによる犯罪に対する対応への不満と幻滅とに由来するものである。そこには、地域社会と被害者にもたらされた損害について、再犯率について、そして刑務所人口の増加についての関心が存在するのである。一九八九年における青少年犯罪者に対する家族集団協議会の導入は、修復的な考え方をニュージーランドの法律にもたらした。そして、この青少年司法モデルは、加害者の責任と家族への権限の付与とをもたらしたのである。ニュージーランドにおいては、一九九五年以降、様々な地域社会集団が、ある種の修復的司法手続を提示しつつあり、それぞれが特例としてではあるが、裁判所に報告を行っているようである。

それはそれとして、ここで紹介している修復的司法協議会は、家族集団協議会と同じものであろうか。私は、裁判所が関与する修復的司法手続は、以下の三つの重要な点において、家族集団協議会と異なっていると思う。すなわち、①修復的司法手続は、被害者が参加することを同意しない場合には、その後の手続は進行しない。②修復的司法手続は、すべての段階において、すべての当事者にとって、任意のものである。③このプロジェクトは、成人犯罪者の関与する事例を取り扱っているといった諸点である。

五　修復的司法プロジェクトの評価

以上においてみたごとく、ニュージーランドにおいて、四年間余にわたる裁判所が関与する修復的司法プロジェクトが予算化されたことは、地域社会の先導による積極的なフィードバックの成果であるといえる。このプロジェクトの実施は、裁判所省（現在は法務省）、矯正局、及び警察の各職員をはじめ、マオリ族の地域社会、太平洋地域民族社会、修復的司法ネットワーク、被害者支援、及びニュージーランド法律協会のそれぞれの代表者を含む、チームによって導かれている。加うるに、裁判所が関与する修復的司法は、すでに利用可能である修復的司法サービスの領域に取って代わるものでもなければ、社会福祉機関の専門的技術に援助を求めるものでもない。既存の地域社会によって運営されている修復的司法プログラムは、このプロジェクトの範囲外で運営され続けることになるのである。

ところで、このプロジェクトに関する評価であるが、裁判所が関与する修復的司法プロジェクトは、二〇〇五年末までの四年間余にわたり行われ、評価の対象となっている。その評価は、協議会に関与した者からのフィードバックをも含むものである。その上で、刑事司法システムの中に修復的司法プログラムを導入するに当たって、最も効率的な方法に関して、政府に対して勧告が行われる予定である。

二一世紀の我が国の刑事司法制度がどのような展開をみるか、今のところ確かな青写真は存在しない。刑法犯の認知件数が三〇〇万件を超え、戦後最高の記録を更新し、刑務所が過剰収容時代に突入したことを考えるとき、我が国も、ニュージーランドのような修復的司法を検討する時期に来ているのではあるまいか。

第9章　少年犯罪に対する修復的司法の試み

今までにも述べたように、最近の欧米各国の犯罪学において、修復的司法の考え方が、多くの実験的ないしは実証的研究において、最も重要な理論的前提となっていることは、われわれのよく知るところである。修復的司法とは、一般的に言えば、刑事司法システムにおける犯罪被害者の地位・役割を向上させ、被害者本人や被害をこうむった地域社会に対して直接弁明する責任を犯罪者に課することに焦点を合わせたものであり、被害者と犯罪者の直接的な対話、犯罪者による被害者への被害弁償、犯罪予防、犯罪者との協働、被害者支援、より安全な地域社会の創造等への、地域社会の積極的参加の重要性を強調するものである。実のところ、修復的司法は、多くの犯罪学者によって、犯罪に対応するための最も有効な革新的方法を提示するものではないかと期待されているのである。犯罪に対して伝統的な刑罰でもって対応することや再教育的施策でもって対処することの困難性が指摘されている今日の刑事政策においては、こうした新しいアプローチが渇望されていることはいうまでもない。これまでの経験に照らしてみるに、多くの応報的刑事司法制度の改革や改善は、必ずしも社会の平和と安全を導き出すものではなかった。なぜならば、応報的司法は、犯罪者に対する否定的な前提に基づいているからである。そうかと言って、犯罪者に対する社会復帰的アプローチは、応報的司法と比較するまでもなく、深刻な都市型少年犯罪に対しては無力であり、未成年者を含むすべての国民の法的権利を無視するきらいさえあるのである。

長い刑事司法の歴史において、応報的司法モデルと社会復帰的司法モデルは、犯罪者処遇の分野において、多くの英知と施策をもたらしたことは事実である。しかし、応報的司法モデルも社会復帰的司法モデルも、もはやその限界に達しているように思われる。応報的刑事司法の形態や社会復帰的司法の形態での刑事司法の運営が、今後数一〇年間にわたってさらに続くという保証はどこにもないのである。より良き刑罰政策やより良き社会復帰政策を考えることよりも、より説得力のある柔軟な被害者の救済をも視野に入れた刑事司法モデルを提案する時期が、我々の今住むこの二一世紀の初頭に来ているような気がしてならない。そして、それは現実的には修復的司法なのかもしれないと私には思われるのである。本章では、ベルギーのルーベン・カソリック大学のロード・ウォルグレイブ（Lode Walgrave）の見解を基にして、少年に対する修復的司法の論理的可能性について紹介してみることにしたいと思う。

一　修復的司法の意味するもの

修復的司法について検討し、そしてまた、それを実践に移すことは、今日の刑事政策においては、大変に重要なことである。世界中の専門家、政策立案者、そして社会科学者たちは、犯罪への対処法、特に少年犯罪への対処法の行き詰まりについて認識し始めている。このことは、つい最近長崎で起こった一二歳の触法少年による四歳児の誘拐殺害事件をみても明らかである。つまり、今日、純粋な社会復帰的対応は心底から信頼されているわけではないし、多くの事例において、それはナイーブな問題を提起しているようにさえ思われるのである。さらに、それは、極言すれば、すべての市民に与えられている基本的な法的権利を無視しているとさえ言える。しかし、そうだからと言って、今回の誘拐殺害事件における識者の見解のように、何らの手も加えずに提案される伝統的な刑罰制度への回帰という主張は、何の問題解決策にもならないのである。伝統的な刑罰制度への回帰は、従来から、それ自体はっきりと厳しく非難されている制度へ、再び未成年者を引き渡すことにほかならないからである。そしてまた、そのことは、伝統的な刑罰制度を甘受している人々の社会的未来を脅かし、社会に対して破壊的な影響を与える恐れすらあるのである。未成年者に対して行われている、応報的対応と社会復帰的対応の両者のアプローチを組み合わせた「教育的刑事法」(Educative Penal Law) と呼ばれる方法は、ウォルグレイブよれば、本質的に両者の短所を兼ね備えることにもなるとするのである。ベーリ・フェルド (Barry Feld) の言うごとく、「子どもたちは両者の最も悪い部分を受け継ぐことになる。子どもは大人に与えられる保護も、子どもに要求される細心な世話も手に入れることができないことになるからである」と。

こうしたことから、修復的司法こそが、この行き詰まりを打開するような方法を提示できるのではないかとする信念が増大しているのである。修復的司法は、被害者や犯罪者、地域社会や全体社会といったすべての関係当事者のために、より建設的な方法を提示するものであるように思われるからである。その受容性と実現可能性は、従来信じられていたものよりも、より大きなものがあるように私には思われる。現在のところ、その示す結果は有望である。しかしながら、これから先、まだまだなすべきことが数多く残されているといえるであろう。

昨今、国民はより確かな自意識を持つようになってきた。彼等は、もはや、政府や公的な社会機関が犯罪問題を自分たちの専権事項とし、犯罪問題に直接巻き込まれている人々の利益を度外視して、公的な手段で犯罪問題を解決するなどという手法を認めないのである。多くの人々は、クリスティ（N. Christie）の言葉のように、刑事司法システムが犯罪問題を横取りしたのだと感じている。国民は、自分たち自身の問題として犯罪問題を公的機関から取り戻し、自分たちにとって満足のいくような解決策を見出す機会が与えられることを望んでいるのである。換言すれば、彼等は、公的な司法活動によって、二次被害化されないことを望んでいるのである。少年に対する修復的司法の理論を長年にわたって調査研究しているウォルグレイブによれば、過去一〇年にわたって、ベルギーでは、特に、こうした動向に厳しく直面してきたとのことである。被害者は、その人権を保障され、尊敬され、そして、その被害を修復されることを望んでいる。被害者にとっては、刑罰を科すことが重要なのではなく、修復こそが重要なのである。確かに、刑罰が修復の一部であるという者もおり、また、理論的にはそのようにも考えられるが、事実は決してそうではない。ほとんどの場合、刑罰は、好ましくない行動に対する反作用として、誰かに意識的に害を与えることであり、修復を妨害するものでさえある。マーティン・ライト（Martin Wright）の言葉を使えば、「犯罪者によってもたらされた害を犯罪者に科されたそれ以上の害と天秤にかけることは、ただ、世界中の害の総量を増加させるだけである」ということになるであろう。

二　修復的司法の選択のための基本的要望事項

犯罪に対する完全な修復的司法アプローチへの道程は、長くて困難なものがある。理論的ユートピアへの夢と、制度と実践における行為との間には、多くの問題が存在する。基本的な問題は、もちろん、我々が、修復的司法を、現存する刑罰制度や犯罪に対する再教育的対応策として統合される、単なる一連の技法とみるのかどうか、あるいは、修復的司法が、長い期間をかけて、終局的には既存の制度に取って代わる、完全な代替手段となるのかどうか、ということである。修復的司法の主唱者は、マクサマリスト（過激主義者）の選択のみが、修復的司法モデルを、現存する刑事司法システムの周辺において泥沼にはまり込むことから救うことができると信じている。

この修復的司法へのマクサマリスト的アプローチは、その主唱者に、我々が犯罪を取り扱う際に最も困難なものと呼ぶことができる問題を解決することを要求するであろう。すなわち、それは、①重大な犯罪に対応する際の実現可能性と、②強制的手段を用いることの可能性、そして、③国家の規則のなかへの統合可能性等である。

まず、修復的司法による対応の制度的実現可能性は、重大な犯罪や犯罪者に関して例証されるべきである。修復的対応は、これまでのところ、重大でない犯罪には成功裡に適用されているようである。しかしながら、ある種の犯罪の衝撃は、個々の被害者や地域社会の意識をはるかに凌駕するものである。最近、ベルギー人たちは、このような広範囲にわたる衝撃を、数人の若い少女を誘拐して、性的に虐待し、殺害するに至らせた犯罪者「デュトルー事件」において、経験しているという。この事件は、児童に対する性的虐待のネットワークに組み入れられるような事件であるとのことである。

このことは、我々が重大であるとみなす犯罪が、単なる被害者と犯罪者の間での争いというよりも、さらに大きなそれ以上のものであるということを示している。民衆はしばしばショックを受け、あるいは憤り、地域社会の平穏は脅かされ、社会の秩序は挑戦されることになる。重大な犯罪への修復的司法の可能性の問題は、それゆえ、どのように公共の害悪が定義されなければならないか、どの程度大衆によって受け入れられるか、そして、修復的司法の効果は、公共の安全にどのような影響をもたらし、地域社会において平和を構築・維持するために、どのような効果をもたらすか、といった問題をも含むのである。

次に、犯罪に対する修復的司法による対応は、また、強制力の行使にうまく対処しなければならないであろう。おそらく、ほんの少数の犯罪だけが、被害者、犯罪者、地域社会の間での自由な交渉と、同意を通して解決し得ることがあるといえるかもしれない。たとえ調停や修復的司法協議会による解決方法が最大限に発展したとしても、多くの犯罪は、ほとんどの犯罪ではないにしても、犯罪者に自己の行動を説明するように強制しないで処理することはできないであろうと思われるのである。このことは、強制力が犯罪者に行使されるであろうということを意味するのである。その他の事例においては、両当事者は交渉を行うかもしれないが、しかし、同意に至らない場合もあるであろう。その場合には、その後に何が起こるというのであろうか。何人かの学者によれば、両事例とも修復的司法の可能性の終結を意味しているという。しかしながら、これは決して自明のことではない。ここでの基本的な問題は、犯罪者が修復的活動、たとえば社会奉仕サービスや被害者の利益になるよう働きかけを行う、といったことを強制できるかどうかということである。

最後に、犯罪の結果を処理することにおける公共の係わり合いと強制手段の使用可能性の双方が、法的権利の問題を喚起するということである。ブレスウェイト（J. Braithwaite）とペチット（Ph. Petitt）によれば、もし公的な強制的介入が、すべての関係すなわち被害者、犯罪者、社会で暮らすすべての国民の統制に奉仕するのであれば、公的な強制的介入は容認することができるとする。当局は、真剣に国民の統制をしなければならず、それは、明確で管理可能な規則によってのみ達成することができるのである。それゆえ、もし地域社会が犯罪の修復的解決に関与するのであれば、地域社会そのものがまず定義されねばならず、彼らの代表可能性が特定されねばならないのである。そしてまた、手続上の規則が明示されねばならず、可能な修復的制裁の釣り合いの取れた限度が決定されなければならないであろう。そしてその上に、修復的司法による対応において、何が公正であるかについて定義する基準が発見されなければならないのである。

こうした問題を解決することや他の問題に挑戦することによって、修復的司法の主唱者は、満足のいく解決策を見出すことができるのであり、修復的司法パラダイムを、社会に生起する犯罪を取り扱うための指導的原理として、進化させることができるのである。関係当事者間の自由な合意に基づいた修復的司法の実践が、被害者、犯罪者、地域社会の間で自発的な和解のモデルとして積極的に提示され続ける限り、修復的司法は、ハードコアな刑事司法の周辺において、ソフトな問題の解決のために用意された、ある種の「飾り」(ornament)として留まることを運命付けられるといったような皮肉な運命には決してならないのである。修復的司法が、重大な事案を成功裡に解決することができないならば、刑事司法に関しての基本的な選択権について、何らの現実的な影響を与えることなしに、「好奇なもの」、あるいは「逸話的な例外」として取り扱われることになるのであろうと思われる。

三　修復的パラダイムの展開

事実、修復的司法パラダイムのさらなる発展は、二つのレベルにおける実験と考察と実証的調査を通して探求されなければならない。まず、ミクロ的・関係的レベルにおいては、修復的方法論は、犯罪に対する修復的対応の範囲と質を拡大するために発展させられなければならず、ここでの問題は、トニー・マーシャル（Tony Marshalls）の修復的司法の定義、つまり、「特定の犯罪に利害をもっているすべての関係当事者が集結し、どのようにして犯罪の結果と将来のためのその含意を取り扱うかを、集団的に解決するためのプロセスとして実現する」、その実現可能性いかんであるということになるであろう。それは結局のところ、いかにすればわれわれは、被害者にとって満足し得る結果、犯罪者にとって統合的で公正な結論、地域社会にとっての平和へと導く相互関係を実現できるかということである。ここでの修復的司法の意味合いは個人的レベルのものである。それは、「何が間違っており、それがどのように修復されたか」という、両者のバランスを考えた道徳的評価の結果としての公平さを意味するものなのである。

しかし、これだけでは足りないことは言うまでもない。続いて、我々は、マクロ的・構造的レベルにおける修復的司法について考えなければならない。我々は、すでに、ここで探求されるべき基本的な問題については言及した。このレベルにおける修復的司法という用語のもつ意味は、制度的レベルのものである。つまり、それは、修復的な活動を課すことを通しての「対話司法」（Speaking Justice）を目指している司法制度を意味するのである。

ミクロ・レベルとマクロ・レベルとの関連性は、一方で、親密で、共感し合い、係わり合い、絆に溢れている「生きた社会的実体」としての「地域社会」と、他方で、制度や規則や権力をもっている公的な組織体としての「一般社会」との間での関連性についての問題を提起する。そこにおいては、共同社会（Gemeinshaft）と利益社会（Gesellshaft）との間での緊張状態は明らかであるが、しかし、その双方とも必要とされるのである。

四　最先端研究としての修復的司法研究

修復的司法の研究は、民主主義社会における極めて重要なテーマを取り扱うものであり、社会学的研究の分野における最先端に位置するものである。しかしながら、そうは言っても、ここでまず我々が注意しなければならないことは、修復的司法の研究は、民主主義国家がその国家自身の原理・原則に反するような、かなりデリケートな分野に関与するものであるという点である。つまり、民主主義国家の根本的な存在理由は、国民の自由と権利の維持とその拡張にあるのであるけれども、刑事司法制度そのものは、一部の市民の自由や権利を侵害するという側面をもつからである。

ある国民にとっては、ある種の状況下において、ある種の行動の結果として、民主的権利は一時的に停止され、自由は制限され、行動の自由は剥奪される。家族は引き離され、何人かの犯罪者は死に追いやられる。これは、基本的な民主主義原理に反したことであり、それゆえに、できる限りこうした事態を避けるべきであろう。修復的司法の研究は、こうした矛盾に対処する上においては、より建設的な方策を模索し提示するものであるといえるであろう。

次に、修復的司法の研究は、最も本質的な意味合いにおいて、犯罪学研究そのものであるから、それは、必然的に、犯罪とその社会的反作用に関係した研究と実践に焦点を合わせる司法理論や社会倫理学のような規範的な教義と結びつき、また、同時にそれは、社会学や心理学のような説明的教義へと結びつくのである。

同様に、修復的司法は、基本的で応用的な研究であるから、その研究方法や思索は、規範違反にどう対処するか、そして、権利と自由の原則をどう適合させるか等についての基本原則を抜本的に再考することにあるのである。しかし、他方において、修復的司法の研究は、また、実践的な経験や方法論的開発と評価に基礎を置いている。事実、修復的司法は、科学的研究の一分野であると同様に、一つの信念行動でもあり、実証的慣行でもあるのである。それゆえ、研究の応用的な側面の基本的部分と規範的アプローチの実証的な側面との相互作用は、修復的司法の研究を最も興味あるものにするとともに、社会科学において最も理解の困難なものにさえしているのである。

五　修復的司法と少年犯罪

それでは、なぜ我々は、修復的司法の概念を、少年犯罪に適用しようとするのであろうか。これにはいくつかの理由が考えられる。

まず、少年司法システムにおいて福祉的選択肢を変更しようとする圧力の増大は、西欧の工業化した国々におけるすべての少年司法システムに重大な転機をもたらしている。より抑圧的な対応への逆戻りという脅威は、確かに存在する。それゆえに、修復的司法という選択肢の綿密な考察は、極めて時宜を得たものであり、伝統的な刑罰的対応への回帰を回避する可能性を模索することを助けるものである。

しかも、少年犯罪への対応は、一般に、成人犯罪に対するよりも緩和されており、定型化されたものではない。また、多くの国において、実験的な介入や非伝統的な介入計画の余地がいまだ存在するようである。結果として、修復的司法モデルは、成人よりも少年に対してよりふさわしいものであるように思われるのである。

そして、事実、修復的司法モデルの多くの主要な実験は、国際レベルにおいては、少年犯罪に対するものである。

最後に、少年犯罪のような輪郭の明らかな問題領域に焦点を合わせることは、手続の首尾一貫性を促進するところがある。多くの国では、少年犯罪者のための特別な司法システムを用意し、青少年の再統合可能性のために、より多くの注意を喚起することに力を注いでいる。こうした共通の基盤から出発することは、修復的司法の貢献の度合いとその反作用を比較検討することを可能にするのである。

六　修復的司法モデルの重要性

世界中において、各種委員会や作業グループ、実務家、政策決定者、社会科学者等は、成人犯罪や少年犯罪をどのように取り扱うか、その方策を促進するために、思考し、実験し、研究し、報告書を書いている。しかし、今必要なことは、単なる従来の施策の微調整や最小限の改革ではなく、急進的な変革であり、革新的な提言である。それゆえ、ここでの最も建設的で根本的な見込みのある新しいアプローチは、修復的司法モデルであるといえよう。

一九世紀末において、改善主義者は、少年犯罪に対する司法的アプローチの変革を試み、刑罰的アプローチから社会復帰的・保護的アプローチへと前進させた。しかし、二〇世紀に全盛を示した社会復帰的アプローチも、今では反省を迫られている。我々は、この二一世紀の始まりにおいて、少年の犯罪問題を解決するための「魔法の箱」となるものを探さなければならない。今さら改めて言うまでもなく、社会科学の分野に、「魔法の箱」などないことは分かってはいる。しかし、少なくとも、我々の期待に応えられるアプローチは、今のところ、修復的司法アプローチしかないように私には思われるのである。

第10章　修復的司法と常習犯罪対策

最近のアメリカの犯罪学や刑事政策においては、常習犯罪者にいかに対応するかということが喫緊の課題となっている。私は、すでにいくつかの論文において、アメリカでの常習犯罪者対策として、三度目の重罪には二五年以上の無期拘禁刑を科すといった三振法や常習的性犯罪者に対しては、その所在地を住民に知らせるというメーガン法が制定されているという事実を紹介した。実は、つい最近、今世界的に注目されるようになった修復的司法が、常習犯罪者対策として重要ではないかという論議に接する機会を得た。結論は、修復的司法に批判的ではあるが、アメリカでの議論であるということを前提にすれば、我が国の刑事政策の議論においても、参考になるのではないかと思う。そこで、少し難しい論述になるかもしれないが、以下において現時点での論議の概要を紹介してみることにしたいと思う。

一　アメリカでの議論の概略

アメリカにおける過去二〇年間の多くの矯正改革は、政策のオプションや有効性に関する実証的根拠に基づく慎重な評価からというよりも、矯正の危機及び政治的なプレッシャーに呼応して展開されてきたといわれている。事実、再犯を減少させ、公共の安全を維持することに失敗した政策提言に関する議論、つまり、いわゆるアメリカの社会復帰思想の終焉の一因となった議論は、最近の革新的な改革においてはほとんど無視されているのである。その代わりに、リベラルな犯罪学者は、拘禁刑の使用を減らし、加害者に認められた法的権利を担保することを約束して、改革を促進しようと試みた。それらの改革の価値がどれくらいのものであったかの評価はともかくとして、その結果は惨澹たるものであり、結局のところは、犯罪はより多くの加害者を拘禁することによって減少することができると主張する、保守的犯罪学者の矯正政策に取って代わられたのである。結果として、二〇〇一年一二月三一日現在のアメリカの矯正施設（刑務所、ジェイル、少年施設）の収容人員は、二一六万六、二六〇人となっている。そしてまた、犯罪を減少させるための修復的司法の実践能力を批判的に評価することに失敗した、リベラルな犯罪学の主唱者は、司法のより革新的なシステムの探求においても、もう一つの失敗を経験しかねない危険な状態にあるのである。

アメリカにおける修復的司法の支持者は、明示的に、または暗示的に、犯罪は修復的司法の実践を通じて減少することができると主張する。たとえば、プラニス（Kay Pranis）は、修復的司法の理念に根ざしたプログラムは、地域社会の絆を強化し、社会統制の非公的な機構を強化することによって、結果的には、犯罪を減少させることができると主張するのである。また、ブレスウェイト（John Braithwaite）は、修復的司法政策の再統合的見地は、加害者が社会の一部であり続けること、及び非行を永続させる非行副次文化とラベリング過程を回避することを可能にすることによって、常習犯罪を減少することができる、と主張する。さらに、他の者は、ある特定の修復的司法プログラムが、加害者の行動を変容する能力を持っていると主張するのである。たとえば、被害者・加害者間の調停は、加害者の犯罪行動が被害者と地域社会にもたらす害を強制的に認めさせることによって、加害者の行動の変化を促進するかもしれないと主張する。ベイズモア（Gordon Bazemore）とマロニィ（Dennis Maloney）は、もし修復的司法の理念によって誘導されるならば、地域社会サービスは、本質的に、より社会復帰的なものになるであろうと示唆するのである。

しかしながら、レブラント（Sharan Levrant）ほかの見解によれば、これらの主張は、加害者の行動を変容させる方法の体系的な理解というよりは、希望的観測に基づくものであるという。修復的な方向づけを持つプログラムは、アンブライト（Mark S. Umbreit）の言うごとく、時として、常習犯罪を減少させることがあるのかもしれないけれども、加害者の行動の変化に関する現在の犯罪学的知見によれば、修復的な介入は、常習犯罪に対して、その効果は限定的であるということを示唆しているとするのである。

そこで、以下においては、修復的司法プログラムが、効果的な犯罪者処遇原理と一致する特徴を持っている範囲を特定することによって、これらの点について詳しく検討してみることにしたいと思う。

二　効果的な矯正への介入策

一九七五年以来、多数の犯罪学の文献の評釈とメタ分析は、様々な矯正への介入策の有効性について検証している。そこでは、常習犯罪の減少をもたらすプログラムは、共通の特質を持つというコンセンサスが形成されているのである。しばしば「効果的な介入の原則」（Principles of Effective Intervention）と呼ばれる、この原則の特徴は、以下のような三つの項目に簡単に要約することができる。すなわち、効果的な介入の原則は、加害者を、彼らの①「危険性」、②「ニーズ」、及び③「反応」（個人的な特質）に基づくサービスに、一致させることの重要性を指摘するのである。

「危険性の原則」は、サービスのレベルが加害者の危険性のレベルと一致させられるべきであるということを示唆する。この原則は、集中的なサービスは、危険性の高い加害者の間での常習犯罪の著しい減少を達成するのには必要であるけれども、危険性の低い加害者に適用される場合には、集中的なサービスは、常習犯罪に対し、最小のあるいはある程度ポジティブな効果があるにしか過ぎないという結果を発見した、いくつかの研究結果に基づいているのである。この後者の現象は、「相互作用効果」と呼ばれているものである。すなわち、その「相互作用効果」とは、危険性の低い加害者に介入しようとする付加的な努力は、実際には常習犯罪を増大させるというものである。

「ニーズの原則」は、常習犯罪にみられる変化は、加害者の犯罪を生成するニーズの変化に依存するものであるとする原則である。犯罪を生成するニーズは、反社会的な態度、薬物乱用、乏しい家族の対話、そして反社会的な仲間との交際のような潜在的に変化しやすく、常習犯罪と関連のある動的な要因である。したがって、これらの要因が減少するとき、常習犯罪の可能性が減少するのは当たり前であるとするのである。

「反応の原則」は、加害者の危険性とニーズにサービスを一致させることに加えて、加害者の学習スタイルと人格特性が、処遇の有効性に影響するかもしれないということを示唆している。たとえば、不安感の高い加害者は、一般的に葛藤にあまりうまく反応しないのに対して、平均以下の知能を持つ加害者は、平均以上の知能を持つ加害者のようには、認識能力プログラムに応じることができないというのである。

犯罪者処遇と関連した上記の原則に加えて、一般的に言われている効果的な介入策は、「処遇の行動的モデル」または「認識行動のモデル」と呼ばれるものに根拠を置くものである。ジェンドリュー（Paul Gendreau）によれば、よく企図された行動のプログラムは、処遇の提供者が加害者に社会肯定的な行動を実行することを教え、そうする動機を与えることによって、強化のシステムをモデリングと結合することが可能であるという。ここでいう認識行動モデルは、加害者の置かれた環境及びストレスの多い状況への加害者の反応を改善するために、物事を正しく見る能力の獲得、対人問題の解決、そして自己規制のテクニックを強化するように企図されたものである。

そして、最も効果的な介入策は、また、上記と同様な特質を備えたものであるという。すなわち、具体的には、第一に、それらは、危険性の高い加害者の時間の四〇%から七〇%までを占めていること。第二に、それらは最低二三週間続くものであること。第三に、それらは、対人関係で敏感なそして建設的な方法で加害者と関連し、訓練され適切に監督されているサービス・プロバイダーを雇う必要のあること。第四に、それらは、監視し、問題状況を予想し、そして加害者に代わりの行動をリハーサルするように訓練するために、逆戻り防止テクニックを用いていること。そして最後に、効果的な介入は、加害者を、彼らのニーズに関連した地域社会の他のサービスと結び付けることである。

矯正的介入のメタ分析によれば、これらの原則に合うプログラムは、平均して五〇%の常習犯罪を減少させていることを見出している。そして、これらの原則を逸脱する介入策の成功の割合は、極めて小さいものである。たとえば、集中的監督プログラム、ブートキャンプ、スケアード・ストレートプログラム（Scared Straight Program）、電子監視プログラムのような処罰と抑止に基づくプログラムに関する研究のメタ分析は、これらの戦略が、常習犯罪の減少をもたらす代わりに、常習犯罪の増加をわずかながらもたらしていることを明らかにしているのである。

　それはそれとして、加害者の行動を変化させるために何が有効であるかということについての、より豊かな知識基盤が与えられたとして、われわれは、どの程度まで修復的司法プログラムが、常習犯罪を減少させると期待することができるのであろうか。この問題を解明するにあたって、以下においては、どの程度まで、修復的司法プログラムが、これらの原則を反映することができるかについて検討してみることにしたい。

三　修復的司法プログラムの評価

　現在アメリカで実践されている、ほとんどの修復的司法プログラムは、特に、それらが「危険性の原則」、「ニーズの原則」、そして「反応の原則」と関連するとき、効果的な介入の原則を具体化することに失敗しているといわれている。修復的司法では、制裁を加害者に一致させるための主要な基準は、犯罪により生じた侵害の性質と範囲である。しかしながら、犯罪の重大さは、一貫して加害者の常習犯罪の危険性とは関連性がないのである。したがって、修復的司法プログラムは、危険性の低い加害者の相互作用効果を生み出すことと、危険性の高い加害者に不充分なサービスをすることの二つの危険性を生じさせるのである。

　伝統的に、修復的司法プログラムは、危険性の低い非暴力的犯罪者の参加を標的としている。これらの加害者は、一般に、常習性とは関係がありそうにない者たちである。しかしながら、もし彼らが不必要な制裁とサービスに服従させられるとしたならば、彼等の不服従のチャンスと、その結果もたらされるプログラムへの参加の取消の機会は増大するであろうと思われる。その逆の問題は、修復的司法プログラムに最近ますます含められるようになった危険性の高い加害者の側にも存在する。危険性の高い加害者の間での常習犯罪を減らすためには、集中的なサービスが必要であると示唆する研究結果がある場合、たとえば、一時間の被害者・加害者調停の会合が、これらの加害者の間での犯罪傾向を減らすということはありそうにもないことである。したがって、修復的アプローチは、午後の時間を刑務所に収容させることによって青少年にショックを与え、ポジティブな行動をさせることを試みる保守的なスケアード・ストレート・プログラムの革新主義者による改訂版となることの危険性が絶えずつきまとうと批判されているのである。

修復的司法プログラムは、現在実施されているように、加害者の犯罪を生成するニーズの永続的な変化を引き起こすことも、また、ありそうにもない。すでに論じたごとく、修復的司法プログラムは、現在ばらばらの方式で実施され、その焦点は第一次的に被害者の修復に合わせられている。これらの実践によってわずかに目標とされる唯一の犯罪を生成するニーズは、他者に対する共感または感受性の欠如、つまり、多くの加害者の反社会的な価値システムの一部である。被害者・加害者調停パネルと被害者衝撃パネル（Victim-Impact Panel）は、犯罪の被害者への加害者の共感を開発することへの共通のアプローチではある。しかしながら、それらは、改善された態度を内面化し、持続へと導く態様において強化するために、必要な行動の枠組と逆戻り防止の要素を欠いているのである。その代わりに、それらは、加害者に対してより重い処罰の結果を生じせしめるかもしれない、被害者との短期の葛藤だけを提供することにもなるのである。さらに、これらの被害者指向のプログラムは、加害者がどのように彼らの行動が長期にわたって他者に影響するかについての一般化を試みる手助けをすることや、それに代わるべき行動を加害者に教えることにも失敗するのである。

被害弁償プログラムの研究結果は、「反応の原則」に従わない修復的司法プログラムの限界が例示されている。バン・バーアリス（Patoricia Van Voorhis）は、コールバーグの道徳発展段階の基準によって測定されるように、成熟度の低い加害者は、成熟度の高い加害者よりも、被害弁償を、寛大な判決を得るための手段として考え、実際には被害者に被害弁償をしそうにもないことを発見している。したがって、被害弁償は、成熟度の低い加害者の反社会的態度を変革するための実行可能なメカニズムではなく、より重要なことには、加害者の将来の犯罪行動の可能性を減らすための、実行可能なメカニズムでさえもありそうにないということである。

一般的に、メタ分析は、被害弁償プログラムは、中程度の常習犯罪への効果は考えられるとの結論を下している。重大な犯罪ではあるが、施設へ収容されなかった少年の加害者に関する一〇の被害弁償による介入策のメタ分析において、リプシイ（Mark Lipsey）とウィルソン（David Wilson）は、すべての研究において、常習犯罪に関する被害弁償の平均的な効果は、〇・一七であることを見出している。この結果は、〇・四三というリプシイとウィルソンの分析において有効な基準とされた、行動に方向づけられたプログラムと、個々のカウンセリング・プログラムと比較した場合、穏当な結果であるといえるであろう。これより一層少ない期待値が、一六の被害弁償プログラムの研究に関するジェンドリュー等によるメタ分析において、見出されている。彼等は、常習犯罪に対する被害弁償の効果の平均数値が、〇・〇四であることを報告しているのである。

地域社会サービス・プログラムは、また、効果的な介入の原則を組み入れることに失敗しているといえる。ベイズモアとマロニィは、地域社会サービスの完全な可能性を実現するために割り当てられた活動は、「加害者及び因習的な大人を一緒に呼び集め」、そして、「成就、終結、及び地域社会の認知という感覚を提供する」ことであることを示唆している。このような方法でデザインされたプログラムは、加害者に社会肯定的な行動の動機づけを与えるために必要な、モデリングや積極的な強化をもたらすものである。しかしながら、地域社会サービスは、歴史的にプロベーション監督の条件ないしは付加的な処罰として科されていたために、そのような処遇の目的やそれに関連した実践としてはほとんど注意が払われなかったのである。実際、カリフォルニア州の高速道路の脇のゴミを拾っている明るいオレンジ色のジャンプスーツを着た加害者のイメージは、いくつかの地域社会サービスの割り当てが、かえって烙印押しをしているかもしれないということを示唆するのである。これらの例では、加害者が社会肯定的な行動に役立つ態度とスキルを学ぶ範囲が限定されているといえよう。

それとは対照的に、カリフォルニア州青少年局により実施されている被害者衝撃クラス（Victim-Impact Class）は、より効果的であるといえるかもしれない。これらのクラスの主要な目的は、加害者に犯罪の破壊的な影響を理解させることである。六週間のコースに参加している青少年は、葛藤を解決するために、犯罪以外の代わりの方法があることを教えられる。シーモア（Ann Seymour）によれば、このカリキュラムは、文化的に敏感で、加害者の年齢にふさわしく、認識の開発に適切な教育的なモデルであるということである。危険性の高い加害者には、期間が短かすぎるかもしれないけれども、このカリキュラムは、加害者の行動を変化させるために必要な、行動及び認識の要素をすべて含んでいるというのである。

結局のところ、修復的司法の枠組において機能しているより多くのプログラムが、「効果的な介入の原則」を組み入れるまで、常習犯罪の減少をもたらす可能性は制限されるであろうと思う。換言すれば、このことは、被害者と地域社会が、これら常習犯罪者の犯罪行動に苦しみ続けるがゆえに、他の修復的な目標が達成できる範囲を妥協せざるをえないということになるのである。今さら言うまでもないことであるが、本当に修復的なプログラムは、加害者の行動の変化に効果があるものは何であるのかという実証的根拠に基づくものでなければならないのである。

四　修復的司法と社会復帰

アメリカの刑事政策において、修復的司法は、犯罪学者や政策決定者によって、「ピーナル・ハーム」(Penal Harm：刑罰としての応報）が犯罪への解決策であるという、現在支配的となっている見解の代わりとなる、新しい矯正的パラダイムとして、取り入れられている。一見したところでは、修復的司法は、被害者、加害者、そして地域社会といった、すべての関係当事者に、ある一定の利益を提供することによって、一種のブームを作り出し、それが生成する興奮にも似たような雰囲気さえかもし出しているのである。しかしながら、修復的司法に批判的な論者によれば、この時流に乗った政策は、危険とまではいえないとしても、時期尚早の感があるといった警告的な論文が書かれている。修復的司法の目的（たとえば、紛争処理、コミュニタリアン〔communitarian：共同社会主義者〕）を説明するために、しばしば用いられる慈善的なレトリックにもかかわらず、このパラダイムは、役立つどころか、かえって害になるかもしれないとする主張もあるくらいである。

しかしながら、修復的司法のもたらす成果は、決して否定的なものばかりではない。潜在的な問題領域を明らかにすることによって、修復的司法プログラムの実施が、介入を強調しすぎないという前提と、危険性に対して盲目的ではないという条件を付けることによって、正当に評価されることを望んでいる者もあるのである。我々は、また、他の革新的な政策課題において、修復的司法が決定的な弱点、つまり、介入は単なる加害者への権利付与の形式であるといった非難を、潜在的に避けているということを認めることが必要であろう。この問題は、ある意味において、社会復帰についての伝統的に革新的なアプローチにおいて、容易に見られるところである。もし劣等原則（受刑者の生活レベルは一般社会の福祉レベル以上のものであってはならないという原則）が適用されるとするならば、加害者への処遇サービスは、どのような形での提供であれ、社会福祉のあり方としては不相当なものであるといえるので、攻撃されやすいであろう。しかし、それとは対照的に、修復的司法は、加害者から一定のレベルの責任を要求するものである。再統合は、被害者と地域社会の関係を修復するように、彼等が進んで努力することに依存している。したがって、そのパラダイムは、エンタイトルメント（利益又は権利を受ける資格）から遠く離れて、社会的交換の原則へと移るのである。

しかしながら、すでに言及したごとく、修復的司法の根本的な弱さは、どのように犯罪を統制するのかについて、適切な青写真を提供することができなかったということである。そして実は、このことは極めて致命的である。なぜならば、ピーナル・ハーム運動、あるはゲットタフ運動の実体的なヘゲモニーは、この戦略ができる限り多くの不道徳な人々を拘禁することによって、社会を防衛するであろうという前提に支えられていたからである。それとは対照的に、修復的司法は、重大で問題のある加害者を、どのように取り扱うのかについての解答をほとんど提供していないのである。修復的司法の主唱者は、公的なシェーミングが深く根づいた犯罪的傾向を変えるであろうという希望的観測から、加害者の行動の変容についての、新しい犯罪学理論に基づく研究を無視してきたという点は、特に憂慮すべきことである。どのような革新的な政策課題も、それが市民の安全を危険にさらさないということを、市民自身が確信しない限り、定着しないであろうとするのは真実であろう。犯罪の統制の失敗は、必然的にピーナル・ハーム運動の新しいラウンドへと我々を導くことになるからである。

五　修復的司法と社会復帰理念の統合

そうだとするならば、保守的犯罪学者とリベラルな犯罪学者の理論的な統合は難しいかもしれないけれども、こうした欠点を補うアプローチは、結局のところ、修復的司法と社会復帰の理念を統合する方策を模索することであるといえよう。もし社会復帰が、加害者に責任をとらせ、被害を修復しようとするプロセス（例えば、公的なサービスを通して、被害弁償をするように働きかけること等）の一部であるとみなされるとするならば、それは犯罪者の福祉に関係しているだけであるといったような批判は、あまり受けないであろうと思われる。その代わりに、もし修復的司法が、社会復帰理念のロジックと知識を取り入れるとするならば、修復的司法は、どのように加害者の行動を変革するのかの科学的な知識に基づいたアプローチを持つことが必要になるであろうと思われる。

要するに、修復的司法は、社会復帰を、「エンタイトルメント（entitlement）のパラダイム」あるいは「福祉（welfare）のパラダイム」から「説明責任（accountability）のパラダイム」へと変えることになるかもしれないが、その一方で、社会復帰は、修復的司法を、問題のある方法で加害者を変えることを思索するパラダイムから、それを通して効果的なサービスがなされ得るパイプ役となり得るようなパラダイムへと変えるのである。

これら二つの矯正のパラダイムを統合することは、確かに、気力を削ぐような仕事であろうし、これら二つの矯正のパラダイムと関連する他の問題を処理する必要性を免除するわけでもないであろう。また、たとえ事態がそうなったとしても、「修復」（restoration）と「社会復帰」（rehabilitation）の二つの概念は、加害者を害することが、犯罪の唯一かつ最もよい解決法であるという見解に挑戦することを可能にする強力な理念となるであろうと思われる。世間が矯正の重要な目的として社会復帰をサポートし続けることは当然のことであり、もしそれらが矯正サービスの一部として、加害者が被害者と地域社会の関係を修復するために働いているのだとするならば、そのサポートを得ることは、これまたもっともなことである。要するに、純粋に慈善的な感情を越えて、なぜ市民は加害者に投資し、彼らの改善更生や社会復帰を望むのであろうか。その疑問に答えることが重要である。一つの潜在的に注目せずにはいられない革新的な答えは、そうすることは、加害者が害したものを修復することを可能にし、彼等を再び害しないように矯正するであろうという確信であるといえよう。この確信をいかに現実のものとするかが、修復的司法が応報的司法に取って代わる、重要な分岐点となるのではないかと思われる。そして、そこで問題となるのは、修復的司法が、常習犯罪対策として、いかなる意味をもつのかということではなくて、修復的司法が、被害者の救済のみならず、加害者の社会復帰にどのように貢献するのか、そのことがまさに今問われているのである。アメリカにおける修復的司法プログラムに関する議論は、他の英語圏での修復的司法とは、また、その趣を異にするようである。

第3部

犯罪学の当面する課題

第1章　有害環境の実態調査

二〇〇一（平成一三）年八月、青少年育成国民会議より電話があり、内閣府委嘱事業の一環として、少年補導センター等に対する有害環境の実態等に関する調査をしたいのだが、「青少年有害環境対策推進研究会」の座長に就任してくれないかとの依頼があった。青少年育成国民会議とは、一九七七年以来、毎年、年度末に開催されている「青少年と社会環境に関する中央大会」で司会者や助言者を務め、あるいは環境問題専門委員会の講師として、都道府県主催の講演に派遣されることが多いことから、こころよく座長を引き受けることにした。

二〇〇一年九月に第一回委員会が開かれ、二〇〇二年三月までに、報告書を作成することが了承された。本章で紹介するのは、全国七〇八カ所の少年補導センターを対象にした有害環境の実態等に関する調査の概要である。

一　アンケート調査の集計結果について

まず、アンケートの内容であるが、主な質問項目は、①青少年を取り巻く有害環境について、今、問題になっている有害と思われる物品や情報媒体等、②青少年を取り巻く有害環境について、今、問題となっている有害と思われる店舗・施設等、③今年度、重点的に取り組んでいること、の三つである。アンケート配布数は七〇六通（全国七〇八カ所のうち二カ所が住所不明）であり、そのうち回収数は五三九通である。したがって、回収率は七六・三五％となり、極めて高い回収率であると思う。集計結果を示すと、以下のごとくである。

（一）地域で有害と思われる物品・情報媒体等に関して

(1)　今、問題となっている有害物品・情報媒体

①タバコの自動販売機（三一五件）
②携帯電話（二六八件）
③有害図書の自動販売機（二四一件）
④ビデオの自動販売機（一八三件）
⑤酒の自動販売機（一一七件）
⑥ピンクビラ・チラシ（八三件）
⑦インターネット有害情報（六一件）

(2)　重点的に取り組んでいる有害物品・情報媒体

①有害図書の自動販売機（二七八件）
②ビデオの自動販売機（二〇九件）
③タバコの自動販売機（一九四件）

④携帯電話（一二五件）
⑤ピンクビラ・チラシ（一二四件）

(3)　問題になっているのに重点的な取組みがなされていないもの

①携帯電話（▲一四三件）
②タバコの自動販売機（▲一二一件）

(4)　問題とされているよりも重点的に取り組んでいるもの

①ピンクビラ・チラシ（＋四一件）
②有害図書の自動販売機（＋三七件）
③屋外広告物（＋三五件）
④ビデオの自動販売機（＋二六件）
⑤有害玩具の自動販売機（＋二四件）

(二)　地域で有害と思われている店舗・施設等に関して

(1)　今、問題となっている店舗・施設

①コンビニエンス・ストア（三一〇件）
②カラオケボックス（三〇二件）
③ゲームセンター（二三四件）
④ビデオレンタル店（一四七件）

(2)　重点的に取り組んでいる店舗・施設
①カラオケボックス（二八六件）
②ゲームセンター（二八六件）
③コンビニエンス・ストア（二六八件）
④ビデオレンタル店（一四七件）
⑤書店（一四六件）
(3)　問題となっているのに重点的に取組みがなされていないもの
①コンビニエンス・ストア（▲四二件）
②カラオケボックス（▲一六件）
③テレホンクラブ（▲一三件）
④パチンコ店（▲一〇件）
(4)　問題とされているよりも重点的に取り組んでいるもの
①書店（十六八件）
②ゲームセンター（十四六件）
③ビデオレンタル店（十四五件）
(三)　有害環境浄化のための活動について
(1)　具体的に行っているもの

①補導活動（四七五件）
②学校やＰＴＡ等青少年団体との連携（四一二件）
③警察との連携（三六九件）
④広報啓発活動（三三一件）
⑤実態調査点検活動（三一六件）
⑥立ち入り調査や指導（二三四件）
⑦自動販売機の撤去運動（一三一件）
⑧ピンクビラはがし（一二四件）
⑨関係業者との協議（一一七件）
⑩捨て看板の撤去活動（七三件）
⑪条例等規制強化への働きかけ（四三件）

(2)　特に力を入れるべき活動

①学校やＰＴＡ等青少年団体との連携（二五九件）
②補導活動（二二一件）
③警察との連携（一一九件）
④実態調査点検活動（一一八件）
⑤広報啓発活動（一一〇件）

(3)　特に力を入れるべきと思っているのに活動がなされていないもの

①条例等の規制強化への働きかけ（▲一八件）

(4)　特に力を入れるべきと思っているよりも具体的活動がなされているもの

①補導活動（＋一二五三件）
②警察との連携（＋一二五〇件）
③広報啓発活動（＋一二二一件）
④実態調査点検活動（＋一一九八件）
⑤立ち入り調査や指導（＋一一四二件）

二　集計結果の解説

有害環境の浄化を推進して青少年の健全育成に資するために、少年補導センターを対象として行われた今回の有害環境の実態に関する調査の結果明らかになったことは、以下の通りである。

(一)　地域で有害と思われる物品・情報媒体等に関して

まず、地域で有害と思われる物品・情報媒体等に関してであるが、今、問題となっている物品・情報媒体の主なものとしては、①タバコの自動販売機（三一五件）、②携帯電話（二六八件）、③有害図書の自動販売機（二四一件）、④ビデオの自動販売機（一八三件）、⑤酒の自動販売機（一一七件）等がある。このほか、ピンクビラ・ピンクチラシ（八三件）、インターネット有害情報（六一件）、屋外広告物（捨て看板等）（四五件）、ＣＤ-ＲＯＭ・

ＤＶＤ（二一件）、ゲームソフト（一八件）、テレビ（一六件）等も挙げられている。

本調査で特徴的なのは、携帯電話が有害物品として挙げられていることである。従来、有害環境という場合、それ自体で有害なものと、それ自体は有害ではないがそれが媒体となって有害な行為を生み出すものが考えられてきた。そして、こうした分け方に従った場合、それ自体では有害ではないがそれが媒体となって有害な行為を生み出すものとしては、一般に、ディスコ、カラオケ、ゲームセンター、コンビニエンス・ストア等のような店舗・施設が問題となっており、有害物品でこの分類に属するものは極めて稀であった。通常、有害物品として分類されるものは、有害玩具、有害図書、有害広告物等のように、それ自体が有害なものであったからである。

携帯電話が有害物品とされた理由は、①「出会い系サイト」による性犯罪などが問題である（一一〇件）、②高額な通話料が問題である（三三件）、③自転車運転中のメールの送受信等による事故の問題（三二件）、④事件・事故・非行につながることが危惧される（二九件）等が挙げられているが、アンケートの結果によれば、携帯電話が中高生の必需品となり、その結果、親の知らない交友関係が増えるとともに、夜間の呼び出しが可能であるため、深夜外出が頻繁となり、非行グループとの接触を容易にするだけでなく、アダルト系有害情報へのアクセスが可能なため、援助交際に発展する危険性があるだけでなく、地方によっては、呼び出しての恐喝が発生しており、そうでなくても、通話料を払うためにアルバイトをする少年（非行化へつながる）が多いことが問題であるとされている。

携帯電話の問題は、本調査においてはじめて取り上げられた新しい有害環境であるために、断定的なことは言えないけれども、今後の有害環境の調査においては、より詳細な情報を収集するように心がけることが大切であろう。

携帯電話以外で、今、問題となっている有害物品・情報媒体としては、タバコ、有害図書、ビデオ、酒、有害玩具等の自動販売機が挙げられている。本調査で、多くの少年補導センターが取り上げた有害物品としての自動販売機の問題は、あらゆる有害環境浄化活動においてその中核をなすものであり、絶えず問題の筆頭に挙げられるものである。それゆえに、今後の有害環境の調査・研究においては、具体的な問題点の整理と、それに対する対応策をどうするかの論点整理が重要な課題となるであろう。

また、本調査では、問題となっているのに重点的な取組みがなされていないものとして、携帯電話とタバコの自動販売機がある。携帯電話はその普遍性・利便性からして、取組みの困難なことは理解できるが、タバコの自動販売機への取組みが充分ではないことには問題があろう。しかしながら、タバコの自動販売機に関しては、現在、タバコカードの導入が検討されていることを考慮に入れた結果ではないかとも考えられる。問題とされているよりも重点的に取り組んでいるものとして、ピンクビラ・チラシ、有害図書の自動販売機、屋外広告物、ビデオの自動販売機、有害玩具の自動販売機があるが、これらはいずれも従来の住民運動の流れがあるからであるように思われる。

本調査に限定して各種自動販売機の問題点を整理してみると、①通学路に設置されている、②子どもの目に付きやすいところに設置されている、③青少年が自由に立ち入り購入できるところに設置されている、④国道沿いに設置されている等、青少年へのアクセス規制がなされていないということが、問題とされている。また、①撤去に対する業者の理解が得られない、②撤去しても別な所に設置され、いたちごっこである、③地権者が他市居住のため協力が得られない、④地権者と業者との契約上の問題もあり撤去が困難である等、営業の権利と住民活動の相克が垣間見られる意見もある。さらには、①性非行や犯罪の原因として危惧する、②設置場所が溜まり場化している等、犯罪の誘発力となる危険性を指摘する声もある。有害物品の典型例として自動販売機を取り上げる場合には、どうすれば有効な対策が樹立できるかという視点からの調査が今後望まれるであろう。

さらに、本調査では、七番目にランクされている「インターネット有害情報」であるが、アンケートによれば、有害情報が満ち溢れているとの認識を持ちながらも、実態把握が極めて困難であるという点で、あまり具体的な提言はないものの、出会い系サイトへのアクセスの問題と高額な有害情報料金支払いの問題で、トラブルが発生しているようであり、犯罪・非行の誘因となるという指摘もあることから、今後、さらなる検討が必要であろう。

(二)　地域で有害と思われる店舗・施設等に関して

次に、地域で有害と思われる店舗・施設等に関してであるが、今、問題となっている店舗・施設の主なものとしては、①コンビニエンス・ストア（三二〇件）、②カラオケボックス（三〇二件）、③ゲームセンター（二三四件）、④ビデオレンタル店（一四七件）、⑤書店（一四六件）等がある。この他、パチンコ店（六五件）、テレホンクラブ（五一件）、飲食店（二三件）、ヘルスクラブ（六件）、ラブホテル（五件）、映画館（一件）も挙げられている。

従来、有害店舗・施設として挙げられていたテレホンクラブやラブホテルが後退し、コンビニエンス・ストア、カラオケボックス、ゲームセンターのようなそれ自体では有害ではないがそれが媒体となって有害な行為を生み出す形の店舗・施設が問題となっていることは注目に値するであろう。共通している問題点は、①溜まり場化している、②飲酒・喫煙を誘発するという点である。

具体的な問題としては、コンビニエンス・ストアは、①有害図書と一般誌の区分けができていない、②年齢の確認がなく売られている、③深夜、中高生が利用し、深夜徘徊の要因となっている、④万引きが増加している等がある。

カラオケボックスは、①中高生の深夜利用、②店内での不純異性交遊がみられる、③密室性等の問題点が挙げられている。

ゲームセンターは、①授業中や学校への登下校時の立ち寄り、②金銭の浪費、③粗暴行為、④アダルトゲームがある等が問題点である。

ビデオレンタル店は、①年齢確認ができていない、②区分陳列がなされていない、③過激な性表現や暴力表現による犯罪が心配される等が問題とされている。

書店は、①区分陳列がなされていない、②有害図書がだれでも簡単に入手できる、③書店と称しながら、有害ビデオやアダルトグッズ等が販売されている等が問題とされている。

以上のように、今回の調査で挙げられた地域で有害と思われる店舗・施設等は、溜まり場化の問題と、飲酒・喫煙・非行等を助長する恐れがあることを理由とするものが多いようである。こうした特徴は、本調査の対象となった少年補導センターだけのものであるのかどうか、調査対象を拡大した形でのさらなる調査・研究が必要であろう。

(三) 有害環境浄化のための活動に関して

少年補導センターが有害環境浄化のために行っている具体的な活動については、補導活動（四七五件）、学校やＰＴＡ等青少年関係団体との連携（四一二件）、警察との連携（三六九件）、広報啓発活動（三三一件）、実態調査点検活動（三一六件）、立ち入り調査や指導（二三四件）、自動販売機の撤去運動（一三一件）、ピンクビラはがし（一二四件）、関係業者との協議（一一七件）、捨て看板の撤去活動（七三件）、条例等の規制強化への働きかけ（四三件）が挙げられている。少年補導センターの役割から考えて、その活動が、補導、他機関との連携、啓発活動となるのは当然であろうが、自動販売機の撤去運動、ピンクビラはがし等の活動が行われていることは評価したいと思う。また、少年補導センターの今後の活動として強調されているものに、「条例等規制強化への働きかけ」があるが、これは、青少年の健全育成活動に携わっている者が、最終的にいつも言及することであるということを考えれば、政策立案者には、この点についての充分な配慮が求められるであろう。

三　有害環境対策のための提言

以上においてみたごとく、本調査から明らかになったことは、一九九〇年代に入ってから、有害環境とされるものが、かなり大きく変遷を遂げているということである。かつての有害物品である自動販売機を中心とする有害環境の概念から、情報媒体である携帯電話やインターネットを含めた新しい有害環境の概念へと、その概念枠組みが大きくシフトしつつあるということを、まず認識することが大切であろう。有害施設や店舗にしても、かつてのそれ自体で有害とされたものから、それ自体では有害ではないがそれが媒体となって有害な行為を生み出すものへと、有害環境の対象が大きく変化しているのである。言わずもがなのことではあるが、将来に向かって、青少年を保護し、有効な青少年有害環境対策を樹立するためには、さらなる調査・研究と有害環境への斬新なアプローチが必要である。本調査結果は、その必要性を示唆していると言えるのではあるまいか。

第２章　携帯電話・インターネット等に関するアンケート調査

内閣府からの委嘱事業である「有害環境対策事業」の推進のために、青少年育成国民会議は、二〇〇一年八月、「青少年有害環境対策推進委員会」を設置し、私がその座長を務めているが、二〇〇一年度は、全国七〇八カ所の少年補導センターを対象に、「今、地域でどのようなことが問題だと考えているのか」等についてアンケート調査を行った。その結果、予想通り、各種自動販売機に関する回答が一番多かったが、次いで問題だと思われる物品として取り上げられたのが携帯電話であったことは、正直言って驚きであった。今年度は、この新しく問題とされた携帯電話に焦点を当て、大人の立場からではなく、子どもの視点から問題を分析するために、中高生を対象とした実態調査を行うことになった。中高生の率直な意見を聞きたいと思ったからである。

今回の調査の主な内容は、①携帯電話の使用実態、②パソコンの使用実態、③インターネットの使用実態、④ポルノサイトや出会い系サイトへのアクセスの実態等である。調査対象となったのは、地方大都市、首都圏中都市、地方小都市の中高生であり、各都市からそれぞれ中学校、高等学校を一校選び、各学年一クラスずつ、合計六九九人から回答を得た。調査期間は、二〇〇二年一〇月の一カ月間である。

以下においては、今回の調査（以下、本調査と呼ぶ）を、本調査と類似する先行調査である、内閣府政策統括官（総合企画調整担当）による『情報化社会と青少年：第四回情報化社会と青少年に関する調査報告書』（二〇〇二年七月：青少年調査と親調査があるが、青少年調査のみを参考とする。以下、内閣府調査と略称する）と、警視庁生活安全部少年育成課による『少年と電子メディアに関する調査報告書』（二〇〇二年八月：以下、警視庁調査と略称する）を参考にしながら、①携帯電話の利用について、②携帯電話に関するマナーと意識について、③パソコンの利用について、④ポルノサイトのアクセスについて、⑤出会い系サイトのアクセスについて等の項目を中心に比較・検討をしてみることにしたいと思う。

一　携帯電話の利用について

まず、携帯電話の利用状況についてであるが、本調査では、携帯電話の所有率は、高校生と中学生で顕著な相違がみられ（高校生：九四・五％、中学生：三三・〇％）、女子の所有率は男子の所有率より高いこと（女子：七三・六％、男子：六〇・九％）が明らかとなった。内閣府調査では、中学生（一二～一四歳）で二〇・七％、高校生（一五～一七歳）で六四・〇％となっていて、その数値がいくぶん低いようである。

携帯電話を持たない者（二二八人：三二・九％）にその理由をあげてもらうと、①「親が反対しているから」（三九・四％）、②「必要がないから」（三六・一％）、③「料金が高いから」（一四・四％）となっている。内閣府調査では①「特に必要を感じないから」（五一・三％）、②「学校または家族から利用を禁止されているから」（三〇・〇％）、③「経済的理由（料金が払えない）によって利用できないから」（一三・四％）である。両調査では、①と②が入れ替わっているけれども、大体同じ理由があげられているように思われる。

次に、利用場所についてであるが、本調査では、①「家にひとりでいるとき」（七五・一％）が最も多く、次いで、②「友人と遊んでいるとき」（五三・〇％）、③「学校の行き帰り」（五〇・六％）、④「授業中」（二六・八％）となっている。内閣府調査では、①「自分の部屋」（七九・三％）、②「外出先（お店の中など）」（六四・九％）、③「自分の部屋以外の自宅内」（四九・二％）、④「学校・職場で授業（仕事）中以外」（四八・六％）となっている。本調査では、調査対象者が中高生であったこともあってか、「家でひとりでいるとき」「友人と遊んでいるとき」「学校の行き帰り」が携帯電話利用の中心的な場所となっており、一方、内閣府調査では、お店や仕事中というカテゴリーがみられるが、これは、調査対象者が一二歳から二九歳までの男女となっていることからであろう。調査対象者の相違が結果に表れているようである。

携帯電話の利用頻度については、本調査では、①毎日とする者が二四・二％、②週三回程度とする者が二九・二％、③週一回程度とする者が二九・四％となっている。これに対して、内閣府調査では、最も利用頻度が高いのは、メールなどの文字通信機能で、年齢別に見ると、一五歳～一七歳で利用頻度が高く四六・四％となっており、一日一〇回以上利用しているとのことである。

利用用途については、本調査では、①「メールのやりとり」が八二・八％で、②「友人との連絡・おしゃべり」が三七・三％である。内閣府調査では、①「待ち合わせの場所や時間の確認・変更の連絡」が六八・九％で、②「行動や活動への誘い（一緒に遊びに行く誘いなど）」が六三・二％、③「相手とのおしゃべり」が五八・七％、④「相手や自分の状況や居場所の確認」が五七・七％となっている。この数値の違いは、内閣府調査には社会人が含まれていることによるものであろう。

利用動機に関しては、本調査では、①「友達とのメールのやりとりがしたかったから」が六六・二％、②「緊急時に役立つから」が六五・六％、③「好きな時に好きな場所で電話できるから」が四二・二％、④「親から連絡のために持たされたから」が三二・九％、⑤「友達が持っていたから」が二八・六％となっている。内閣府調査では、①「待ち合わせや急ぎの連絡に便利だから」が八一・一％、②「家族にいつでも連絡が取れるから」が五九・五％、③「友達との関係をよくできるから」が四四・三％となっている。年齢別に見ると、「友達との関係をよくできるから」は一二～一七歳に多く、六割以上（一二～一四歳：六二・三％、一五～一七歳：六二・八％）となっている。本調査での、「友達とのメールのやりとりがしたかったから」「親から連絡のために持たされたから」という理由は、本調査が中高生を対象としたものであるからであり、内閣府調査の「友達との関係をよくできるから」「家族にいつでも連絡が取れるから」とだいたい同じ理由に基づくものではないかと思われる。

ちなみに使用料金に関しては、本調査では、全体として見ると五千円から七千円未満が最も多く（三〇・三％）、次いで五千円未満（二九・〇％）、七千円以上一万円未満（二三・四％）となっている。警視庁調査では、一般群と非行群に分けて調査がなされているが、一般群の中高生とも三千円～六千円の者が最も多く、次いで六千円から九千円未満となっており、非行群の中学生もほぼ同様の傾向であるが、非行群の高校生はそれよりも三千円多くなっている。両調査ともだいたい同じ結果が出ており、一般にマスコミで言われているよりも、子どもたちの電話使用料金は、合理的で妥当な範囲に留まっているように思われる。

二　携帯電話に関するマナーと意識

携帯電話のマナーと意識に関しては、本調査では、規範意識が七割に及んでいる領域と、五割程度の領域と、三割前後の領域とに分布している。本調査で規範意識が七割以上の領域としては、①「コンサート会場や美術館での利用」を「いけない」とした者は七七・四％、②「授業中の利用」を「いけない」とした者は七〇・〇％である。警視庁調査では、学校へ携帯電話を持参することを容認する者が、中学生で四割、高校生で八割であったとのことであり、授業中のメール送信の許容度は、中学生で一五％程度であるが、高校生になるとほぼ二倍の三〇％を超えて、容認派が増加している。ちなみに、内閣府調査では、授業中使用する者は、学校段階が進むほど多く、中学生六・三％、高校生三二・〇％、大学・大学院生四〇・三％である。これらの調査結果を見ると、授業中のメール送信を容認する高校生は約三〇％で、およそ三人に一人の割合となっている。

本調査では、授業中のメール利用者は、ほとんど（九九・二％）が高校生である。また、平成一五年二月二四日から二五日にかけて行った「S市における現地調査」の際の高校生との懇談会でも、授業中のメールは許されるという意見が示されたし、電話を受けることにも抵抗はないようである。S市西高校の生徒会執行部が平成一五年二月一三日に行った「携帯電話・PHSに関する意識アンケート」の集計結果でも、「授業中にメールや電話が来たら授業中でも返信していますか？」という質問に対して、高校一年生で六三・二％の者が「はい」と答え、高校二年生では六九・六％の者が「はい」と答えている。こうした調査結果から見ると、授業中の電話やメールの送信は、高校生の間では常態化しているように思われる。授業中の電話やメールの送信は、マナーに反するということを、中高生、特に高校生に対して指導することが必要であろう。

次に、規範意識が五割程度の領域としては、①「テレクラに電話をかけること」を「いけない」とした者が六五・五％、②「授業中のゲーム」を「いけない」とした者が五九・一％、「飛行機の離発着時に電源を切らないこと」を「いけない」とした者が五七・五％、③「インターネットを活用した出会い系サイトへのアクセス」を「いけない」とした者が五五・七％、④「インターネットを活用したポルノサイトへのアクセス」を「いけない」とした者が五五・二％である。警視庁調査では、規範意識そのものではないが、インターネットでわいせつな画像を見ることについての許容度は、男女別に見ると、中高生でいずれも一〇ポイント以上男子に許容度が高くなっており、また、中学生よりも高校生の方が許容度が高かったことが報告されている。また、出会い系サイトにアクセスすることに対して、「アクセスしてもよい」という容認派は、中学生男女で二割前後、高校生男女で三割弱で、男女差は見られず、中学生よりも高校生に容認派が多いことが報告されている。

この点に関しては、ほぼ同じ結果であろうと思うが、本調査では、複数回答であるため単純に比較することはできない。しかし、男子は中高生間で意識がかなり変化し、「ポルノ」と「出会い系」に対して比較的寛容になってくるのに対して、女子は携帯電話の所持率の増加に関係なく、拒否感がかなり強いという結果となっている。特に、女子高生は「ポルノ」と「出会い系」に対して、「いけない」「あぶない」とする意識が強いようである。

本調査において、規範意識が三割前後の領域としては、①「電車やバスの中で電源を切らないこと」を「いけない」とした者が三七・二％、②「電車やバスの中でのメール送信」を「いけない」とした者が二三・七％、③「電車やバスの中でのゲーム」を「いけない」とした者が二三・五％である。

警視庁調査では、「電車の中で携帯電話で話す」ことに関してデータを取っているが、電話で話すことについては、中学生男女とも「してはいけない」と答えた者が半数を超えている（男子：五四・三％、女子：五一・七％）が、高校生では男女ともに半数を下回り（男子：四四・四％、女子：四一・七％）、年齢が上がるにつれて、「してはいけない」という意識が低下していくという傾向がみられるようである。

「電車の中のメール送信」については、車内での通話に比べて、メールの送信の許容度は高くなっている。中学生男子を除くと「してもよい」が半数を超えており（中学男子：四六・六％、中学女子：五二・九％、高校男子：六一・九％、高校女子：六五・七％）、高校生では、「してはいけない」と回答した者は一割に満たなかった。年齢が上がるごとに許容度は高まっていく傾向を示している。

三　パソコンの利用について

本調査において、自宅に自由に使えるパソコンを持っている者は六四・六％である。男女別および中高生別でみても大きな違いはない。パソコンの利用目的はインターネットによる情報の収集であり、「ときどきある」を含めると七六・六％になる。内閣府調査では、インターネットを利用したことがある（全体の七二・三％）のうち、最初にインターネットにアクセスした機器はパソコンが七四・四％となっている。現在インターネットにアクセスしている機器でも、パソコンは八一・〇％と多い。警視庁調査では、パソコンの所有率は自分専用及び家族での使用を合わせると、中高生ではいずれも五割を超えている。インターネットへのアクセスの経験は約八割である。こうした調査結果から見ると、中高生の半数以上が自由に使えるパソコンを持ち、インターネットへアクセスした経験のある者も七割を超えていることがわかる。

本調査でパソコンを利用しての「友人とのメール交換」は「よくある」が一七・九％、「ときどきある」が一五・四％である。このうち携帯電話を所有していない者は四五・〇％であるから、ほぼ半数の者はパソコンを使って、メールを交換していることになる。パソコンを使ったメール交換を「ほとんどしない」「まったくしない」者は六二・七％であるが、このうち携帯電話を所有する者が七三・三％である。つまり、携帯電話を持っている者は、パソコンを使わないで携帯電話でメールの交換をしていることになるのである。内閣府調査では、インターネットを利用している者に、インターネットでの発信行動を聞いたところ、「電子メールを書く」が六二・三％であるが、年齢別に見ると、「電子メールを書く」は高年齢層ほど多く、そのような発信行動をしていない者は低年齢層に多い。中学生（一二〜一四歳）では五五・四％、高校生（一五〜一七歳）では四五・八％である。これらの結果からすると、中高生の間でのメールの交換は、インターネットよりも携帯電話によることが多いといえよう。

四　ポルノサイトへのアクセスについて

本調査では、ポルノサイトへのアクセスはほとんどされていなかった。「いつも見ている」が一・二％（七人）、「ときどき」が六・六％（三七人）である。しかしながら、「一・二度」見たことがある者が二一・六％（一二一人）いることは銘記しておく必要があろう。高校生の接触率は中学生よりも高いが、中学生でも一九・八％（四七人）がポルノに接触しているのである。ポルノへのアクセス方法は、パソコンが五四・三％、携帯電話が三五・二％、両方が一〇・五％であり、特に高校女子の携帯電話によるポルノ接触率は五一・七％と高い。

警視庁調査では、インターネットでポルノを見ることの許容度についての調査結果が報告されているが、「してもよい」の項目で見ると、中学生（男子：二七・八％、女子：一〇・六％）、高校生（男子：三九・五％、女子：二二・二％）であり、男子の方が女子よりも許容度が大きくなっている。

本調査は接触率であり、警視庁調査は許容度であるため、単純な比較はできないが、概して、高校生の方が中学生よりも許容度が高く、男子の方が女子よりも許容度が高いといえようが、本調査の場合には、高校女子がポルノへの接触率が高いことが特徴的である。

本調査では、また、ポルノサイトへの感想を聞いているが、中学男子では「気持ちが悪い」が四〇・七％と最も多く、中学女子では「恥ずかしい」が三六・八％と最多で、高校男子では「便利な時代」が三六・〇％と最も多く、高校女子では、「危険な時代」が三七・九％と最多である。年齢別、男女別の特徴がみられるようである。

五　出会い系サイトへのアクセスについて

本調査における出会い系サイトに対する意識としては、「犯罪の被害にあうこともあって恐い」とする者が五九・四％と最も多いが、しかし、実際に出会い系サイトへアクセスした者が九・四％（六六人）いる。出会い系サイトへのアクセスの違いを調査地域で比較してみると、地方大都市で一〇・八％、首都圏中都市で一〇・六％、地方小都市で六・三％である。出会い系サイトにアクセスする契機は、「友人に教えてもらった」とする者が四七・〇％と多く、出会い系サイトへアクセスする動機は、「ひまだったから」が六二・一％、「友人と遊び半分で」が四三・九％、「おもしろそうだったから」が四〇・九％である。出会い系サイトの利用頻度は「二回から五回」が五五・〇％で、「一回だけ」が二七・三％となっている。

しかし、問題なのは出会い系サイトへの接触者のうち、知り合った人と実際に会った者が三六・四％（二四人）いることで、ほとんどの相手は異性であった。しかも、半分の者が複数回会っている。実際に会った人の年齢は「自分と同年代」（四一・七％）であるものの、四〇歳代が一人、五〇歳代が一人いるのは、極めて深刻な問題である。実際に会った人とは、ドライブをしたり（一〇人）、食事をしたり（九人）、カラオケに行ったり（七人）というように遊びが中心であるが、悩みの相談をした者も二人いる。

出会い系サイトへのアクセスの感想は、「うしろめたい」「危険で恐い」といったようなネガティブなものではなく、「友人ができてよかった」といったようなポジティブな感想を持つものが少なからずいることに留意すべきである。

警視庁調査でも、出会い系サイトにアクセスすることへの許容度を見ると、中学男子で一八・三％、中学女子で二一・〇％、高校男子で二八・二、高校女子で二六・九％となっており、中学生で二割前後、高校生で三割弱の者が容認していることが分かる。男女差が見られず、中学生よりも高校生に容認派が多い。なお、内閣府調査では、出会い系サイトの利用は、一八〜二二歳の男性で一一・四％と他の性・年齢に比べて多くなっていることが報告されている。

以上が、本調査と内閣府調査、警視庁調査の比較であるが、三調査とも、ほとんどのデータが同じ傾向を示しているように思われる。細かい部分でのデータの差は、調査年月が、内閣府調査は二〇〇一年四月であり、警視庁調査が二〇〇一年九月〜一〇月、本調査が二〇〇二年一〇月であるから、内閣府調査と警視庁調査は、本調査とは、一年から一年六カ月の調査年月の差があることになり、その差がデータの差となって現われているのではないかと思われる。今後、青少年と有害環境の問題を考える上での重要な参考資料となるであろう。

第３章　青少年とテレビに関するアンケート調査

私が座長を務める青少年育成国民会議の「青少年有害環境対策推進研究会」では、内閣府からの三年目の事業として、「青少年とテレビ」をテーマに、青少年のテレビへの接触状況や意識に関する小学生、中学生に対するアンケート調査並びに現地調査の企画立案及び実施を委嘱された。

委嘱を受けて、当研究会ではアンケート調査を行い、小学四年生から中学三年生までの児童・生徒一、一八六人（男子五八九人、女子五九七人）とその保護者九四七人（小学生四七八人、中学生四六九人）から回答を得た。本章では、このアンケート調査の結果を、他の先行する類似調査と比較しながら紹介してみることにしたいと思う。

一　本調査結果と他の類似調査結果との比較

以下においては、本調査の結果を紹介するに当たって、三種類の先行調査、すなわち（一）総理府青少年対策本部『情報化社会と青少年』（第一回情報化社会と青少年に関する調査報告書：一九八二年一二月、第二回情報化社会と青少年に関する調査報告書：一九九二年一二月、第三回情報化社会と青少年に関する調査報告書：一九九六年五月、第四回情報化社会と青少年に関する調査報告書：二〇〇二年七月〈この年は青少年対策本部の廃止に伴い内閣府生活統括官：総合企画調整担当により作成〉）、総務庁青少年対策本部『青少年テレビ・ゲーム等に係る暴力性に関する調査研究報告書』一九九九年九月（以上の調査報告書を「総理府調査」と略称する）、（二）日本民間放送連盟の『テレビと児童・青少年に関する調査報告書』（一九九九年三月：以下においては「民放連調査」と略称する）、（三）放送と青少年に関する委員会『青少年へのテレビメディアの影響調査』（第一回調査報告書：二〇〇〇年度、第二回調査報告書：二〇〇一年度、第三回調査報告書：二〇〇二年度：以下においては、「放送と青少年委員会調査」と略称する）を参照しながら、本調査の特色を明らかにしたいと思う。

（一）テレビとの接触状況

(1)　テレビ視聴時間

まず、本調査のテレビの視聴頻度はほぼ毎日とする者が八六・四％であり、一日の視聴時間は三時間から四時間である。平日の最多視聴時間帯は「一八時から二一時」であるが、週末については、朝の時間帯に視聴する傾向がみられる。また、少数ながら子どもの深夜におけるテレビ視聴（二四時以降の視聴が全体の六・六％）のあることがわかった。

「総理府調査」では、第一回調査から第四回調査までの結果からみると、調査対象年齢にばらつきがあるため単純な比較はできないが、小中学生（一〇～一四歳）でだいたい二時間から三時間ぐらいとなっており、一九九九年調査だけは、四時間以上の長時間視聴者（heavy viewer）が小学生女子で約半数（四九・一％）いることが報告されている。

「民放連調査」では、テレビの視聴は平日で二時間、休日で四時間ちかいとの報告がなされており、視聴時間の長短が生活の全般的なパターンの違いと対応しているとしている。たとえば、テレビ視聴が長い方が家のしつけが厳しくない、勉強特に受験には熱心ではない、夜型の生活パターンの子どもが多い等の特徴がみられるとする。しかし、全体としてはテレビの悪影響はみられないとしている。

「放送と青少年委員会調査」では、概ね二時間から三時間であるが、第一回調査では四時間以上が二七％となっている。そして、この長時間視聴者には女子が多いとの報告がなされており、この女子に長時間テレビを視聴する傾向があることは、第二回調査でも言及されている。第三回調査では、さらに、子ども部屋での視聴時間が女子において増加したことが報告されている。

このように、すべての調査結果が年を追うごとに小中学生のテレビ視聴時間が長くなっていることを示唆しており、今後は、四時間以上の長時間視聴者についての成り行き調査が必要ではないかと思われる。

(2)　視聴環境

本調査では、「テレビをどこで見ているか」については、子どもは「リビング」（七七・〇％）「自分の部屋」（一六・三％）と回答しているのに対して、保護者はそのほとんど（八四・二％）が「リビング」である。「誰と見ているか」については、子どもは「親と一緒」と回答した者が少ないのに（三五・四％）、保護者は「子どもと一緒」（六五・七％）と答えており、親子の間で認識の違いがみられる。

テレビ視聴に関する取り決めについては、保護者の側に取り決めの意識はあるものの、概して取り決めは少ないようである。

テレビ番組を家で見ているときの様子については、保護者の方が子どもと番組の内容について話をするという認識をもっているのに対して、子どもはそうは認識しておらず、この点でも親子の間で認識の違いがあることが分かった。

「総理府調査」の第二回調査では、「誰と見ているか」については、「親」「きょうだい」との視聴は年齢が高くなると少なくなるとの結果を報告しており、「一人で」の視聴についてみると、男子の割合はいずれの年齢層でも高く、「親」「きょうだい」「家族みんな」との視聴は、全般に女子の方が多くなっている。

「民放連調査」では、母親は「一七時～二一時」頃は子どもと一緒に視聴していると思っているが、子どもの方は大人と一緒に視聴するのは「二一時～二三時」頃と回答しており、時間のズレが生じていることが分かる。そして、このズレは、子どもが視聴している横で、母親が家事などをしながら一緒に過ごしているといった場合の、双方の認識の違いによるものであろうと結論づけている。

「放送と青少年委員会調査」の第一回調査では、子どもと一緒の視聴について、小学五年生の保護者の八二％、中学二年生の保護者の七三％が子どもと一緒にテレビを見ていると答えているが、その一方、「一人で見ることが多い」小学五年生は二六％、中学二年生は四五％となっており、ここでも親子の間で認識の違いがみられるようである。

第二回調査では、「見る時間が決まっている」のは男子で二九％、女子で三五％であり、「一人でみることが多い」のは、男子で二九％、女子で二六％となっている。

第三回調査では、この調査が小学五年生が中学二年生になるまでの継続的な追跡調査であることもあって、学年が上がるにしたがって、子どものテレビの見方がどのように変化したかを捉えることが可能となっている。

そうした視点から調査結果を見ると、テレビの見方については、「見る時間が決まっている」「一人で見ることが多い」など、子ども自身の見方は変わらないようであるが、保護者の働きかけは減少しており、「見ている内容やあらすじを分かりやすく説明する」「子どもに見せたくない内容は、チャンネルを変えたりして見せない」「子どもの見る番組や時間帯を決めている」が半数を切っていることが報告されている。

(3)　視聴番組の傾向

本調査では、子どものよく見るテレビの上位三つは、「アニメ・マンガ」「お笑い中心のバラエティー」であるのに対して、保護者の上位三つは「ニュース・報道番組」「ホームドラマ」となっている。「好きな番組」の特性としては、子どもは「笑えるもの」「興味がわいてくるもの」であるのに対して、保護者は「笑えるもの」「なるほどと思う情報が提供されるもの」である。「好きなタレント」に関しては保護者の興味は低いが、中学生、特に女子中学生は、特定のタレントに興味を抱く傾向があることが分かった。

「総理府調査」の第一回調査では、小中学生（一〇〜一四歳）の普段よく見る番組は、「マンガ」「音楽番組」であり、大人（三五〜四九歳）は、「ニュース・天気予報」「スポーツ番組」となっている。よく見る視聴番組上位六位までを見ると、小中学生では、「マンガ」「アクション・ドラマ」「音楽」「クイズ」「スポーツ」「映画」であり、大人は、「ニュース」「スポーツ」「時代劇」「映画」「アクション・ドラマ」「クイズ」の順となっている。

学校の成績との関係では、「ニュース・天気予報」は成績がよいと思っている者が見る比率が高く、勉強時間との関連では、一日三時間以上勉強する者が「ニュース・天気予報」をよく見ており、一日三〇分以下しか勉強しない者は、「マンガ」をよく見ていることが報告されている。

「民放連調査」では、子どものテレビ視聴内容は、全層で半数以上がよく見ているのは「お笑い中心のバラエティー番組」で、学年差も小さい。「音楽番組」と「ドラマ」は多少の差はあれ、「お笑い中心のバラエティー番組」に次いで人気がある。「アニメ」は低学年ほどよく見られており、「ドラマ」「音楽番組」は女子の方がスコアが高い。男子のみのスコアが高いのは、「スポーツ中継やスポーツニュース」と「ニュース・報道番組」である。

一方、母親がよく見るテレビ番組のジャンルは「ニュース・報道番組」「ドラマ」が六～八割で最も多い。その他のジャンルで五割を超えるものはない。子どもと付き合って見ているためか、「アニメ」は低学年の母親ほどスコアが高い。「音楽番組」「自然や科学をテーマにしたバラエティー」「クイズ・ゲーム中心のバラエティー」「お笑い中心のバラエティー」は高学年の母親ほどよく見ている。小学一～二年生母親層のみのトップ・ジャンルは「ドラマ」である。

「放送と青少年委員会調査」の第一回調査では、小学五年生の八三％が「アニメ」をよく見ており、次いで、「お笑いやコントなどのバラエティー」をそれぞれ四〇％以上がよく見ている。「ニュース」を見る小学五年生は二三％。性差のみられるものとして、「アニメ」は、特に男子で視聴者が多い。また、「映画」「スポーツ番組」も男子で視聴者が多く、女子で少ない。一方、女子で視聴者の多い番組は、「ドラマ」「トーク番組」「歌番組」である。

中学二年生では、「ドラマ」「お笑いやコントなどのバラエティー」「歌・音楽番組」をそれぞれ五〇％以上がよく見ている。「アニメ・マンガ」をよく見る中学二年生は四八％、「ニュース」をよく見る子どもは二二％である。男子の視聴者の多い番組は、「スポーツ番組」「クイズ・ゲーム」「歴史・自然・科学」である。女子は「歌番組」「ドラマ」「トーク番組」が多い。

保護者の視聴番組としては、七八％が「ニュース」をよく見る番組としている。次いで、「ドラマ」が五三％、「映画」二八％、「ワイドショー」二三％である。

第二回調査では、男女とも「アニメ・マンガ」が最も多いことは五年生時（第一回調査）と変わらないが、男子でその割合が減少したことが報告されている。一方、男女とも、その他のテレビ番組を見る者が増加しているが、特に「ドラマ」「トーク番組」「歌・音楽番組」が増加した。さらに、男子では「ニュース」「歴史・自然・科学」番組も増加し、女子では「映画」「その他の（コントなどのバラエティーや見て役立つバラエティー以外の）バラエティー」が増加している。

第三回調査では、男子では「アニメ・マンガ」が六七％、女子では「ドラマ」が七四％と最も多い。小学五、六年生と比較すると、男女とも、「アニメ・マンガ」の割合が減少し、「ドラマ」「トーク番組」「歌・音楽番組」などが増加していることが報告されている。

すべての調査で、子どもたちは「アニメ・マンガ」「お笑い中心のバラエティー」番組をよく見ており、保護者は「ニュース」をよく見ていることが共通しているといえよう。

(4)　特定番組の視聴

本調査では、平成一五年一一月、本調査に先立って、青少年育成国民会議のモニター九三八人に対して、「子どもたちに見せたい番組」「子どもたちに見せたくない番組」を挙げてもらい、なぜそう思うかの理由を記述してもらうという形で、先行調査を実施した。これは、本調査において、委員会のメンバーが恣意的に番組を選別しないようにとの配慮からのことである。その結果リストアップされた番組について、子どもと保護者がよく見ていて「よかった」と答えた番組は、①伊東家の食卓、②サザエさん、③どうぶつ奇想天外、④名探偵コナンである。

子どもの関心および評価と保護者の間に開きがあるものは、①クレヨンしんちゃん、②プロジェクトX、③ボボボーボ・ボーボボ、④水１０！、⑤学校へ行こう！、⑥ワンピースである。

番組に対してよい評価をした理由は、子どもでは、「ゆかいで楽しいから」が最も多く、次いで「登場人物が魅力的だから」となっており、保護者では、「内容に感動したから」「内容がためになったから」となっている。

番組に対する悪い評価は少ないが、悪い評価をした理由として、子どもは、「くだらない、安っぽいから」「思っていた内容と違って、つまらないから」となっており、保護者は、「思っていた内容と違って、つまらないから」「暴力的なシーンが多かったから」を挙げている。

「総理府調査」の第一回調査では、小中学生（一〇～一四歳）がよく見る番組として、①ザ・ベストテン、②Dr.スランプ、③欽ドン！良い子悪い子普通の子、④ザ・トップテン、⑤二年B組仙八先生、⑥西部警察、⑦オレたちひょうきん族が挙げられている。一方、大人（三五～四九歳）は、①ニュースセンター九時、②おんな太閤記、③水戸黄門、④本日も晴天なり、⑤太陽にほえろ！、⑥プロ野球中継、⑦クイズダービーが上位を占めている。

「民放連調査」では、好きな番組ランキングとして、小学五年生男子は、①ポケットモンスター、②名探偵コナン、③ウッチャンナンチャンのウリナリ！、④ドラえもん、⑤こちら葛飾区亀有公園前派出所を挙げており、小学五年生女子は、①ウッチャンナンチャンのウリナリ！、②PU―PU―PU―、③名探偵コナン、④P.A.プライベートアクトレス、⑤八時だJを挙げている。中学二年生男子は、①めちゃ２イケてるッ！、②進ぬ！電波少年、③ぐるぐるナインティナイン、④学校へ行こう！、⑤こちら葛飾区亀有公園前派出所を、中学二年生女子は、①学校へ行こう！、②八時だＪ、③ＰＵ－ＰＵ－ＰＵ－、④進ぬ！電波少年、⑤Ｐ．Ａ．プライベートアクトレスを挙げている。そして、これらの番組が好きな理由は、「楽しくなる」「好きなタレントが出ているから」である。

母親に関しては、好きな番組は、小学五年生母親では、①眠れる森、②ＳＭＡＰ×ＳＭＡＰ、③めざましテレビ、④ズームイン！！朝！、⑤はなまるマーケットで、中学二年生母親では、①はなまるマーケット、②ズームイン！！朝！、③学校へ行こう！、④発掘！あるある大辞典、⑤ためしてガッテンである。そして、好きな理由としては、「いろいろなことを知ることができる」ことを挙げている。

「放送と青少年委員会調査」では、小学五年生男子の好きな番組として、①ワンピース、②遊戯王デュエルモンスターズ、③ドラえもん、④名探偵コナン、⑤笑う犬の冒険を、小学五年生女子の好きな番組として、①学校へ行こう！、②愛犬ロシナンテの災難、③ワンピース、④遊戯王デュエルモンスターズ、⑤犬夜叉を挙げている。

中学二年生男子の好きな番組は、①ヒーロー、②笑う犬の冒険、③愛犬ロシナンテの災難、④めちゃ２イケてるッ！、⑤ミュージックステーションであり、中学二年生女子の好きな番組は、①ヒーロー、②学校へ行こう！、③ミュージックステーション、④笑う犬の冒険、⑤ストロベリー・オンザ・ショートケーキである。

また、保護者が考える子どもが一番好きな番組は、男子で、①遊戯王デュエルモンスターズ、②ワンピース、③ポケットモンスターズ、④名探偵コナン、⑤ドラえもんであり、女子で、①学校へ行こう！、②犬夜叉、③名探偵コナン、④ワンピース、⑤ポケットモンスターズである。

(5)　子どものものの見方・考え方

本調査では、アンケートの最後の部分で、小中学生に「ものの見方」や「考え方」について質問をした。質問項目は一〇項目であったが、「キス」に関する質問については、全員の回答が得られなかったので、その他の項目に限ってみると、以下のような結果が得られた。すなわち、①「遊びでもゲームは勝たなくては意味がない」と思う者は、小中学生ともに、男子にその傾向が強く現われている。②「男はケンカが強いほうが恰好がいい」と思う者は中学生女子にその傾向が強い。③「いじめられる方にも悪いところがある」と思う者は、全体の四六％である。④「どんな場合でも暴力は絶対にいけない」と思う者は、全体で半数（五一・六％）を超え、男子よりも女子にそう思う者が多い。⑤「いじめられている友だちがいたら、自分がいじめられると思っても助ける」と思う者は、中学生よりも小学生に、男子よりも女子に多い。

同様の調査であるとは言えないが、「放送と青少年委員会調査」では「自己イメージ」について質問をしている。第一回調査では、①「友だちが多いほうだ」と認識している者は小学五年生で六三％、中学二年生で五四％である。②「スポーツができるほうだ」と思っている者は小学五年生で四九％、中学二年生で四六％であるのに対して、③「我慢強いほうだ」とする者は小学五年生で二一％、中学二年生で三〇％である。

第二回調査では、①「スポーツが得意なほうだ」は男子五八％、女子三九％で、②「悪いことは悪いといえるほうだ」は男子二四％、女子三〇％である。

第三回調査では、①「スポーツは得意なほうだ」は男子の方が多く（男子五四％、女子三九％）、②「悪いことは悪いといえるほうだ」は女子の方が多くなっている（男子一五％、女子二七％）。③「友だちは多いほうだ」は男子で六一％、女子で六四％であり、④「人にはやさしいほうだ」は男子で二六％、女子で二三％であった。

(二)　本調査の特色

本調査の第一の特色は、本調査では最近あらゆる場面で問題となっているメディア・リテラシーの視点から子どもたちの視聴する番組を読み解くという試みがなされている点である。子どもたちの好きな番組が「笑えるもの」であり、その多くがバラエティー番組であることから、本調査では、「水１０！」と「学校へ行こう！」という特定番組を取り上げて分析した。

ここで問題とするバラエティー番組の「笑い」であるが、「水１０！」では、製作者の意図する場面で笑いが挿入されていることから、具体的場面と笑いとの連動性がない場合が少なからず見受けられ、笑いそのものが強制されていることがわかる。また、分析対象となった番組では、落武者が「セクハラぐらいで落ち込んではだめ」という台詞があり、これはセクシャル・ハラスメントを軽視しているとも受け止められるおそれがあるし、社長室で花を生けることが女性の仕事であり、そのために秘書役の栄子が生け花を習うという設定も、女性の役割をステレオタイプ化するものであり、偏見のあらわれであるとも考えられるのである。

「学校へ行こう！」では、番組そのものがユニセックス性をアピールしたものであり、観客はマスとして「声」の参加のみで、「水１０！」と同様、「笑い声」の挿入が試みられており、笑いの強制がみられる。考察の対象となったこの週の番組に限ってみても、「水１０！」では、ゲーム全体が焼肉店の宣伝であり、その商業主義は歴然としているといっても過言ではないであろう。

このように、この二つの番組は、①笑いの強要、②女性に対するステレオタイプと偏見、③商業主義に基づくものであると読み解くことができる。最近の番組では、あからさまな暴力シーンやきわどい性描写は減っているものの、うわさ話のような軽薄なネタからは「隔たった人間像」しか提示されないことに注意しなければならないであろう。

第二の特色は、本調査では、t検定とχ^2検定を用いて統計的に相関関係を明らかにしたことである。その結果、有意差がみられたものは、

① テレビ視聴制限に関しては、中学生になると家庭でのテレビ視聴規制が弱まっていることが明らかとなった。

② テレビを通しての家族のコミュニケーションに関しては、中学生の方がテレビを通してのコミュニケーションが少なくなっていることが分かった。

③ どのタイプの番組を見ているかに関しては、小学生より中学生の方が「エッチ／おませな番組」をよく見ている。小学生より中学生の方が「下品／ナンセンスな番組」をよく見ていることが分かった。

④ 視聴規制と見ている番組の関係では、視聴規制が強ければ、親が見せたい番組の視聴量が多い傾向にあり、視聴規制が強い方が「エッチ／おませな番組」の視聴量が少なく、「暴力的／いじめ番組」の視聴量も少なく、「下品／ナンセンスな番組」の視聴量も少ないことが分かった。

⑤ テレビを通した家族コミュニケーションの程度と子どもに見せたい番組の視聴量との関係に関しては、家族コミュニケーションの程度が高い場合の方が「見せたい番組」の視聴量が多く、家族コミュニケーションの程度が高い方が「暴力的／いじめ番組」の視聴量が多いことが分かった。この点については、コメントが必要であろう。この調査結果に関しては、もともと親が好んで「暴力的／いじめ番組」を視聴している場合と、子どもが好んで見ている「暴力的／いじめ番組」を親がとりあえずは許容している場合とが考えられるであろうが、前者の場合は、親と同様子どもも暴力に対して肯定的態度を醸成する可

能性があるのに対して、後者の場合には、親がテレビの中の暴力について否定的なコメントをすることができるので、家庭でのメディア・リテラシー教育が可能であるという点が指摘できるであろう。しかし、この結果をそのように解釈するためにはさらなるデータの収集と検証が必要であろうかと思う。

⑥　番組視聴タイプと「暴力・いじめに対する許容度」との関係に関しては、「エッチ／おませな番組」の視聴量が多い方が「暴力・いじめに対する許容度」が高く、「下品／ナンセンスな番組」の視聴量が多い方が「暴力・いじめに対する許容度」が高いということが分かった。

⑦　番組視聴タイプと「性に関する許容度」との関係については、「エッチ／おませな番組」「暴力的／いじめ番組」「下品／ナンセンスな番組」の視聴量が多い方が、「性に対する許容度」が高いことが分かった。

第三の特色は、保護者アンケートのみであるが、テレビ番組に対する苦情処理機関について質問をしたことである。結果は、

①　「放送と青少年に関する委員会」についての認知度はわずか五・三％であり、当該委員会の活動内容を説明した後では、五六・七％の者が利用の意志を示している。

②　また、午後五時から九時の時間帯においての民放の子どもへの配慮についての質問では、ある程度実感している者は二七・八％であり、否定的認識をもつ者が七二・二％である。

③　民放における週三時間の青少年向け番組の提供については、ある程度実感している者は一二・七％に過ぎない。

④　青少年によくないと思われるＣＭについての対応の仕方は、「親子でよく話をする」とした者が五六・二％と最も多く、次いで「放送関連業界が自主的に内容の管理や統制をする」が五三・三％であった。

テレビに対する苦情処理機関の広報宣伝活動の遅れが実感されるところである。

二　テレビを通しての親子の対話の重要性

早いもので、テレビがお茶の間に登場してから五〇年が経つ。かつて私は、「テレビは暴力場面の多い番組であっても性表現の多い番組であっても、それはそれなりによい影響をもち、感情浄化作用がある」とする「カタルシス効果」論者に対して、テレビによって描かれる暴力や性的場面は、結果として、そのドラマが勧善懲悪を結末として描いているとしても、長い間そうした場面に多く接している視聴者、特に青少年は、知らず知らずのうちに深層心理のなかにそうした一場面、一場面が蓄積されていき、ある日突然、条件反射的に犯罪に至ることがあるとする見解、すなわち「潜在的犯罪・非行準備性理論」を展開した。それというのも、アメリカで今から四〇年前の一九六四年に、「アメリカ上院青少年非行化調査小委員会」がテレビの有害性について警告を発していたからである。

今回の調査でも、番組視聴タイプと「暴力・いじめに対する許容度」との関係で、「エッチ／おませな番組」の視聴量の多い方が、「暴力・いじめに対する許容度」が高く、「下品／ナンセンスな番組」の視聴量の多い方が、「暴力・いじめに対する許容度」が高いという結果が見出されている。また、番組視聴タイプと「性に関する許容度」との関係においても、「エッチ／おませな番組」「暴力／いじめ番組」「下品／ナンセンスな番組」の視聴量の多い方が、「性に対する許容度」が高いことが明らかとなっている。

暴力の多い番組や性的場面の多い番組が青少年に与える影響を示唆するものとして、注意を喚起する必要があるであろう。

また、同時に、今回の調査では、親の視聴規制が有効に働くことも証明されており、家族コミュニケーションの高い方が、親の見せたい番組の視聴量が多いことも分かっている。

本調査結果は、テレビを通しての親子の対話が必要であることを暗示していると言えるのではあるまいか。

第4章

幼い子どもたちの間に見られる犯罪と被害

二〇〇二年五月一四日から六月一〇日までの約四週間、私の指導教授でカリフォルニア大学バークレー校の名誉教授であるポール・タカギ博士が、日本比較法研究所の招きにより中央大学に客員教授として来日した。中央大学で、学部学生のための講義と大学院生のためのセミナー、それに教職員のためのスタッフセミナーを担当してもらうのがその主な目的であった。もちろん、タカギ博士が中央大学百周年記念に寄贈した五、五〇〇冊余の蔵書の整理状況を視察することと、私との共同研究の打ち合わせをすることも、今回の来日の目的の一つである。明治大学でも菊田幸一教授の依頼を受けて講演を行い、私が通訳として同行した。本章では、中央大学で、五月二二日に、学部学生のために行った講義内容を紹介してみることにしたい。この講義は、パートナーとして来日した臨床心理士で結婚・家族セラピスト（ＭＦＴ）の資格を持つブレンダ・ポンシェ（Brenda Ponthier）女史との合同授業という形式を採ったため、かなりユニークな授業になったのではないかと思う。以下がその講義内容である。

一　アメリカの幼い子どもたちの犯罪と被害

一九九九年の「少年司法と非行防止局」(Office of Juvenile Justice and Delinquency Prevention : OJJD) の全米報告書は、一九九七年において、子どものいる貧困家庭は一三%であり、黒人家庭ではその比率が三四%、ラテンアメリカ系の家庭では二四%であったことを報告している。

この「少年司法と非行防止局」は、また、一九八〇年から一九九七年の間に、三万八、〇〇〇人の少年が殺害され、被害者の一一%は六歳以下の子どもであり、被害者の五〇%は、一五歳から一七歳の子どもであったことを報告している。しかも、そのうちの半数近く(四七%)は黒人であったことが明らかとなっているのである。この報告書では、貧困と欠乏(適切な身体的・精神的ケアの欠如)、それに抑圧的な生活条件が、子どもたちが身体的・精神的に無視され虐待されることの指標であると考えられており、一九九七年において、虐待され無視された子どもが、三一九万五、〇〇〇人いたことが報告されている。また、前年の一九九六年には、一、一八五人の子どもが虐待やネグレクトの結果として死亡したことも報告されている。被害者一、一八五人のうちの八二%は五歳以下の子どもであり、四二%の子どもは一歳の誕生日を迎えることができなかったことが報告されているのである。

我々は、貧困階級の社会的条件に関する全体的な統計は持っているが、しかし、少年犯罪についての詳細なデータは何一つないといっても過言ではない。これは、少年のプライバシーを保護する法律が、犯罪学者やその他少年犯罪に関心を持つ研究者が少年犯罪者について研究することを妨害しているからだといわれている。

そして、その結果として、少年犯罪者そのもの、特に一四歳以下の幼い子どもに関する犯罪学理論や知識体系はないに等しいという現実がここにあるのである。

一方、我々専門家とは違い、マスメディアは、驚くべき速さで犯罪の現場に到着し、その詳細をレポートするが、こうしたニュースに取り上げられる事例の多くは、事例が事例であるだけに、いろいろな問題や疑問があることを端的に示している。以下においては、幼い子供たちの犯したいくつかの事件を新聞報道の中から抜粋してみることにしよう。

〈事件１〉アーカンソー州のジョーンズボロにおいて、一一歳と一三歳の二人の少年が、一一歳から一二歳までの四人の少女と三二歳の教師を射殺し、その他一一人の子どもに、発砲による傷害を負わせた。

〈事件２〉ミシガン州のマウント・モリス・タウンシップにおいて、一歳の少女が七歳のミシガン小学校の児童によって撃たれて死亡した。

〈事件３〉オクラホマ州のフォート・ギブソンにおいて、一三歳の少年が九ミリ・セミオートマティック・ハンドガンを発射して、田舎の中学校で、四人の同級生を負傷させた。

〈事件４〉ミシガン州のポンティアックで、全米で最も若い殺人事件の被告人のひとりであるナーシャニエル・アブラハムは、彼が一一歳の時行った銃撃による第二級殺人罪の判決を受けた。

〈事件５〉コロラド州のリトルトンで、二人の重武装した高校生が、自殺する前に、一五人の生徒と先生を殺し、二八人の生徒に重傷を負わせた。

〈事件６〉バージニア州のリッチモンドで、クインショーン・ブーカーという一四歳の少年が、混雑した高校の廊下で発砲し、四五歳のソーシャル・ワーカーと七四歳のヘッドスタート（貧困者の子どもに対する連邦政府の保健・教育プログラム）のボランティアを負傷させたため、成人として起訴された。

〈事件７〉オレゴン州のスプリングフィールドで、三丁の銃で武装した一五歳の少年キップランド・キンケルが、高校のカフェテリアで発砲し、一人の生徒を殺害し、一九人の生徒に傷害を負わせた。その後、もう一人の生徒が亡くなり、彼の両親が自宅で死んでいるのが発見された。

〈事件８〉ペンシルバニア州のエディボロで、科学の先生が、中学校の卒業記念ダンス会で、生徒の面前で撃たれて亡くなった。一四歳のアンドリュー・ウストが殺人で起訴された。

〈事件９〉ケンタッキー州のウエスト・パドゥカでは、高校の玄関の間でお祈りをしているときに、三人の生徒が殺害され、五人の生徒がけがをさせられた。一四歳になるマイケル・カミールという生徒が、そのときの犯罪で逮捕され起訴された。

〈事件10〉ワシントン州のモージズ湖で、バリー・ルーカイティスという一四歳の少年が、中学校の代数の授業をしているクラスに乱入し、猟銃を発砲し、先生と二人の生徒を殺し、一人の生徒を傷つけた。

〈事件11〉カリフォルニア州のサンティで、サンディエゴ郊外の高校で銃の乱射事件が起こり、二人の生徒が殺害され、少なくとも一三人の生徒が負傷し、九年生の一四歳の少年が銃撃のかどで逮捕された。

こうした事件はすべて幼い子どもたちによる凶悪な事件であり、その原因が何かに関してはいろいろな考え方が提示できるであろうが、ここでは「怒り」（anger）という言葉をキーワードとして、子どもたちの心の問題を心理学的に分析してみることにしたいと思う。

二　心に怒りを持つ子どもたち

二〇〇一年一二月、「心に怒りを持つ子どもたち」に関するワークショップに出席する機会があったが、そのときにひらめいた一つの考えは、本章で紹介したニュースの主人公である子どもたちは、みんな心に怒りを持っているのではないかということである。つまり、彼らは、彼らの両親に対して怒り、学校の先生に対して怒り、同級生に対し怒っているのではないかということである。

ワークショップの基調報告者であるトム・カー（Tom Carr）は、スクール・カウンセラーの資格を持っているが、通常は幼稚園児から八年生までの子どもたちの面倒を見ている人物である。彼の著書である『怒りの問題を持つ子どもたち』（Children with Anger Problems）は、彼の経験に基づいてまとめられたものであるといわれている。

トム・カーはその本の中で、「現今の学校」について次のように書いている。「今日、我々は、怒りの問題を持つ子どもたちについて、いろいろな新しい用語を使用している。たとえば、子どもたちは、挑戦的であるとか、神経質であるとか、柔軟性がないとか、爆発的であるとか、ギアの変換が難しいとか、意地の悪い性向を持つとか、注意力欠損・過敏性障害者であるとか、行為障害者であるとか、あるいは反抗的欠損障害者であるといった具合である。」

子どもたちにはいろいろなストレス要因があることは確かである。就学年齢の子どもたちは、就学前の子どもたちが経験するのと同じような多くのストレスによって抑圧されている。両親の間での不愉快な争いや離婚、兄弟喧嘩や兄弟間の争い、入院することを余儀なくさせる深刻な病気や暴力、あるいは暴力を目撃することがそうしたストレス要因の具体的なものである。

そして、いちど子どもたちが学校に入ると、新しい種類のストレス要因がたくさん出てくることになる。学校へ登校することの不安、転校することの不安、いじめ、教師との衝突、強いられた競争、同級生との問題、運動部での挫折、クラスのみんなの前で発表しなければならないこと、不良行為を学ぶこと、宿題を終わらせることができないこと、子どもの学業に関する親の無関心、良い成績を取ることへの親の圧力、年上の兄弟の評判を良しにつけ悪しきにつけ気にしなければならないこと、テストを受けることへの不安、あるいは、優等生になることや討論で勝つことといった特別な評価ですらも、ストレス要因になるのである。お下がりの服や靴に関する自意識や恥じらいすらもそうである。肥満についての友達のからかい、人種や民族性の違い、眼鏡をかけていること、赤毛であること、歯列矯正のための金具をつけていること等もそうである。

厳格で否定的な養育やあるいは手荒い子育てが問題であることもある。厳格で否定的な養育とは、両親が厳格で、威圧的で、体罰や敵意を持った統制を行い、子どもとのコミュニケーションがしばしば不満足なものであることを意味する。心に怒りを持つ子どもたちは、彼等の両親を、暖かみがなく、受容性もなく、自立的な思考を奨励しないような傾向があるという。反抗的な子どもたちは、また、自己評価は最低であり、怒りのレベルは最大なのである。

悲しいことに、子どもたちに極めて大きな影響を与える両親とは、子どもたちに暴力を振るい、虐待をする両親なのである。影響は明らかに早くから現われる。幼稚園児は、彼等が家庭で虐待を受けた場合には、攻撃的になる傾向が倍加するのである。そして、そのダメージは永遠に続くといわれている。虐待されネグレクトされたことが裁判所で確認された子どもたちは、成人した時に、暴力で逮捕される傾向がより強いといわれているのもこのためである。

一貫性のない養育態度が問題であることはいうまでもない。絶えず自分たちの養育態度を変える両親は、子どもたちを混乱に陥らしめ、子どもたちの怒りを生じさせるといわれている。

もちろん、両親の期待が余りにも高すぎる場合も問題である。多くの両親は、自分たちの子どもに対して不公正な期待をかけ過ぎているという責任がある。子どもたちが両親の願望を満足させることができないと認識したとき、子どもたちは、諦め、反抗し、怒りをあらわにする。多くの子どもたちは、自分たちが決して達成することのできない両親の夢を、生き抜くことを期待されているのかもしれないのである。

三　幼い子供たちのストレス要因

以上の他の要因として重要なものに「問題のある隣人」という環境要因がある。いじめ、ギャング、薬物、そして犯罪と関連性を持つ無法な隣人の中で生活している子どもたちは、生きるために無法な態度を取るようになる。「人々が暴力的であり、攻撃的であり、そして反社会的であるかどうかを決定するすべての要素の中で、最も重要な要素は、人々が持っている脳の形や、彼らが子ども時代に虐待された経験があるかどうかではない。最も重要な要件は、地理的条件である」とトム・カーは述べている。「あなたは、あなたの子どもの人生に影響を与えるために、他国に移住するといったような思い切った手段を取る必要はない。たとえば、あなたの子どもの学校を変えるという、ただそれだけのことで、あなたは人生の方向を変えることができるのである。

子どもたちが、多くの賢い子どもがいる学校で、多くのことを学んでいるという事実を知るならば、あなたはそのことに驚かれることであろう。概して、非行率が低いところでは、子どもたちは、隣人とのトラブルに巻き込まれることが少ないのである」と。

幼い子供たちが凶悪な犯罪に至る要因としては、「恐怖・苦悩・敗北」という心理的な要因も大切である。子どもたちはいつも恐怖や不安を持っているといわれている。彼らは特に恐怖に直面したときに爆発する可能性を持っているのである。多くの子どもたちは、また、敗北に対して未解決の苦悩を持っているといわれる。多くの子どもは、五年生になるまでにいくつかの敗北を経験するのが常である。これらの子どもたちは、苦悩のあまりついには怒りの段階にまで達するようになるかも知れないのである。

社会的技術の欠陥が、子供たちが問題を起こす要因の一つであることは言うまでもないであろう。多くの子どもたちは、本来的に重要な社会的技術を教える場ではない学校で生活をしている。彼らは、行儀よく振る舞う方法、忍耐強くあること、順番を待つこと、グループで活動すること、正しいものの尋ね方、あるいは適切な声量の使い方を知らないのである。こうした子どもは、他の者とうまくやっていくことが困難であることを知り、欲求不満を持ち、キレる傾向がある。そして、それらの子どもの多くは共感が欠如しているといわれているのである。彼らの両親は、実際のところは、攻撃を奨励しているのかも知れない。「家庭と学校での期待の違いは、極端に相争うことになるかも知れない」とトム・カーは言う。「たとえば、ある家庭では、抵抗しない子どもには罰が与えられる。しかし、同じ行動が、学校では、その子どもがトラブルに巻き込まれる原因となるのである」と。

非言語的学習障害が問題である子どももいる。学習障害を持つ子どもは、欲求不満をためているので爆発することが多いのである。たとえば、一人の子どもが、数学の問題を解答しようと、何度も何度も挑戦している場面を想定してみるとよいであろう。彼は正解を得ることができずに、ついにはキレてしまうのである。彼は問題用紙を破り捨て、それを床の上に叩き付ける。そして、問題行動を起こすのである。しかしながら、多くの学習障害を持つ子どもは、むしろ、学校では「壊れないでいる」ことに精力を使い果たし、家に帰ったときに精神的に限界をきたし、暴力という手段でそれを吐き出すことになるといわれている。ストレスがその要因であることは疑う余地のないところである。

難しい気質が問題となる子どももいる。子どものうちのある者は、すぐにカッとなり、怒りっぽく、気分屋で、簡単に欲求不満になる人格と気質を持っているといわれている。また、他の子どもは、のんきで、いつも機嫌が良く、いつも喜びを求めているともいわれている。子どもたちは、それぞれに彼等あるいは彼女自身の独得な人格を持っていると考えられるのである。子どもたちのこうした違いは、養育の違いによるものなのであろうか、それとも、ある子どもたちは、たまたまそのように遺伝子的に違って生まれてきたのであろうか。論者によって意見の相違はあるものの、最近の調査では、子どもたちの気質のかなりの部分は、遺伝的に受け継がれたものであるという結論を見出しているようである。

四　心理的・精神的疾患によるストレス要因

子どもの心の怒りを引き起こす要因として知覚統合障害も考えられる。ある子どもは、触覚、動作、組織調整、身体的配置、認知のような様々な知覚体系を統合することに困難性を持っているといわれている。これらの子どもたちは、大きな雑音、明るい光に敏感に反応し、ある服装や生地に過剰に敏感になっていることが多いようである。そして、一見して、日常的な動作に対して、うまく反応することができないきらいがあるのである。

また、言語処理問題に悩みを持つ子どももいる。多くの子どもは、自分の感情をどのように言葉で表すかを会得していない。彼等は、他の子どもに対してキレるかも知れないが、しかし、自分たちの欲求不満を表現するための適切な言葉を見つけることができないのである。そのため、彼らの感情は蓄積され、やがて爆発するのである。

気分障害が原因の子どももいる。ごくわずかの子どもかも知れないが、二極障害を持っていて、精神が極端に抑圧されている子どももいるようである。そして、こうした傾向を持つ子どもの数値は増加している。調査結果の示すところでは、アメリカの子どもたちの間での重大なうつ病の比率は、約二五％にまで増加しているとのことである。多くの抑圧された子どもたちが、キレて、爆発していることが報告されている。

注意欠陥多動性障害（ＡＤＨＤ：Attention Deficit Hyperactivity Disorder）が原因で凶悪な犯罪事件を起こした子どももいる。この注意欠陥多動性障害は、第一義的には、生物学的問題あるいは神経発達問題であるように思われている。これらの子どもたちは、注意力を維持し、注意散漫を選別し、そして、運動神経を規制することに責任を持っている脳の部分において、わずかではあるが異常性を持っているのではないかといわれている。そのような子どもは、容易に欲求不満になり、柔軟性がなく、衝動的で、そして、怒りを統制するのに障害を持っているといわれているのである。

こうした心理的・精神的疾患以外にも、性的・身体的・感情的虐待が非行の原因となっている者もいる。虐待された経験を持つ子どもが、心に怒りの感情を持つことは決して異常なことではない。虐待された子どもに関する調査によれば、そうした子どもは、悪い行為と攻撃性において、常習的な類型を発展させがちであるということが分かっているのである。

以上において見たごとく、幼い子供たちの心の怒りが犯罪や非行に関係があるとするのがポール・タカギ博士とブレンダ・ポンシェ女史の結論である。そして、その怒りの原因は生物学的要因、心理学的要因、精神医学的要因、社会学的要因等と多岐にわたっていることが分かるであろう。

最近、我が国においても「キレる」「ムカック」という言葉に代表されるように、心に怒りを持つ子どもたちの犯罪が増加しつつあることは事実であろう。我が国は銃器が規制されているために、アメリカのような銃器を使った犯罪は多発しないであろうと思うが、それにしても、子どもたちの荒れた心をどう癒すか、ここら辺りで我々は、スクールカウンセラーの問題としてだけでなく、社会全体で、子どもの心の問題をどうするか、真剣に考えてみることが大切なのではなかろうか。

第5章　アメリカ合衆国における死刑と法の支配

本章では、前章に続いて、カリフォルニア大学名誉教授ポール・タカギ博士が二〇〇二年五月一六日に明治大学で、そして五月二七日に中央大学で行った講演内容の概略を紹介してみたいと思う。タカギ教授は、まず、以下のように述べることから講演を始めた。

一　アメリカ合衆国は法治国家か

アメリカ人たちは、その時々において、彼等の国が「法の支配」によって統治されているということを思い起こさせられる。しかしながら、自由と正義の審判者としての法の支配に、それほどの確信を持っていないか、あるいは、常にそうあることに対して、それほど期待していない者もいる。私は日系アメリカ人で、生まれながらにしてアメリカ合衆国国民であるが、一九四二年に、民族性（ethnicity）を理由として、一一万人もの他の日系アメリカ人とともに、五年間にわたり拘禁された。我々はなんらかの犯罪の咎で告発されたわけではなかった。連邦最高裁判所は、我々の拘禁は、「軍事的な必要性」を根拠として正当化されるという決定を、全員一致で行った。約五〇年後、政府が嘘をついていたという証拠が提出されるに至って、この決定はくつがえされた。「軍事的な必要性」などという証拠はどこにもなかったのである。

私が、二〇〇二年一月に、こうした文脈において論文を書いているまさにその時に、アメリカにおいて、中東系の名前を持つ約一〇〇〇人もの容疑者が、単に彼等の「民族性」のみを理由として拘束されているのである。

アメリカ国民でない者は、アメリカ国民と同等の権利を有しないということを根拠として、彼等は、訴追されることなしに拘留され、弁護人との接見や保釈さえをも拒否されたのである。アメリカ合衆国は、基本的人権、並びに、たとえば、ジュネーブ条約といった国際法に違反して、「テロの容疑者」を、アフガニスタンからキューバのグアンタナモ湾にある軍刑務所に移送している。

ヨーロッパにおけるアメリカの同盟国は、この点を厳しく批判する。例えば、ヨーロッパからの意見として、欧州改革センター（Center of European Reform）のグラントは、次のようなコメントを寄せている。

「ヨーロッパが懸念するのは、アメリカが国際法に信頼をよせていないことである。行動の自由を制限する規則、組織あるいは規範に自ら従うことに信頼をよせていないことである。もし我々が拘留者に対して基本的人権や国際法を適用するつもりでないのであれば、道義的になすべきことはテロリズムと戦うことであるといったような主張を、我々はいかにして提示することができるのであろうか」と。

フランスからは、「すでに有罪が推定されている囚人たちは、アメリカの制度的な体制によって付与された、司法上保障されている保護すらも否定されている」とのコメントを寄せている。

イギリスのバーミンガム主教は、ニューヨーク・タイムズ（二〇〇二年一月一四日）において、「テロリズムに対する英米同盟は、世界的な見地からして、その道義的な信頼性を危険にさらしている。最強の国アメリカが、この事例において、検察官であり、裁判官であり、陪審員であり、なお、かつ執行人でもあるということは、なんと教訓的なことではないか」と述べている。

アメリカ合衆国大統領及び彼に任命された高官たちは、拘留者が「テロリスト」であるということだけを理由として、特別措置を採ることを正当化しているのである。

二　究極的な市民的自由の否定

連邦最高裁判所は、一九七二年に、ファーマン対ジョージア判決において死刑を適用違憲であると判断した。連邦最高裁判所は、「州の死刑に関する立法にはいかなる基準もなく、それゆえ、あまりにも多くの裁量の余地を個々の裁判官や陪審員に付与するものである」との見解を明らかにしたのである。

連邦最高裁判所は、このような位置付けを、グレッグ対ジョージア判決（一九七六年）においてくつがえし、五二の法域のうちの四〇の法域において、死刑が再び制定されている。しかし、連邦最高裁判所の決定にもかかわらず、死刑がアメリカ合衆国全体で実施されているわけではない。死刑のない法域は、アラスカ、コロンビア特別区、ハワイ、アイオワ、メイン、マサチューセッツ、ミシガン、ミネソタ、ノースダコタ、ロードアイランド、バーモント、ウエストバージニア、ウィスコンシンの各州である。

このように、重大犯罪により有罪と認定された者が死刑を宣告されるのは、事実審理や有罪判決が行われた州及びカウンティによって左右されるのである。いくつかの州、すなわち、ニューハンプシャー州、ニューヨーク州、ワイオミング州においては、死刑宣告は極めて稀である。コネティカット州では、一九九九年において、死刑囚監房に収容されている者は五人であり、カンザス州ではたったの二人である。南部の州、たとえば、テキサス州では、著しく多くの死刑宣告がなされている。カリフォルニア州では、死刑囚監房の在監者の数が最も多い。

このような州間における不均衡は、死刑の立法が、異なる基準、規則及び実務の寄せ集めであるがゆえに存在するのである。検察官のある者は、死刑判決を求めることに、より熱狂的であるが、それは、彼等が再選をねらって立候補する場合には、特にそうであるといわれている。

二〇〇一年五月現在、死刑囚監房の在監者一〇人を含む二二州の八八人が、ＤＮＡ鑑定の結果、釈放されている。それ以来さらに、二人の死刑囚監房の在監者を含む一一人がＤＮＡ鑑定により釈放されているのである。ノースウェスタン大学ロースクールにある「不当有罪判決センター」(Center on Wrongful Convictions) のロブ・ウォードン (Rob Warden) 所長は、一五年間の拘禁の後に、三人の不当に有罪判決を言い渡された者が釈放されたことに言及した後に、引き続いて、「我々が、これらごくわずかのＤＮＡ鑑定の事例において生じている非常に多くの誤判をみるとき、残りのシステムについて何と言えばいいのであろうか。我々は何人もの無実の人々を処刑し、何百人、何千人もの人々が、行ってもいない犯罪のために、刑務所で苦しんでいるという事実を疑う以外に何もできないのである」(ニューヨーク・タイムズ、二〇〇一年一二月六日) と述べている。

この「不当有罪判決センター」は、最初に、イリノイ州における不当な有罪判決を暴露した。死刑囚監房の在監者を含む多くの不当に有罪判決を言い渡された受刑者の数を心配して、イリノイ州知事のジョージ・ライアン (George Ryan) は、州の死刑の一時停止を決定したのである。

彼は「我々は、我々の制度の下で、死刑に処した者よりもそれ以上の者を釈放した。すなわち、我々は一三人を釈放し、一二人を死刑に処したのである。疑いもなく、我々の制度には欠陥がある。そして、それは調査研究される必要がある」（CNN.com 二〇〇〇年一月三一日）と述べている。

一体何を調べる必要があるというのであろうか。我々は、死刑の宣告をするかどうかについての決定要因は、犯罪事実ではなく、法的な主張内容の質の違いであるということを、複数の調査研究からすでに知っている。簡単に言えば、「自分独自の弁護士を雇うことができる裕福な人々は、行った犯罪がいかに凶悪なものであっても、一般に死刑を免れる。貧困者は、彼等の生命を買うための同様の機会を持たない」ということである。

先に言及したブルース・ゴッドシャーク受刑者の場合、彼はＤＮＡ鑑定のために九、〇〇〇ドルを支払っているのである。彼は運の良いことに母親の死後、遺産を相続したのである。多くの研究は、刑事司法制度の至るところに、人種的偏見が存在することを示している。アメリカ合衆国の死刑囚監房には、常に不相応に多くの黒人、ラテン系アメリカ人及びアメリカ先住民系の人々が収容されている。「人種的な」人物描写、類型化、並びに警察官、検察官、陪審員及び裁判官の間でのむき出しの人種差別については、広く検証されているところである。人種差別はアメリカの歴史、制度並びに国民に深く根づいたものである。

刑事事件の事実審理における公正さと公平さは、あくまでも観念的なものであり、ほとんど達成されてはいないというのが現実である。死刑に関する最新の調査は、コロンビア大学ロースクールの教授であるジェイムズ・リーブマン（James Liebman）によって行われた。その調査では「死刑制度は不公平さと不完全さに満ち溢れている。刑事司法プロセスのあらゆる段階において、警告すべき頻度において、深刻な誤りが生じている」ということが示されている。

リーブマンは、上訴審において審査された死刑宣告事件のうち、三件に二件の割合で、その決定がくつがえされていることを見出している。これらは、少なくとも、何らかのミスが見つかった事例である。残りの事例の何パーセントが誤りであるのかは誰も分からないことなのである。

ある者の個人的な行動基準が、刑事司法プロセスのそれぞれの段階において影響を及ぼすという仮説は、リーブマンの研究によって支持されることとなった。データが入手できた限りでは、上訴段階における破棄判決の四分の三は、「弁護人がとんでもなく無能であったか、警察及び検察官が無罪を証明する証拠を隠していたか、もしくは、他の職務上の違反行為を行っていたか、陪審員が法律について間違って知らされていたか、または、裁判官及び陪審員が予断を抱いていたか」によるものであった。貧困者もしくは有色人種は、この野蛮な実務の被害者なのである。

リーブマンは、「死刑を修復する機は熟した。もし、修復しないのであれば、廃止すべきである」と書いている。本質的に信念と価値と規範に深く根づいている制度を、我々はどのようにすれば修復することができるというのであろうか。

我々は企業利益優先型の政治家やあるいは連邦最高裁判所のリーダーシップに依拠することはできない。というのも、彼等の選挙や任命は、彼等の選挙や在職権を確実なものにする強力な企業的利益に基づくと同様に、最低限の基準を満たすことだけを訴えかけるという事実に基づいているからである。

アメリカ合衆国大統領であるジョージ・ブッシュ（George Bush）は、南部バプティストの右派及び連邦最高裁判所の大多数の保守的な人たちに、恩を受けていることは周知の事実である。ブッシュ大統領の後ろ盾であるチェイニー副大統領とエンロン社との結びつきは、また、「法の支配」の偽善ぶりを例証するものである。

我々はどのようにすれば死刑を廃止することができるのであろうか。リーブマンはこの点に関しては沈黙したままである。我々はすぐにでも死刑廃止のプロセスに着手することができるのではないかと私は思う。ウェイン・アンダスン（Wayne Anderson）死刑囚は、カリフォルニア州のサン・クウェンティン刑務所において、二〇〇二年一月二九日に処刑された。彼の連邦公設弁護人であるマーガット・ロスコニー（Margot Rosconi）は、郵便で二つの結果についての知らせを受けた。すなわち、アンダスン死刑囚の遺骨と彼の死亡診断書である。死因について、マリン・カウンティの検屍官は、「殺人」の隣の枠に印をつけ、その隣に「正当な殺人」と書き記した。ロスコニー弁護士は、「だから、私が皆さんに言っているとおり、我々は人殺しの証人となったのです」（サンフランシスコ・クロニクル、二〇〇二年二月一〇日、A二頁）と答えている。

死刑の事例について無遠慮に言わせてもらうとするならば、法廷における「演技者」（players）たちは、殺人を行うことを求めているのである。リーブマンは、上訴段階における破棄判決の七五％は、無能な弁護人、警察及び検察官による違反行為、並びに裁判官及び陪審員の間における予断と偏見によるものであると報告している。

不当に有罪判決を言い渡された受刑者は、当然のことながら、損害賠償として、何千ドルか何万ドルかの金額を受給する。しかし、今こそ「法の支配」の名の下に、他人の生命を奪う実務を廃止する時である。連邦大陪審は、リーブマンの事例、すなわち、イリノイ州においてロブ・ウォードンとその学生によって調査された不当な有罪判決の事例を、同様に不当な有罪判決であると証明されているその他の事例と照らし合わせて、徹底的に追及する必要がある。連邦大陪審は、死刑問題に関り合いを持つ必要がある。すなわち、連邦大陪審は、警察官、弁護人、検察官、裁判官、及び陪審員等を、殺人を行う意思に基づく市民的権利の違反の咎で提訴する必要があるのである。

リーブマンによって言及された違反行為は、計画的で、組織的で、意図的なものである。警察官のある者が、「法の外観のもとに」（under the color of law：法に基づく権限を欠くのに、法に基づく行為であるかのような外観のもとになされた行為のこと。州法に従っているかの外観で権限を濫用して市民の権利を侵害した場合には、処罰の対象となる）犯罪を行ったという咎で有罪判決を言い渡されているように、死刑の事例において、法廷で行われていることも、同様に、また、「法の外観」による犯罪の実行にほかならないのである。

アメリカ合衆国全土のあちこちにおいて、誤った裁判に関与した関係者に対する殺人未遂の罪名による起訴状を、大陪審に数通提出することが、死刑を科す実務に終止符を打つ、何よりの有効な施策であるように私には思われる。

三　今後の課題

二〇〇二年二月、私が「アメリカ合衆国における死刑と法の支配」についての講義概要を書き始めた頃、南部の一つの州、フロリダ州で、やってもいない犯罪で一八年間死刑囚監房につながれていたジュアン・ロベルト・メイレンデイス（Juan Roberto Melendez）死刑囚が、二〇〇二年一月三日に釈放された。免責（免罪）を決定することにおいて全米では群を抜いているフロリダ州で、彼は、死刑囚監房から釈放された二二番目の囚人となったのである。

私が三月の終わりに講義概要を書き上げて、翻訳と内容の検討のために本書の著者である藤本哲也に草稿を送付した直後の二〇〇二年四月一〇日、一〇〇番目の囚人が、アリゾナ州において、死刑囚監房から釈放されている。レイ・クロン（Ray Krone）死刑囚、四四歳は、ＤＮＡ検査の結果、一〇年の刑務所拘禁の後に免責されているのである。クロン死刑囚の刑務所からの釈放は、全米で最も影響力のある新聞による「モーニングコール」のようなものであった。

「死は様々である」（Death is different）というのが、二〇〇二年四月一〇日のニューヨーク・タイムズの社説の見出しである。社説は、以下のような痛烈なコメントでもって、刑事司法システムを批判している。「刑事司法システムの悲しい現実は、余りにも多くの事例において、被告人がいいかげんな証拠によって有罪とされていることである。陪審員はたった一人の証人の証言だけで有罪を宣告する。裁判所は、裁判において、極めて疑わしい性質の証拠を承認して、被告人を刑務所へあるいは死刑へと駆り立てる。それと同じ基盤において、連邦最高裁判所は、その判決において、死刑の公平性については何らの関心もないかのようである。」

ワシントン・ポストは、そのウィークリー版において、社説の見出しを「一〇〇にも及ぶ死刑判決の誤り」（100 Death Penalty Errors）と題している。社説は、刑事司法システムについての驚くべき告発である。こうした誤判は、被告人が死刑に処せられる前に発見されるか訂正されたもののみである。どれくらいの死刑判決において無実の者が処刑されたかは、神ならぬ身の預かり知らぬところである。もし他に取りたてて理由がないのであれば、死刑は廃止されるべきである。

二〇〇二年四月一五日、イリノイ州のライアン州知事によって設置された死刑検討委員会は、州における死刑制度の徹底的な検証と並んで、死刑そのものの廃止を勧告している。我々は、州の立法府によって、数々の提言が行動に移されるまでは、最終的な成果については待たなければならないであろう。

私が、この原稿を書いている二〇〇二年四月二四日現在、今朝の新聞各紙は、ニューヨーク市で、もう一つの誤判事件のために、ヘクター・ゴンザレス（Hector Gonzalez）受刑者が釈放されたという事実を報じている。現在、二五歳のゴンザレスは、殺人のかどで有罪判決を受け六年間服役していたが、DNA検査の結果、彼を有罪へと導く証拠として採用された血液のサンプルは、実は彼の血液ではなかったことが明らかにされたのである（ニューヨーク・タイムズ、二〇〇二年四月二四日）。

アメリカの刑事司法制度は重大な欠陥があるということを証明するのに充分な証拠がある。アメリカの刑事司法制度は、一度破壊し、再建されるべきである。私が、この講義の初めにおいて論じておいたごとく、「法の支配」というスローガンは、アメリカ国内のみならず、世界中の至る所で、アメリカという国の市民権や人権の侵害を覆い隠しているのである。

四　ポール・タカギ博士の略歴

今回来日して集中講義をして頂いたポール・タカギ博士は、カリフォルニア州オーバーン生まれの日系二世である。カリフォルニア大学バークレー校心理学部を卒業後、一九六三年にスタンフォード大学大学院で社会学修士号を、一九六七年には同大学院で社会学博士号を取得している。ヘイワード州立大学社会学部助教授を経て、カリフォルニア大学バークレー校の準教授、正教授となり、副学部長を務めている。アジア人として初めての専任教授であり、カリフォルニア州矯正局において、プロベーション・オフィサー、パロール・オフィサー、矯正局研究部調査研究官、調査監査官等の実務経験もある。一九八〇年には、アメリカ犯罪学会において顕著な貢献をした者のみに与えられるポール・タッパン賞を受賞している。縁あってタカギ博士の門下生としてアメリカで学び、犯罪学博士の称号を頂いた者として、その学恩にただただ感謝するのみである。今回の来日で、「哲也、最終講義をさせてくれて有り難う」と言われた恩師の言葉が、今も耳元に残っている。

第6章　アメリカ合衆国の死刑再考

二〇〇三年一月一三日の朝日新聞によると、「米イリノイ州のライアン知事（共和党）は一一日、死刑制度の不備や誤審の恐れなどを理由に、同州内のすべての死刑囚一六七人を一括して終身刑などに減刑すると発表した」とのことである。

ライアン州知事は、死刑による犯罪抑止が持論だったが、ノースウェスタン大学の学生が一七年間獄中にいた一人の死刑囚の裁判記録を調べ、無実の証拠を見つけたのを契機として、イリノイ州囚人審査委員会に他の死刑囚の調査を指示、一三人の判決が不当だったとの報告を受けていた。ライアン州知事は一月一〇日にも、四人の死刑囚に対して「拷問によって強要された自白を根拠に判決を受けた」として、特赦の措置を取っている。今回の全死刑囚一六七人の減刑措置と並んで、アメリカでは前例のない大規模な減刑判断であるがために、改めて死刑制度の存在理由が問われるものと思われる。

本章では、この新聞記事を受けて、アメリカでの死刑問題を再考してみたいと思う。

一　死刑存廃論の根拠

大部分のアメリカ人は死刑を支持するとはいえ、最近の世論調査では、いくらかの減少傾向が見られはじめている。二〇〇〇年六月のギャラップ世論調査によれば、死刑に対する国民の支持は、一九九四年以来、八〇%から六六%に下落している。この支持率の低下は、死刑を取り巻く道徳的、倫理的および人種的な不均衡の問題に対する不信感の増大に起因するものである。一九七二年、この年はアメリカで最も著名な死刑判決事例であるファーマン対ジョージア事件が連邦最高裁に上程された年であるが、この時に明らかになったように、死刑問題は、再び白熱を帯びて議論されるようになり、対立を激化させ、国際的な論争を呼び起こし、道義心をかき立てている。アメリカでは計り知れない数多くの要因が、この究極的な犯罪に対する究極的な刑罰である死刑について、哲学的な関心を喚起しているようにさえ思われるのである。

従来、死刑存置を支持する側は、以下のような理由により、死刑は存続されるべきであると主張する。すなわち、①死刑制度は、社会に均衡をもたらすことを可能にするものである、②死刑制度は、復讐に対する国民の要求を満たすものである、③死刑制度は、凶悪な犯罪に対する応報として役立つものである、④死刑制度は、犯罪者を無害化するものである、⑤死刑制度は、謀殺者に対して、彼等が受けるに値するものを与えるものである、⑥死刑制度は、正義が行われることを可能にするものである等の理由である。

一方、死刑廃止を支持する側は、以下のような理由により、死刑は廃止されるべきであると主張する。すなわち、①死刑制度は、先祖返り的であり、野蛮であり、文明社会の価値観に反するものである、②死刑制度は、非人道的であり、生命の尊厳に反するものである、③死刑制度は、不規則に執り行われるものであり、時として最も非難すべき殺人者が執行を逃れる可能性のあるものである、④死刑制度は、道徳的に不正義なものである、⑤死刑制度は、国民の要求に対する名ばかりの慰撫である、⑥死刑制度は、人殺しに対して人殺しで応えることである、⑦死刑制度は、抑止策としては効果的ではない、⑧死刑制度は、時として無辜の者が執行される可能性のあるものである等の理由がそれである。

二　死刑の歴史と死刑執行方法

歴史的にみれば、死刑はどのような形であったにせよ、常に我々人類の歴史と共にあった。古代においては、死刑は政治体制を脅かす急進的な考えを吹聴する者に対して科せられた。イエス・キリストとソクラテスの場合がその適例である。イエス・キリストは、彼自身を「ユダヤ人の王」であると宣言した咎で磔にされ、ソクラテスは、若者を堕落させるような考えを伝えたということで、毒ニンジンから採った毒薬を飲むことを強いられたのである。

死刑は、アメリカの歴史のあらゆる過程において存在し、常に司法制度の中心的存在であった。一六〇五年、ジョージ・ケンドゥル（George Kendall）は、バージニア州ジェームズタウンにおいて、最初に死刑を執行された成人となった。彼はスペインのスパイであったということで死刑を執行されたのである。一六三二年に、ジエイン・チャンピオン（Jane Champion）は、新しい植民地において処刑された最初の女性となった。一般に知られている一〇代の少年に対する死刑執行は、一六四二年に、マサチューセッツ州で行われている。彼は獣姦の罪により、絞首刑に処せられたのである。過去一〇〇年間において、死刑を執行された最も若い犯罪者は、ジョージ・スタイニー（George Stinney）という名前の一四歳の少年であったが、彼はサウス・キャロライナ州で、二人の少女を殺しているのである。彼が処刑されたのは、一九四四年六月一六日であった。

一九九四年に成立した「暴力犯罪の統制および法執行に関する法律」（Violent Crime Control and Law Enforcement Act of 1994）にしたがって、各州は、以下の五つの方法によって死刑を執行することができるのである。すなわち、電気椅子刑（electrocution）、銃殺刑（firing squad）、絞首刑（hanging）、毒ガス刑（lethal gas）、致死薬注射刑（lethal injection）の五つである。デラウェア州、ニューハンプシャー州及びワシントン州では、絞首刑を今なお是認している。アイダホ州、オクラホマ州及びユタ州においては、銃殺刑を用いることが可能である。残りの州は、電気椅子刑、毒ガス刑、致死薬注射刑のいずれかである。

一八九〇年に、ニューヨーク州の殺人犯であったウィリアム・ケムラー（William Kemmler）は、新たに発明された電気椅子で処刑された最初のアメリカ人となった。彼は電気椅子の使用は残酷かつ異常な刑罰を構成すると主張したが、彼の主張は却下された。毒ガス刑及び致死薬注射刑は、ネバタ州で一九二〇年代に、オクラホマ州で一九七七年に、それぞれ最初に用いられた。

アメリカは、西洋の民主主義世界の中で、死刑を廃止していない唯一の国である。ほとんどすべての他の国は、死刑を廃止するか、もしくは厳しく制限している。さらに、アメリカだけが、死刑執行方法として唯一電気椅子を用いている国である。アムネスティ・インターナショナルUSAによれば、アメリカは、一九七七年以降、世界で犯行時に一八歳未満の少年に対して死刑を執行している唯一の国である。

アメリカでは、二〇世紀において、死刑を執行された人員数の著しい増加がみられた。「クライム・マガジン」(Crime Magazine) によれば、一九三〇年以来、四、四五七人が処刑されている。したがって、一九九九年は、約半世紀の間で、死刑囚監房において最も生命が奪われた年であった。九六人の死刑囚が死刑を執行されたのであるが、一九三〇年以降において、死刑執行が最も多かったのは一九五一年の一〇五人であるから、一九九九年はこれに次ぐ数である。死刑執行に対する一時停止命令がないならば、これからの三、四年のうちに、死刑執行数は年間一九〇人くらいになるであろうと、社会科学者たちは見積もっているのである。

三　死刑に対する反対論

結果として、死刑に対しては、国際的および国内的な反対論がますます増加している。ローマ法王ヨハネ・パウロ二世は、アメリカを、「死の文化」(culture of death) に帰依していると厳しく非難した。イタリアのファッション界の巨匠ベネトンは、「死を宣告された」(Sentenced to Death!) という言葉を書き込んで、カメラを凝視している、囚人服を着た死刑囚監房の在監者たちを、世界的規模で宣伝している掲示板に掲示をすることで、死刑に反対する意向を明らかにしている。

国連人権委員会 (United Nations Human Rights Commission) は、世界的規模での死刑の一時停止を推進する決議案を採択している。国家権力に基づく死刑執行は、道徳的な悪影響をもたらすおそれがあるので、アメリカにおいては、州及び連邦レベルでの死刑の一時停止に対する要求があるのである。異宗教間組織である、ドン・キホーテ・センターによれば、アメリカ国内で、六五〇以上の組織と多数の個人が、死刑の一時停止の支持者として名簿に名前を連ねているとのことである。

少なくとも二つのことが、アメリカ人に対して、死刑の支持を再考させる要因となっている。一つは、死刑執行の失敗の件数である。たとえば、フロリダ州では、三件の死刑執行が失敗し、恐ろしい事故へと発展している。もう一つの要因は、無実が認められたがために、死刑囚監房から釈放された人々の数である。一九七三年以降、八五人以上の者が事実審理における誤判か、もしくは無実を証明する証拠の発見のいずれかにより、自由の身となっているからである。何人かの何の罪咎のない者が、死刑を執行されているということは、ほぼ間違いない事実である。誤った死刑執行から無辜の者を守るために、死刑関連法をもつ州の立法府の多くは、死刑執行の一時停止を要求しているが、そのことによって、何がこれほどまでに恐ろしい不正義を招く結果になったかを確かめるための絶好の機会を提供し、死刑制度の再検討を迫ることになるであろうと思われる。

冒頭で紹介した、イリノイ州知事であるジョージ・ライアン（George Ryan）は、知事就任後の二〇〇〇年一月、一三人の無辜の者がすんでのところで死刑を執行されるところであったと述べ、刑事司法制度には「致命的な欠陥がある」との声明を発表し、イリノイ州における死刑執行業務を完全に停止させたことによって、国内及び国外から絶大な賞賛を浴びたのである。結果的に、彼はイリノイ州における死刑執行方法の調査及び改善のために必要な処置を検討するよう要請したのであるが、全死刑囚減刑の判断は、ライアン州知事が三年間考え抜いた末の結論である。ライアン州知事の任期の終了日が一月一三日であったことから、「駆け込み特赦」との批判もあることは、新聞の報じる通りである。

同様に、クリントン大統領の側近であるフィリップ・ウェガマン（Rev. Phillip Wagaman）牧師も、死刑制度の再検討を要求している。彼が懸念するのは、無辜の者に死刑が宣告されていることと、死刑の言い渡しには人種的な偏りがみられるということである。

四　誤判の可能性と人種的偏見

一九八二年に、「スタンダード・ロー・レビュー」(Standard Law Review) に掲載された論文では、三五〇の死刑事例の有罪認定について検証がなされているが、これらのすべての事例が、後に、有罪を認定された者が実際には犯罪を行っていなかったことが証明されたとのことである。連邦議会の小委員会の報告書も、同様の結論に達している。長年にわたる調査により明らかになったことは、社会的地位が、死刑を宣告されるかされないかの重要な決定要因であるということである。

現在、死刑囚監房に収容されている死刑囚の四五％以上の者が、アフリカ系アメリカ人か、もしくはラテン系アメリカ人である。五三％の者が白人であり、二％の者がアジア系アメリカ人である。九八％の検察官が白人で、死刑を求刑する傾向が強いといわれている。このように、死刑は不相応に多く少数民族に科されているといった点において、本質的に人種主義に基づくものであり、人種差別的であると、死刑反対論者は主張するのである。一九八八年のフィラデルフィアにおける死刑についての調査では、アフリカ系アメリカ人の被告人は、同一の犯罪で起訴された白人に比べて、ほぼ四倍の確率で死刑判決を受けることが見出されている。さらに、死刑囚監房にいる在監者の多くが、複雑な法律的知識がほとんどないか、もしくはまったく法律の素養すらもない、死刑事件の弁護に関してはかなりレベルの低い、廉価な弁護士によって、代理人が務められているという事実を見出している。

死刑を存置することへの最大の理論的根拠は、死刑が犯罪を抑止する手段として役に立つかどうかにかかわっていた。しかしながら、長年にわたる研究にもかかわらず、社会科学の分野においては、この主張を裏付ける何らの証拠も発見してはいないのである。また、残念なことに、このような調査結果については、国民からは何らの反響もないのである。法律学者によれば、アメリカ人は、罪を犯した者だけがこの究極的な制裁を受けるという確信を担保することを条件として、死刑を支持し続けるであろうとのことである。

五　死刑制度とＤＮＡ鑑定

無辜の者が、死刑に処せられる危険性を削減するためには、選択可能な解決法が二つ存在するといわれている。第一は、最低二年間の死刑執行の一時停止を認める法律を制定することである。それにより、すべての死刑囚監房の在監者は、有能な弁護士によって彼等の事件を再検討してもらう機会が付与されるであろう。第二は、この一時停止の期間のあいだに、すべての死刑囚監房の在監者に対して、自分自身の無実を晴らすための手段として、ＤＮＡ検査が保証されるべきである。

裁判所において、この先進的なＤＮＡの検査技術を受け入れることは、不当な死刑執行に対する強力な防衛手段であると考えられる。ＤＮＡの検査技術は、科学者が、血液もしくは頭髪のようなサンプルを分析し、個人に特有のプロフィールを作り出すことを可能にするものである。新たなミトコンドリアＤＮＡ法は、被害者から発見された体液等のサンプルを検査することによって、有罪の疑いを晴らすかもしれないのである。

このようなＤＮＡの検査技術を用いて、ＦＢＩは、最近、一〇〇人の受刑者の検査を実行した。そのうちの三三人――彼等はすでに裁判で証人訊問と血液鑑定によって犯人であると確認されていたのだが――は、ＤＮ

A検査により無実であることが判明したのである。死刑反対論者は、すぐにでも、すでに死刑が執行された何人かの死刑囚監房の在監者の無実を証明するために、死後検査もしくは検死解剖検査を要求する用意があるということも報じられている。

また、これはあまり議論されていないことではあるが、死刑の公平性、道徳性及び合憲性が議論される一方で、矯正職員は、安全を担保し、処遇の機会を、死刑囚監房の在監者に対しても提供する道義的な義務が存在するということも指摘されている。死刑囚監房の在監者にとっては、このことは、死刑囚のための付随的なサービスを享受する権利の保障を意味するであろうし、彼等の上訴手続を支援するための法的援助の必要性をも担保するものであるといえよう。しかしながら、このようなサービスの提供は、死刑囚の将来の不確実性ゆえに、在監者及び矯正職員の双方にとって困難な側面があることも指摘されている。

今回のイリノイ州ライアン知事の減刑判断は、アメリカの死刑制度そのものに疑問を提起すると同時に、死刑囚の処遇に至るまでの死刑制度にまつわるあらゆる問題に波紋を投げかけている。ライアン州知事の決断が、全米に約三、五〇〇人いるといわれるアメリカの死刑囚の運命を左右する大きな契機となりそうなことだけは確かである。

第7章　バルジャー事件とその後

二〇〇三年七月一日に、長崎で起こった四歳の幼児に対する誘拐殺害事件の犯人が一二歳の少年であったことが明らかとなり、一九九七年の神戸児童連続殺傷事件との関連で、マスメディアを賑わせた。しかし、こうした凶悪な犯罪の低年齢化現象は、我が国だけの問題ではない。アメリカでも一四歳未満の殺人事件としては、一九八八年三月、アーカンソー州ジョーンズボロで、一三歳のミッチェル・ジョンソンと一一歳のアンドリュー・ゴールデンが、同じ学校に通う生徒に発砲し、生徒四人と教師一人を死亡させた事件が発生している。また、イギリスでは、一九九三年二月に、一〇歳の二人の少年による二歳の幼児殺害事件が発生した。これがあの有名なバルジャー事件である。本章では、このイギリスで発生したバルジャー事件の全貌とその後の成り行きについて紹介してみたいと思う。我が国の触法少年の犯罪に対する取扱いとは大いに異なるところがあることが理解できるであろうと思うからである。

一　事件の概要

一九九三年二月一二日の午後三時三九分、マージサイド州の州都リバプールのブートル・ストランド街ショッピングセンターに設置されている一台の監視カメラが、一〇歳の少年であるロバート・トンプソンとジョン・ベナブルの二人が、二歳のジェームズ・バルジャー君を連れて、肉屋の車道側の通りを歩いているのを撮影していた。また、バルジャー君を連れた二人組が、ストランド街を去って行くところを、CCTVカメラが捉えていた。そこから、彼らは、二・五マイルほど歩いて、線路まで行っている。

この二人の少年は、そこでバルジャー君に暴行を加え、乱打し、頭から突き落とし、煉瓦を投げつけ、目の中に塗料を注ぎ込み、鉄の棒で叩き、線路の上に置去りにした。その結果、バルジャー君の身体は、貨物列車によって、まっぷたつに切断されているのである。

裁判では、この二人の少年は、バルジャー君を性的に虐待したと陳述している。

二　刑事法院における審理とヨーロッパ人権委員会

多くのヨーロッパの国々では、このような幼い子どもたちの事件は、刑事責任年齢に満たないということが考慮に入れられて、保護手続によって取り扱われるのが一般的である。しかしながら、イギリスにおいては、殺人のような重大な犯罪をした一〇歳以上の少年は、成人の刑事裁判所、すなわち、刑事法院（Crown Court）において審理されるのである。

一九九三年一一月、ロバート・トンプソンとジョン・ベナブルは、裁判の時点で一一歳になっていたが、プレストン刑事法院において審理が行われた。あるタブロイド紙などは、激昂した状態で、トンプソンとベナブルの二人を、ミラ・ヒンドリーとサダム・フセインに例える始末であった。トンプソンとベナブルは、絶えず激怒した群集による酷評を受け続けた。「彼らを殺せ！縛り首にしろ！」との叫びや、囚人護送車に向かって石を投げつけるといったような行為にまで及んだ。担当裁判官は、トンプソンとベナブルが、わずか一一歳であるというその年齢にもかかわらず、彼らの名前を公表しても構わないという判断をくだした。二人の少年の両親は、住んでいた家から追い出され、他の地域に強制的に移住させられ、名前も変えさせられたのである。

トンプソンとベナブルの二人は、公開の法廷で、陪審員による審理に服したが、その法廷は、敵意のある見物人や世界中のマスメディアによって埋め尽くされていた。裁判官や弁護人は、二人の幼い被告人に配慮して、かつらを外すなどいくつかの譲歩をみせた。被告席は子どもたちに合わせて高くなっており、それは、当該少年たちに、何が行われているのかを確認させるという意図からのものであった。

しかしながら、こうした配慮は子どもたちにとって不快感を募らせる結果となった。なぜならば、当該少年たちの席は、床に足がつかないような高い位置に設定されていたからである。そのため、彼ら少年は、ことさらに報道関係者や聴衆の凝視に晒されているように感じたのである。

ヨーロッパ人権裁判所は、後に、以下のような判定をくだしている。すなわち、「少年たちは、審理そのものが、苦しめるためのもの、あるいは恐れさせるためのものであるという認識をもつに至っており、そのような審理は、たとえいかに彼らの未熟さに注意を払っていたとしても、その心情をかき乱すものであり、そのような状況下では、子どもたちは弁護人と協働することができず、また、弁護を確かなものとするための情報を与えることもできない」と。

結局のところ、トンプソンとベナブルの二人の少年は有罪であると評決された。少年の名前を公表することを決定することで過ちを犯した担当裁判官である、モーランド裁判官は、少年たちは悪者であるという見解を表明し、そのことによって、タブロイド紙による憎悪に基づくキャンペーンを強化する結果となったのである。モーランド裁判官は、少年たちが最低八年間の刑期を務めることを条件とした終身刑を言い渡した。この判決は、高等法院の王座部長官であるテイラー裁判官によって一〇年に引き上げられた。そして、当時内務大臣であったマイケル・ハワードは、報道機関によるキャンペーンに反応する形において、仮釈放期間を一五年に引き上げたのである。最高司法機関としてのイギリス上院で裁判にあたるために任命され、終身貴族に列せられる法官議員（Law Lords：正式職名は常任控訴裁判官）は、後に以下のように裁決している。すなわち、内務大臣であったハワードが、マスメディアからの圧力に応える形において、少年の仮釈放期間を引き上げたことは、非合法的に行動したものと認定せざるを得ない、と。

一九九九年三月一五日、ヨーロッパ人権委員会は、以下のような結論をくだした。ジェームズ・バルジャー君を殺した犯人に関する審理は、非常に感情的な雰囲気において行われたものであり、その雰囲気が不当な判決をするに至らせたのである。ヨーロッパ人権委員会は、一四対五票でもって、審理の公正性に関するヨーロッパ人権規約第六条の違反があったものと判断する。

そして、一九九九年一二月一六日、ヨーロッパ人権裁判所は、ヨーロッパ人権委員会がくだした結論に同意し、一七人の裁判官は、少年たちが公正な審理を受けなかったと判定したのである。

三　少年たちの家庭環境と人物像

一九九三年にまで遡ってみると、ロバート・トンプソンとジョン・ベナブルは、何千もの他の都心部に住む賃金労働者の子どもたちとたいして変わっていなかったように思われる。殺人の罪で、毎日六〇人以上もの地元の少年を逮捕する責任者である上級警察官の言うところによると、これら多くの地元の少年の方が、本事件の二人の少年よりも、より多くのダメージを受けており、より重大な暴力犯罪を行う可能性があるように思われるとのことである。

もちろん、そうはいっても、この二人の少年は、両名とも、問題のある家庭の出身である。ロバート・トンプソンは、六人兄弟の五番目の子どもであり、彼等の暴力的な父親は、突然別の女性と家を飛び出している。彼の母親であるアンは、彼女自身、幼児期に暴力を受けていた被害者であり、ひどいアルコール中毒者であった。ロバートの上の二人の兄弟は養護施設に入れられており、一人は自殺未遂を図っている。いかなる観点からしても、ロバートの家族の構成員は、家族の危機に直面していたのである。

ジョン・ベナブルの両親も、また、離婚しており、その離婚の原因は、もしかすると、学習困難な二人の子どもを持ったことによる重圧によるのかもしれないのである。ジョン自身は、弟や妹に比べると、親からほとんど関心を抱かれていないと感じていた。ジョンは学校でいじめを受けており、自分自身を傷つけたり、衣服を切り裂いたり、壁から作品を引き剥がすといった非常に他人迷惑な行動をし始めていた。ジョンが他の少年を物差しでもって絞め殺そうとしたとき、ジョンのためにすることができる最善の方法は、ジョンを他の学校に転校させることであったのである。

ジョン・ベナブルは、その転校先で一人の友人ができた。その友人も、また、アウトサイダーで、成績の良くない生徒として、学年も一年遅れであった。それがロバート・トンプソンだったのである。

最終学期には、トンプソンとベナブルは、ともに、学期の三分の一以上もの間、ずる休みをした。彼等二人は、乱暴をふるい、店から物を盗んだりした。トンプソンは、ときどき、一晩中うろつき、鉄道線路の側にある秘密の隠れ家に泊まった。その場所は大人のいる場所から完全に隔離されており、トンプソンをだめな人間にするのに充分な場所であった。イギリスのような社会福祉制度が完備している国において、福祉制度が機能したのが、トンプソンとベナブルが殺人事件を起こした後になってからのことであるということを知ることは、極めて皮肉なことである。

年齢的にとても小さい二人の少年であるにもかかわらず、事件を熟知している関係者の多くは、ロバート・トンプソンが殺人事件の主導者であると信じていた。トンプソンは、審理の間中、「決して泣かなかった子ども」として知られるようになった。なぜなら、トンプソンは、平然と後ろを振り返り、報道関係者の席から彼をじっと見つめている人々を、睨み返していたからである。

トンプソンは、自分の靴の上に血が付着しているのが発見されたり、ベナブルの自白があったのにもかかわらず、殺人に関するいかなる責任も受け入れることを拒絶した。彼は少しも自責の念を示さず、うろたえた子どもとして反応するという、世間の期待をも裏切った。うろたえた子どもとして行動することは、報道関係者が、通常、性犯罪者やアダルト・チルドレン（親に虐待されたり、愛情に縛られたりしながら、見捨てられまいと良い子になろうとする子どもたちのこと）による殺人に対して抱いているイメージで、彼等が軽蔑と嫌悪でもってトンプソンを取り扱い、トンプソンを悪の化身として描くという、彼等の期待を裏切るものであったからである。一方、ジョン・ベナブルは、殺人に関与したことを自白し、三週間の審理の間中、絶え間なく泣いており、自分が申し訳ないことをしたと思っているということを、被害者の母親に、どなたでもいいから告げて欲しいと嘆願しているのである。

四　少年たちに対する処遇

殺人の罪で有罪であると評決されたとき、二人の少年たちは、まだ、たったの一一歳であった。二人の少年たちは、刑事上の非難を受ける年齢になったばかりであったという事実にもかかわらず、タブロイド紙は刑罰を要求し、少年たちは、青少年犯罪者センター（Young Offenders Centers）に送られるべきであると主張した。青少年犯罪者センターは、刑務所のような施設である。

少年たちの年齢を理由として、少年たちは、結局のところ、セキュリティ・ユニットに収容された。このセキュリティ・ユニットへの収容目的は、あくまでも福祉処分であり刑罰ではないのである。少年たちは、別々のセキュリティ・ユニットに収容され、プレストン刑事法院以来、お互いの接触は許されていない。

イングランドとウェールズにおいては、二四のセキュリティ・ユニットがあるが、それらは地方自治体によって運営されている。そこでは約三〇〇人の最も悪質な少年犯罪者を収容しており、その少年犯罪者の多くが、他者に対して危険であるというよりも、自分自身に危害を加える危険性が大きい者たちである。セキュリティ・ユニットの目的は、少年たちを罰することではなく、無事に社会に再統合するための準備をすることである。

刑務所制度とは異なり、セキュリティ・ユニットには、最も扱いにくく面倒な青少年をいかに取り扱うかということについての優れた手本が存在する。そこには、コンピュータやゲームボーイが完備した快適な部屋がある。施設のなかには、スイミング・プールやジムがあるところもある。教育は、全日制であり、一対四の割合での少人数教育で、集中的なものとなっている。そこには介護士が常駐し、必要な場合には精神医学的な援助も可能である。施設の費用は極めて高額である。一年間に一人の子どもにかかる費用は、一五万ポンドから二五万ポンドであり、施設によっては、二二万五、〇〇〇ポンドから三七万五、〇〇〇ポンドに及ぶところもあるとのことである。

真面目に対処することを拒絶する者は、セキュリティ・ユニットよりはもっと刑務所のような管理体制下にある青少年犯罪者施設に送られることになる。しかし、反対に、積極的に対処した者には褒賞が与えられる。その褒賞とは、一定額の小遣い銭であり、誕生日やクリスマスに使うための現金である。この現金の支給には批判もあるが、それよりも議論の余地があるのは、セキュリティ・ユニットのシステムそのものに対してである。つまり、少年犯罪者を監禁することによって、結局は、少年犯罪者を罰しているのではないかという疑問である。

ロバート・トンプソンは、この施設に非常にうまく適応したので、一定の監督のもとにおいてではあるが、一週間に一度外出することが認められ、その優遇処置は何年も続いた。

調査が示すところによれば、暴力犯罪をした多くの少年たちは、彼等自身が身体的もしくは心理的虐待の被害者であることが多い。施設に入所してから、そのような少年たちは、初めて組織とか、保護とか、整合性とか、紀律とかいったことに出くわすことになる。そのことが少年たちの自尊心を築き上げることになり、そして、その自尊心が有効に作用するようになるのである。セキュリティ・ユニットから釈放された者の再犯率は、青少年犯罪者センターから釈放された者よりも低いことが分かっている。しかし、このセキュリティ・ユニットの再犯率の低さは、政府によって納められた成功ではないのである。「犯罪に対する強硬策」を公的に取り付けた政府は、自分たちが勝ち取った成果であると言うかもしれないが、実は決してそうではないことに留意することが必要である。

五　少年たちの処遇の成果

ロバート・トンプソンは、施設に収容された最初の二年間は、口頭による脅しや罵倒を浴びせるなどの乱れた行動を取っていたが、その後落ち着きを示し、多くの時間をコンピュータや施設職員が動物や鳥に餌を与える手伝いをすることで費やした。彼は優秀な庭師となり、教育面においても前進し、デザインや布地を使った仕事に適性を示すようになった。彼は、自分の部屋においてあるマネキン人形に着せるウェディングドレスをデザインし、そのドレスを作ることに何週間も費やした。トンプソンが自分の犯した犯罪について話すことができるようになったのは何年も経ってからのことであり、自分が犯罪に加わっていたことを最終的に認めたのは、やっと一九九七年になってからのことであった。彼は、年下の収容者の面倒を良く見る、思いやりのある好青年になっていたのである。

すべての点において、この二人の少年たちは、八年と四カ月の歳月を経て、目覚しく成長した。教育的にまったく見込みがない者とみなされていた二人の少年は、驚くべき教育的成長を遂げたのである。しかし、それよりも重要なことは、二人の少年たちが、ジェームズ・バルジャー君を殺害したことに対して、心から自責の念を表したことである。青少年犯罪が激増し、厳しい青少年犯罪者施設が増加していくなかで、ロバート・トンプソンとジョン・ベナブルが教養ある悔い改まった青年へと変化したことは、公正な社会が期待していた標識でもあったのである。このことは、賞賛すべき一つの出来事である。なぜならば、我々は、最終的にはこの二人の少年を釈放し、地域社会に戻すことになるからである。

マスメディアによって高揚された少年たちへの憎悪キャンペーンは、一九九九年のヨーロッパ人権裁判所の裁定によって、さらに激しいものとなった。最高法院裁判官であるウルフが、仮釈放期間を八年に再調整したとき（この期間は、もともと、陪審時における審理裁判官による決定であった）、かつて、マスメディアの圧力に負けて仮釈放の期間を一五年に引き上げた、時の内務大臣マイケル・ハワードは、この決定を「類例のない悪しき決定である」と表現しているのである。少年たちに対しては、刑務所に入れて堕落させるべきであるという要求があった。自警団員からも、もし少年たちが釈放されれば、少年たちは狩り出され、追い回されるであろうという脅かしがあったのである。

二〇〇一年一月、高等法院家事審判部の首席裁判官であるエリザベス・バトラー＝スロス（Elizabeth Butler-Sloss）は、一般大衆からあるいはバルジャー君の家族から、少年たちに対して、重大な身体的危害に至る可能性や殺害の現実的な可能性すらあるという警告を発した。彼女は、少年たちに、終身にわたる匿名性を保証すべきであると裁決したのである。この彼女の決定は、マスメディアの見出しを大きく飾り、「むかつく！」とか「司法は裏切った！」とかの表現となって大々的に報道された。

大衆紙は、子どもの命がいかに残忍に奪われたかについて詳細に事実を再現した。この突然の死を余儀なくされたバルジャー君の人生は、殺人犯であるにもかかわらず、過去八年以上にもわたり、優雅で楽しい生活を送ることのできた、イギリスの犯罪史上稀にみる最も悪名の高い犯人たちの人生と対比され、自然的正義からすれば、地下牢で一生を過ごすか、自警団員の手で死に追いやられることが正当とされるはずであるのに対して、ビデオを鑑賞し、シェークスピアさえ見ることを許されている少年たちの現実を、どう評価するのかということが問題とされたのである。国家がやさしく振る舞うのであれば、自分たちは、自分たち自身の正義を実現するために、乱暴者を雇う必要があるという主張さえ披露されたのである。

二人の少年に対する早期の釈放の決定は、正義への道筋への一里塚と目すべきものであり、刑罰に対する社会復帰の勝利ともいえるものである。そして、この決定は、また、我々すべての者が、喜びをもって迎えることができるものでなければならない。しかしながら、残念なことに、この決定に関しては、一人の政治家の声も聞こえてこないのである。首相も、内務大臣も、政治家の誰一人として、少年の仮釈放に際して匿名性を付与することが正しい決定であるのかどうか、少年たちに対して復讐すべきであるという叫びにどう応えるのか、といったことについて、意見を表明しないのである。

ジョン・ベナブルとロバート・トンプソンの釈放に関する木目の細かい準備は、長い年月を費やして成し遂げたものである。彼等は、釈放される数カ月前から、新しい名前で呼ばれていた。彼等は、新しい名前だけでなく、新しい家、新しいパスポート、新しい国民保険や社会保障番号さえも、保持していたのである。彼等は、また、それぞれが、詳細な新しい過去をもつことになり、その過去は、徹底して調査されたものであり、立派に精巧に作られたものである。

釈放のためのすべての手続は、内務省の「危険な犯罪者ユニット」によって、入念に細目にわたって成し遂げられていた。当局の職員たちは、警察においてうまく運用されている証人保護プログラムの経験を利用し、八月で一九歳になった二人の少年たちとその家族に対して、まったく新しい人生を与えたのである。

二人の少年は、ひとたび二人が閉じ込められていたセキュリティ・ユニットを出るや否や、ジョン・ベナブルとロバート・トンプソンという彼らの身分、そしてまた、ジェームズ・バルジャー君を殺害した一〇歳の少年であるという今までの経歴は、すべての公的記録から消し去られることになったのである。彼らは、所在を明らかにしていない別々のハーフウェイ・ハウス（中間処遇施設のこと）に連れて行かれ、そのハーフウェイ・ハウスでは、彼らが地域社会へ移行するための訓練が、厳しい監視のもとに行われた。

そのいわば隠れ家ともいうべき場所で、彼らはカウンセリングを受け、彼らが八年と四カ月閉じ込められていたために生じる生活上の困難性を調整し、新しい世界へ順応するための心理的障害を克服するための援助までも受けたのである。彼らは、ショッピングのような実用的なことについても援助を受けることができた。彼らは、マンチェスターやシェフィールドのショッピングセンターを訪れ、フットボール場や劇場をも訪れた。これらの場所は、彼らがセキュリティ・ユニットに収容されていたときに、居場所を移したところであり、それらの場所を訪れることが、彼らの社会復帰にとって重要であると思われたからである。

セキュリティ・ユニットにいた期間の長さが、二人の少年に強いリバプール訛りを失わせる結果となった。ロバート・トンプソンの場合には、その再移住計画には、自分の名前を変えることや、彼とともに生活をする母親の身分をも新しくするという必要性が含まれていたのである。

ジョン・ベナブルの両親は、二人とも、ジョンがセキュリティ・ユニットに入っているときから、常に彼を支え続けていた。彼らが息子の新しい身分を受け入れ、ともに再移住計画に従ったことは言うまでもない。

このハーフウェイ・ハウスでの調整の後、彼らが、彼らの家族と一緒に住むために、新しい住まいへ移住したことは言うまでもないことである。

六　釈放後の生活

少年たちに対する仮釈放という法的な期間は、少年たちが残りの人生を過ごすにあたって、最も厳しい許可条件に直面していくことを意味するものである。彼等は、バルジャー君の家族に近づくことを禁じられ、お互いに交際することを禁じられ、リバプールに戻ることも禁じられているのである。少年たちは、ほぼ毎日、イギリスにおいて最も経験を積んだ幾人かの上級の保護観察官の監督に服することになる。少年たちの本当の過去の歴史を知る者は、ごく一握りの限られた人たちだけであるということになるのである。

少年たちの新しい名前は、すべての警察の極秘のコンピュータ・データーベースのなかに収録されることになる。もし彼らが何らかの理由でもって警察に厄介になることがあったら、その地方の警察署長や、条件付きで釈放された終身刑囚を扱うロンドンの刑務局本部に設けられた、内務省の特別ユニットに、直ちに報告されるのである。

また、内務大臣は、少年たちの心情をも含めた、少年たちの改善状況について、定期的な報告書を受け取ることになっている。もし彼らが重大な自動車関連犯罪を行うか、あるいは単に大量に酒を飲んだだけでも、少年たちは、刑務所へ呼び戻される危険性に直面することになるのである。

少年たちの新しい家には、自警団員の何らかの行動に備えて、地方の警察署との間にホットラインが設置されている。また、少年たちの新しい身元が、何らかの方法において危うくなるような不安がある場合には、すべての手続は元に戻され、新しい名前、新しい経歴、新しい家、新しい仕事と、もう一度、再移住計画が練り直されることになるのである。

どのようにすれば少年たちの所在を突き止め、インターネットで少年たちの情報を公開することができるか、ということを議論している組織集団があるということを考えるとき、少年たちの匿名性をどれだけ長く維持することができるかという疑問は残る。しかし、高等法院の出した少年たちの身元を明らかにすることに関する禁止命令は、少年たちの身元を秘密にしておく必要のある限りにおいて、維持されるであろうと思われる。しかし、その命令も、イングランドとウェールズに限られたものであることはいうまでもない。スコットランドや北アイルランドには及ばないのである。そして、もちろん、この命令は、インターネットも対象外である。「ジェミー・バルジャー君のための正義」(Justice for Jamie Bulger) というウェブサイトには、ウェブサイトが開かれた最初の日に、二、〇〇〇人の署名が集まり、少年たちが殺されるか自殺するまで、少年たちを狩り立てるであろうという、メッセージや脅迫状が添えられていたのである。

高等法院の禁止命令は、また、外国のメディアにまで及ぶものではない。バルジャー事件に関する関心は、海外でも極めて高いものがあり、ヨーロッパやアメリカの新聞や雑誌は、イギリスの報道機関に対するほど、厳しい法的規制はないのである。フランス、オランダ、イタリア、スペインの雑誌は、二人の少年の最近の写真の提供に対して、三万五、〇〇〇ポンド（五万二、〇〇〇ドル）の買い値を付けているのである。

以上のような現実をみても分かる通り、二人の少年にとって、自由というものは、そんなにたやすく手に入るものではないようである。少年たちは、普通の大人の生活を築くにあたって、多くの問題に直面することになるであろう。いつ発見されるかもしれないという恐怖と直面して生き続けなければならないのである。

少年たちは、誠実な青年になることを奨励され、バルジャー君の死に対する責任と向き合うことを勧告されて八年間を過ごした後、現在においては、自分たちは何者で、今までに何をしてきたのかについて、嘘をつくことを強制されるのである。なぜならば、自分自身に不正直であることが、おまえたちは死ぬべきであるといっている人々がいる社会において、唯一生き残れる方法だからである。

友情から恋愛に至るまでのいかなる関係も、過去のすべてが発覚することに対する恐怖や、引き金をひきかねない殺意のある敵対心を隠すために、すべて色褪せてしまう可能性があるのである。つまり、少年たちは、自分の過去が発覚するかもしれないという恐怖心から、関係という関係が、たとえそれがどんなに愛し合った関係であったとしても、結局は駄目になってしまうかもしれないという現実と直面して生きていかなければならないのである。

当局は、新しい身分が与えられ、過去の経歴を消去したことをすべて知っているにもかかわらず、少年たちのすべての動作を監視しているのである。彼らは再び殺人を犯すことはないであろう。連続殺人犯というのは稀であり、殺人の罪を犯した人の八〇%は、二度と殺人を犯さないといわれている。しかしながら、当局は、もし彼らが子どもたちと親密な関係を持とうとした場合には、それがたとえ自分の子どもであったとしても、わずかな危険性でも取り除くという立場を採り、決して子どもたちと接触させるようなことはしないのである。

これらのことからするならば、一生涯絶えることのない恐怖心を伴い、嘘に基づいた友情を築き、戻るべき家族やふるさとや、ごく普通の結婚すらもできない彼らの人生は、信頼を得るための、極めて重要な要素がすべて欠けてしまっている人生ということになる。そのため、その生涯で、夢が築かれるという可能性は、まったくないのである。少年たちは、こんな人生を送るのであったら、残りの人生も監禁されていた方がよかったと思うかもしれない。現在の生き方の代わりに、彼らは、彼らが決して逃亡することができないような医療刑務所に、強制的に収容されることを願うかもしれないのである。今や、恐怖と欺きこそが、彼らにとって看守なのである。

文明国であるイギリスは、死刑制度をもっていないこと自体を大変誇りにしている。死刑囚を処刑室に駆り立てる、果てしなくも残虐な風潮に対して、アメリカ社会に情け深さの欠落を感じ、身震いをするのである。イギリス人は、ティモシー・マクベイの公開処刑を舌打ちして非難するのであり、死刑執行を行ったテキサス州知事ジョージ・ブッシュの不名誉な業績に対して、嫌悪感を示すのである。

死刑制度がないことが、その国を野蛮でないことにさせるのであろうか。冷酷で誤った少数派が、ロバート・トンプソンとジョン・ベナブルの二人を適切に評価することができなかったから、現在、少年たちは罰せられずに、デッド・マン・ウォーキングとして、希望的に取り扱われているのである。世界中のどこであれ、そこが文明国であれば、これら若者に対して加えている、こうした刑罰に対して嫌気がさすはずである。

「ジェミー・バルジャー君のための正義」の指導的な支持者は、「それは魔女狩りである」と言明している。彼は、「私が、バルジャー君を殺害した犯人を、殺すことになるだろう」と断言できるようなメンタリティをもった者が、必ず現われるはずであるという。なぜならば、それが、私たちが生活している社会の本質だからである、というのである。

私たちは、心の底では、罪の償いよりも「悪の概念」(concept of evil) でもって満足しているのかもしれない。「よこしまなもの」というのは、それが生来のものであれ、混乱した者や貧しい者に影響を及ぼす病原体としてであれ、説明できないものを説明しようとする何らかの必要性を隠す、都合の良い「がらくた概念」なのである。我々は、何が一〇歳の少年たちを殺人へと追いやったのか理解することができないから、少年たちに「悪」(evil) という烙印を押し、ポルポトからスロボダン・ミロシェビッチといった悪徳のギャラリーに、彼らを一緒に並べるのである。幸いなことに、我々や我々の子どもたちは、そのような危険な思想には免疫になっている。罪の償いは、本来、呪われたものなのである。我々の社会が与える真の試練は、ロバート・トンプソンとジョン・ベナブルが、すべてをさらけ出し自分自身に戻るときに、やってくるであろうと思われる。そして、それは二人にとって、避けて通れない道なのである。

以上がバルジャー事件の顛末記である。本章を執筆するに当たっては、私の長年の友人である北アイルランドのウイリー・マッカニー (W. G. McCarney) 博士が編集する「*Lay Panel Magazine*」(参審員のための雑誌) 四六号の論説を参照させて頂いた。この場を借りてお礼を申し上げたい。

第8章　カナダにおける飲酒運転対策

交通犯罪にどう対応するかという問題は世界共通のテーマである。交通犯罪は、誰もが犯す可能性があるという点で「普遍性」があり、数量的に多発するという点で「大量犯罪」である。また、刑法的には、「公共犯・危険犯」であるところに特徴がある。

昨今の交通事故のなかには、飲酒運転や速度超過など交通ルールを無視した悪質・危険な運転を行った結果、人を死傷させるに至った事案が少なからずみられる。そうした事態に対応するために、我が国では、二〇〇一(平成一三)年一一月二八日に制定された「刑法の一部を改正する法律」(平成一三年法律第一三八号)により、危険運転致死傷罪が新設された(二〇〇一年一二月施行)。刑法第二〇八条の二によれば、「人を負傷させた者は、一〇年以下の懲役に処し、人を死亡させた者は一年以上の有期懲役に処する」ことになっている。つまり、これは、危険運転による死傷事件を、暴行による傷害や傷害致死に準じた犯罪として処罰することを目的としたものである。本章では、カナダの連邦法と州法による飲酒運転の規制状況について紹介してみることにしたい。

一　カナダ刑法典における飲酒運転の罪と罰

カナダ刑法典における飲酒運転の罪には、酔った状態での自動車、船舶、または飛行機の運転（以下、酩酊運転と呼ぶ）、同傷害および致死、血中アルコール濃度（blood alcohol composition：BAC）が一〇〇ml中八〇mgを超える状態（ＢＡＣ〇・〇八超）での運転、ならびに警察官の求めに対し呼気または血液サンプルの提供拒否が規定されている。さらに、各州では、これに加えた規定を州法で定めている。なお、「機能障害運転」（impaired driving）という言葉は、飲酒だけでなく薬物を摂取した状態での運転も含まれるが、ここでは便宜的に「飲酒運転」と呼ぶことにしたい。

二〇〇一年、カナダにおける飲酒運転の認知件数は、九万件にのぼり、七万一、〇〇〇人以上が逮捕されている。カナダでは過去一九年間、飲酒運転の認知件数、逮捕者数がともに減少を続けてきたが、二〇年目にして認知件数が七％、逮捕者数が一％増加し、ここにきて初めて増加に転じたことになる。

一九九〇年代に認知件数が減少した原因として、警察官が逮捕よりも行政上の即時免許停止（roadside suspension）を多用する傾向にあったことが従来から指摘されていた。この処理では、運転者が正式に逮捕されない限り、一般に、事件が統一犯罪報告調査（UCR Survey）に報告されないので、統計値が、実際に警察が認知した数を下回ることになる。これを是正するため、ＲＣＭＰ（連邦警察）は二〇〇一年以降、運転者が正式に逮捕されない飲酒運転事件も、「実質的（actual）」飲酒運転事件として報告するよう変更している。ＲＣＭＰのデータによると、二〇〇一年には飲酒運転の認知件数が一〇％、逮捕者が四％それぞれ増加している。一方、実質的飲酒運転を報告しない州や市の警察の報告では、認知件数が五％の増加にとどまっている。このことから、ＲＣＭＰのデータも半分の五％は調査方法による増加、あとの五％が実際の増加分と推測されている。二〇〇二年以降は、すべての警察がＲＣＭＰ方式に従って、事件を報告することになっている。

この他、一九九〇年代に飲酒運転事件が減少した原因として、一般に飲酒運転の違反者の年齢は一九～二四歳が最も多いが、カナダ国民の高齢化現象に伴って、このハイリスクの年齢層が減少する傾向にあったという人口統計的要因や、飲酒運転の危険性が広く認知されるにつれ、グループでの飲酒には、あらかじめその日は飲まない運転者を決めておく「運転者指定方式（designated driver）」が一般化してきたという社会的要因が挙げられている。しかし、飲酒運転の認知件数が実質的に増加に転じた今日、これらの点については再吟味をする必要があるであろう。

二　カナダ刑法典（連邦法）による規制

カナダ刑法典は、第二五三条において、「以下のいずれかのときに、自動車もしくは船舶を運転し、または飛行機もしくは鉄道設備を運転または運転を補助し、またはそれが作動中か否かにかかわらず、自動車、船舶、飛行機もしくは鉄道設備を管理または制御するものは、犯罪を行ったものとする。(a)車両、船舶、飛行機、鉄道設備のいずれかを運転する者の能力がアルコールまたは薬物によって損なわれているとき、(b)アルコールを消費し、その者の血中アルコール濃度が一〇〇mlの血液中で八〇mgを超えているとき」と規定している。そしてまた、第二五四条においては、「(5)合理的な理由なく、本条の下における治安担当官の求めに従わず、又はこ

表10　カナダ刑法典における飲酒運転に関する罪と罰

罪			刑罰		
			運転禁止(必要的)[1]	罰金	拘禁
酩酊運転[2]	初犯	略式起訴	12～36カ月	$600～$2,000	0～6カ月
		正式起訴		$600～上限なし	0～60カ月
BAC80mg超での運転	再犯	略式起訴	24～60カ月	$0～$2,000	14日～6カ月
		正式起訴		上限なし	14日～60カ月
(呼気/血液サンプル提出拒否)	再々犯以上	略式起訴	36カ月～終身	$0～$2,000	90日～6カ月
		正式起訴		上限なし	90日～60カ月
飲酒運転傷害		正式起訴	～10年	上限なし	～10年
飲酒運転致死		正式起訴	～10年	上限なし	～終身[3]

1)　州のイグニッション・インターロック装置プログラムに登録した場合、以下の期間を過ぎれば残りの禁止期間、運転が許可されることがある。裁判官は以下に従って、運転開始日を設定することができる。
・初犯：最低3カ月の運転禁止期間を経過した後
・再犯：最低6カ月の運転禁止期間を経過した後
・再々犯：最低12カ月の運転禁止期間を経過した後
(著者注) イグニッション・インターロック装置とは、自動車に取り付けられた装置に呼気サンプルを提供しない限り自動車が動かず、また提供したサンプルから計測された血中アルコール濃度が事前に設定した上限を超えた場合にも自動車が動かないシステム。1990年にアルバータ州でパイロット導入され、飲酒運転の再犯者に対して用いられた。現在ではいくつかの州で導入されているが、その適用形態は州によってさまざまである。
2)　刑罰は併科される。したがって、必要的刑罰は次のようになる。
・初犯　　12カ月以上の運転禁止 ＋ $600以上の罰金刑
・再犯　　24カ月以上の運転禁止 ＋ 14日以上の拘禁刑
・再々犯以上　36カ月以上の運転禁止 ＋ 90日以上の拘禁刑
3) (著者注) 2000年に改正。それまでは14年以下であった。
資料源：Transport Canada, Smashed: Information on Drinking and Driving, 2002.

れを拒否した者は、犯罪を行ったものとする」と規定している。

この罪に該当する刑罰としては、第二五五条の飲酒運転傷害について、「(2)第二五三条第(a)項に定める犯罪を行い、よって人に傷害を生じさせた者は、正式起訴によるべき犯罪で有罪であり、一〇年以下の拘禁刑に処する」と規定し、飲酒運転致死については、「(3)第二三五条(a)項に定める犯罪を行い、よって人を死に至らしめた者は、正式起訴によるべき犯罪で有罪であり、終身刑に処する」と規定している。

これらのことを分かり易く表にすると、表10のごとくである。

表11　各州における飲酒運転と免許の停止

州	即時免許停止	許容BACの下限	若年運転者のBAC	有罪判決前の免許停止	免許停止（月）			自動車の押収（日）	イグニッション・インターロック
					初犯	再犯	再々犯		
ニューファウンドランド	24時間	50	0 a)	―b)	12	24	36	―	無
プリンスエドワード島	24時間	50	0	3カ月	12	36	60	30	無
ノバスコシア	24時間	50	0 a)	3カ月	12	36	上限なしc)	90d)	有h)
ニューブランズウィック	24時間	50	0 a)	―	12	36	60	―	無
ケベック	―	80	0 a)	2週間	12	36	60	30	有
オンタリオ	12時間	50	0 a)	3カ月	12	36	終身c)	45	有
マニトバ	24時間	50	0 a)	3カ月	12 e) 60 f)	60 e) 120 f)	120 g) 終身 f)	30	有h)
サスカチュワン	24時間	40	0 a)	3カ月	12	36	60	30	有
アルバータ	24時間	50	0 h)	3カ月	12	36	60h)	30	有
ブリティッシュコロンビア	12～24時間	50	0 a)	3カ月	12	36	上限なし	30	無
ユーコン準州	24時間	50	0 a)	3カ月	12	36	上限なし	30	無
ノースウェスト準州	12～24時間	50	―	12	24	36	―	無	無

a）すべての初心者ドライバーが対象。

b）初心者ドライバーのみが対象。

c）10年まで減じることが可能。

d）1998年12月3日、女王の裁可が与えられた。

e）カテゴリー「A」の犯罪（酩酊運転、BAC 80㎎超での運転、サンプル提出拒否）のみに適用。

f）カテゴリー「B」の犯罪（飲酒運転致死傷）のみに適用。

g）４度目は終身の運転禁止。

h）審議継続中。

i）この表に示した数は刑罰の下限のみである。

資料源：Transport Canada, Smashed: Information on Drinking and Driving, 2002.

三　州法による規制

州の多くは、飲酒運転に対し刑法典よりも厳しい州法の規定を持っている。分かり易くするために、各州の規制内容を表11のごとくまとめてみた。

四　警察の対応

前述のように、カナダでは、警察官は、飲酒運転に対して逮捕よりも即時免許停止を行う傾向が強いと指摘されている。カナダ運輸省（Transport

Canada）の調査によると、約三〇％の警察官が、運転者のＢＡＣ値が刑法典に定められた値を超える場合に、「時々（sometimes）」（二二％）または「しばしば（frequently）」（八％）短期の免許停止処分を行い、刑法典に従った逮捕を行わないとしている。

その主な理由として、⑴刑法典に従った処理を行うと時間がかかりすぎる、⑵処理を行うための人手が足りない、⑶免許停止にすれば、運転者が即座に運転できなくなる効果がある等が挙げられている。

また、警察官の四分の三がＢＡＣが一〇〇mgを超える場合のみ、容疑者を逮捕すると答えている。この程度の数値であれば、裁判でも争いにならないと考えられるからである。これまで警察がＢＡＣ測定器を用いて測定した値の証拠能力については裁判で争いになることが多く、これも警察官が刑法典に従った処理を避ける要因となっている。

五　量刑の動向

二〇〇一年・〇二年「成人犯罪裁判所調査」（Adult Criminal Court Survey：ACCS）は、マニトバとノースウェスト準州を除く一〇州の成人犯罪裁判所を対象とした調査を行っている。これによると、同期間に審理された飲酒運転事件は、合計五万二、六六二件で、これは、審理された全事件の一二％を占め、通常傷害（一一％）、窃盗（九％）を上回って第一位となっている。

起訴事件での被告人の年齢は、一八～二四歳が一八・五％、二五～三四歳が二六・二％、三五～四四歳が二八・九％、四五～五四歳が一七・一％、五五歳以上が九・二％である。

有罪判決が言い渡された事件数は、三万八、六四〇件で、うち一三・六％に拘禁刑、一四・二％にプロベーション、八四・一％に罰金刑が言い渡されている（刑は併科できるので、合計は一〇〇％を超えることになる）。

六　アメリカとイギリスの場合

以上において見たごとく、カナダでも飲酒運転に対する刑罰はかなり厳しいということが分かる。一方、アメリカにおいても、たとえばミシガン州では、交通事犯のうち、被害者が死亡した場合について、刑法には、第二級謀殺罪、意思なき故殺（manslaughter）、自動車による過失致死罪等が規定されており、自動車法には、酒酔い運転等による致死罪などが規定されている。アルコールまたは規制薬物の影響下での運転により事故を起こし、被害者の身体機能の重大な障害を生じさせた事案には、五年以下の自由刑もしくは一、〇〇〇ドル以上五、〇〇〇ドル以下の罰金刑、またはその併科が科されることになっている。

イギリスにおいても、交通事故の多発や交通事情の悪化等を背景に、一九九一年道路交通法が制定され、一定の水準を大幅に下回る態様で、他人に対する傷害または財物に対する損害を引き起こす危険性のある運転をすることなどを「危険運転」（dangerous driving）と定義した上で、危険運転致死罪及び危険運転罪を新設した。危険運転致死罪の場合、正式起訴に基づく審理により、一〇年以下の拘禁刑または一〇年以下の拘禁刑と無制限の罰金との併科に処し、二年以上の運転免許資格剥奪及び運転適性試験の受験を必要的に命ずることとされている。飲酒薬物運転等致死罪の場合には、一〇年以下の拘禁刑もしくは無制限の罰金またはその併科に処し、合わせて二年以上の運転免許資格剥奪を命ずることとされている。

飲酒運転は論外であるが、交通犯罪そのものは誰もが犯す危険性のある犯罪であることを考えるとき、最良の刑事政策は、運転者自身の自覚にかかっているといっても過言ではないであろう。交通遺児を生み出さないための政策が、今まさに世界レベルで問われているのである。

第９章　ビデオカメラによる路上監視プログラム

過去四〇年間にわたり、アメリカにおいては、メディアが犯罪を助長するような影響力をもつかどうか、あるいは、メディアが犯罪性や司法に対する一般大衆の理解を歪めるような影響力をもつかどうかという点について、詳細な分析がなされてきた。こうしたメディアのもつマイナス効果に関する研究と比較して、現代社会における犯罪や暴力に対するメディアのもつ有益な影響力いかんの問題が検討されるようになったのは、ここ二〇年くらいのことである。この「社会に役立つメディア」(Pro-social Media) と呼ばれるメディアの有益性に着目した視点は、積極的な社会的価値、社会的技術、社会的行動を伝達するためのメディア利用を唱導している。そしてまた、このような視点から、メディアやメディア技術の利用に焦点をあてた犯罪予防プログラムが開発されているのである。

この犯罪予防プログラムは、次のような三つの基本構想から成り立っている。つまり、①一般大衆の犯罪予防活動や犯罪防衛行動を変えることによって、被害化を少なくしようとするプログラム、②犯罪の申告及び解決に関して一般大衆の参加と協力を促すことを企図したプログラム、③矯正の努力の範囲内で、あるいは監視プログラムを通して、犯罪者を思いとどまらせることにより、犯罪を減少させようとする犯罪防止プログラムがそれである。

本章においては、私の問題関心に従い、第三番目のライン上にある、メディアによる監視プログラム、それも、アメリカでも初期のプログラムとして知られており、私の留学先でもあったフロリダ州デイド・カウンティにおける、ビデオカメラによる路上監視プログラムについて紹介してみることにしたい。

一　犯罪防止のためのメディア利用

犯罪を抑止するためのメディア技術の利用は、アメリカ社会においても、そんなに大規模に行われていたわけではなかった。もちろん、銀行やデパートは早くから監視カメラを設置していたが、その場合には、監視地域が限定されており、公共の場所は対象となっておらず、監視そのものも任意的なものであった。したがって、この頃行われていたコミュニティ・メディア監視プログラムは、直接的にビデオカメラを用いて監視するといったようなタイプのものではなく、メディアを媒体として犯罪防止を訴えかけるという形式のものが主流であったのである。たとえば、一九七八年にワシントン州スポーケン市で行われた「自動車盗難防止プログラム」は、テレビを用いて一般大衆に盗難防止技術を教えるというものであった。

もう一つ、この頃のプログラムとして知られているものは、ミネソタ州犯罪監視プログラム（Minesota Crime Watch Program）と連動した形において展開されたものであり、このプログラムは、犯罪予防全般を目指したもので、限定的ではあるが、ある程度の成功を収めたことが報告されている。このプログラムは、新聞広告、テレビやラジオのコマーシャル、映画館の広告、バスの乗車券やバンパーに貼るステッカー等のあらゆる手段を用いて、ミネソタ州全域に不法目的侵入に関する情報を提供したという点で、より大規模なものであったといわれている。

第三番目のプログラムは、「犯罪を噛み砕け」（McGruff-Take a Bite Out of Crime）というキャンペーンで、これは全米の公共事業広告を用いて、一般大衆に犯罪予防技術の活用を促すものであった。このプログラムの評価報告によれば、このプログラムの存在が市民のかなりの割合にまで広まったという点において成功であったことが報告されており、そしてまた、プログラムが効果を高めるためには、受け手、つまり、プログラムの対象者が誰であるかに的を絞ることが肝要であることが指摘されている。

ところで、潜在的被害者に焦点をあてたこのようなプログラムとは異なり、潜在的犯罪者を対象にしたメディアによる犯罪防止プログラムは、通常、薬物乱用等の防止プログラムに用いられるのが一般的である。この種のプログラムは、キャンペーンという形式を採り、行動に変化を与えることを期待して、情報を提供しているのである。

このように、現在アメリカでは、犯罪防止活動でのメディアの利用は増えつつあるが、しかし、充分な報告や検討がなされているとはいえない状況にあるのである。加えるに、コミュニティに基礎を置き、犯罪者に焦点をあてた犯罪防止プログラムに関する情報は、他の研究領域と比較して、著しく文献が不足しているといってよいであろう。

二　ビデオカメラによる路上監視プログラム

ところで、ここで紹介するビデオカメラによる路上監視プログラムであるが、このプログラムと従来のメディア・プログラムやビデオカメラによる監視プログラムとの間の大きな相違は、まず、ビデオカメラによる監視プログラムでは、メディア技術を、テレビ映像化されたマイクロ波を用いた監視システムを通じて、直接的に犯罪予防に利用したことであり、しかも、かなり広い公共の場所を対象としていることである。そしてさらには、被害者の行動よりも、むしろ、犯罪者の行動に影響を及ぼすことを目的としていることである。そして、これらの要素が組み合わさって、マイクロビデオ・プロジェクトそのものをユニークなものにしているのである。

それはそれとして、今になって、このフロリダ州デイド・カウンティ地域での路上監視プログラムを検証することの意義であるが、最近我が国においても、警察庁のNシステム（自動ナンバー読取りシステム）を始めとして、全国一〇カ所でスタートしたスーパー防犯灯（街頭緊急通報システム）による犯罪予防の試み、あるいは新宿・歌舞伎町で五〇台の監視カメラを用いての街頭防犯カメラシステムによる犯罪防止等、メディア技術を用いての犯罪予防のための環境設計活動が盛んに行われるようになったからである。我が国でのこうした新しい試みが成功するかどうかを占う意味で、こうしたシステムを最初に実行に移したデイド・カウンティのビデオカメラによる路上監視プログラムを検証してみることが、ぜひとも必要であるように私には思われるのである。

ところで、デイド・カウンティのプログラムについては、いくつかの側面から検討することが可能である。

最も重要な問題は、これらのプログラムの効果、すなわち果たしてこれらのプログラムが犯罪の減少という結果をもたらしたかどうかという点である。コスト・ベネフィットの観点からしても、この点は重要である。そして、次に重要な問題は、プライバシーと安全の兼ね合いである。犯罪への対応において、刑事司法制度は、しばしば一般大衆からの突き上げによってではあるが、メディアに対して犯罪に対する革新的な防衛手段を求めている。しかしながら、メディアによるプログラムは、その性質上、国民のプライバシーの侵害という結果を引き起こすことが避けられないであろうと思われるからである。したがって、問題は、このプログラムによって支払われる社会的損失と、このプログラムによって得られる社会的利益とのバランスをどのように計るかということになるであろう。そしてまた、カメラによる監視は、以前から特定の場所、たとえば地下鉄の駅、駐車場、銀行といった場所に設置されてきたが、今回のプログラムは、カメラによる監視をコミュニティのかなり広い範囲において利用した最初の試みであった。したがって、このプログラムに対するコミュニティの反応及びその受け取り方に、私は重大な関心があるのである。

ところで、これらのプログラムが成功したか否かに関係なく、これらのプログラムは、メディアと司法の相互作用について、一つの新しい視点から研究するユニークな機会を提供しているように思われる。メディアが犯罪行動を生み出す要因であるという、より一般的な認識とは対照的に、こうした試みにおいては、メディアは犯罪に対する解決策の一環として捉えられているからである。メディアやその技術を用いることによって、そしてまた、そのこと自体がニュースとなることによって、これらのプログラムは、メディアと司法の相互作用の局面を増加させるのである。

このような諸々の相互作用についての研究、特に、これらのプログラムを発案し、実行に移すために展開されるコミュニティ・ダイナミックスに関する研究は、我々の社会における犯罪や司法に対するメディアの影響についての理解を広げてくれることになるであろうと思われる。

三　ビデオカメラによる路上監視プログラムの具体的内容

このデイド・カウンティのビデオカメラによる路上監視プログラムは、小都市の警察本部にパトロール警官を増員することなしに、この地区で最大の繁華街の防犯活動をより効果的なものとすることを目的としたものであった。具体的には、それは、交通信号灯の上にマイクロウェーブカメラを設置し、これら複数のカメラからの送信を警察本部のモニターテレビで監視することによって行われたのである。もちろん、このビデオカメラによる路上監視プログラムは、この繁華街の全域をカバーするものであるが、警察本部によれば、このビデオカメラによって監視されている範囲と同じレベルの監視を警察が行うためには、およそ二倍の警察職員をこの商業地域に配備しなくてはならないであろうとのことである。

このプログラムの主な目標は、①街頭犯罪に対する高齢者の不安感をなくすこと、そして、②犯罪者たちが、自分たちの行動は、警察によって監視され記録されているかもしれないと恐れることにより、犯罪者たちの間に不安感及び猜疑心を起こさせること、にあったのである。こうしてこのプログラムが高齢者の間で抱かれている犯罪に対する不安を劇的に減少させ、同時に、市の商業地域から街頭犯罪を締め出し、抑止し、取り除くであろうことが期待されたのである。

このプログラムの特色の一つは、一〇〇台のビデオカメラを、市の二本の商店街通りに沿って戦略的に配置していることである。そして、それぞれのビデオカメラの箱の上には、「警察用テレビ」(Police Television) と書かれた、よく目立つように工夫されたサインが取り付けられている。目標地域内に設置されている一〇〇台のビデオカメラの箱のうち、実際に常時カメラが設置されているのは二一台である。しかし、内部のカメラは、警察本部によって移動させることが可能であり、そのために、犯罪者は、一〇〇台のビデオカメラの箱のうち、どの箱に実際にカメラが入っているかを識別することは不可能となっている。しかも、このカメラは、地域のボランティアによって、一日二四時間、毎日休みなくモニターされているのである。

四　プログラムの評価

このビデオカメラによる路上監視プログラムに関しては、市警察本部によって作成された評価報告書があるが、それは監視対象地域の三〇五人の商店経営者を対象としたコミュニティ調査の結果である。合計で一三五人の商店経営者たちが、開店以来犯罪の被害を受けたことがあると報告し、それらの犯罪の五三%は、ビデオカメラによる路上監視プログラムが開始されて以降に発生したことが報告されている。

このような数値をどのように解釈するかは、様々な商店経営者のこの地域での活動の態様が明確でないので困難であるが——商店経営者のなかには、何年も前からそこで店を開いている者もいれば、ごく最近開店した者もいた——商店経営者によって報告された犯罪の半数以上が、プログラムの開始後に起こったと報告されている事実は、このプログラムが地域内の犯罪一般に重大な影響力を持つと解釈することはできないのである。

それにもかかわらず、ビデオカメラによる路上監視プログラムには、一定の肯定的な成果があることが分かるのである。なぜならば、これは限定された事例でしかないが、プログラムの開始前における強盗の比率が、四・八三から、開始後には三・〇九へと減少しているからである。この数値から見て、ビデオカメラによる路上監視プログラム実施後の街頭犯罪の件数が、有意に減少していることが分かるであろう。しかしながら、そうした結果の解釈には慎重でなければならない。なぜならば、この市の他の地域の犯罪件数と比較することなしに、①対象地域における犯罪の減少は、ビデオカメラ監視プログラムによるのではなく、その市全体の一般的な犯罪減少という結果を反映しているにすぎないのではないかという疑問、②監視カメラの設置が、隣接地域では犯罪が増加しているのに、監視対象地域では犯罪が減少しているといったような顕著な効果をもたらしているのかどうか、ということを決定することはできないからである。

このような欠陥があるために、犯罪に対するプログラムの影響に関する証拠は極めてあいまいなものであり、犯罪統計レベルでのこのプログラムの効果に関する結論は、仮説的なものにとどめなければならないであろう。しかし、このプログラムの犯罪に対する影響力とは無関係に、調査対象となった商店経営者たちはこのプログラムを支持し、このプログラムの継続に関して肯定的な態度を示しているのである。たとえば、カメラの設置によって商売が繁昌したと感じている者は二六・二％であるのに対し、仕事が減ったと思う者はわずか三・九％しかいなかった。残りの六七・二％の者は、商売に対する影響はないと感じていたのである。

また、このプログラムが設置されて以来、全体で七一・五％の者が以前より安全になったと感じ、安全になっていないと感じる者は、二七・二％であった。マイアミビーチ警察本部の調査では、八九・五％の者がこのプログラムの継続を希望し、これに対して、このプログラムの継続を希望しない者は、わずか六・二％にしか過ぎなかったのである。そのため、警察本部とこのプログラムの支持者たちは、このプログラムは地元の住民や法執行機関の職員たちによって受け入れられ、積極的に評価されていると感じているのである。

そして、こうした受容的態度はいくつかの事例によって裏付けられている。たとえば、幾人かの商店経営者がビデオカメラやカメラ箱を店内に設置することを要望したことや、一例ではあるが、ビデオカメラの前で財布を奪った事件が映像として保存されていたのである。被害者は、カメラ箱を指差し、犯人に対して、今のこの出来事はビデオカメラに記録されていると大声で叫んだので、犯人はあわてて財布を投げ出して逃げ去ったという事件である。

五　犯罪の転移の問題

二〇〇三年四月二日の読売新聞によれば、昨年二月末、新宿・歌舞伎町に設置された防犯カメラが街頭犯罪を一四％減少させたとある。これがどのプログラムにも見られる、プログラム初期の成果であるか、継続性をもつものであるかは定かではない。報道機関と刑事司法制度の多面的な相互作用は、メディア技術が犯罪統制に利用されるにつれて、また、その結果として生じるプログラムが、今度は逆に報道機関のニュースとして報道されることによって、これまで以上に緊密になることが期待される。こうした状況が特に問題となるのは、プログラムの成功と承認が、ちょうどデイド・カウンティのビデオカメラによる路上監視プログラムの場合がそうであったように、部分的には、メディアのもつイメージに依存するからである。そして、こうしたメディア技術を利用する場合において、もう一つ問題となるのは、こうした技術を利用することによって、実際には犯罪をある監視地点から他の監視していない地点へと流失させることになるだけではないかということである。

つまり、一つの起こり得る可能性として、このメディア技術の利用が犯罪を減少させるというよりも、むしろ、このようなプログラムを実施することができない貧しい地域に犯罪を押し流すことになるのではないかということである。今後、我が国の防犯対策を考える上で、留意しなければならない点であろうかと思う。

第10章　アメリカ合衆国における民間警備業の役割

近年、我が国の安全神話は崩壊しつつあるといわれ、一般国民が犯罪への不安感を表明するようになったこともあいまって、ついに政府は犯罪対策閣僚会議を創設し、二〇〇三（平成一五）年一二月一八日、「犯罪に強い社会の実現のための行動計画」を策定した。そして、この行動計画においては、「第一　平穏な暮らしを脅かす身近な犯罪の抑止」という項目の「一　地域連帯の再生と安全で安心なまちづくりの実現」において、「⑦生活安全産業としての警備業の育成と活用」が提唱されている。そこにおいては、警察と民間警備業の連携の必要性が念頭に置かれていることは言うまでもない。その辺りの背景事情を勘案しながら、本章では、民間警備業の先進国と目されているアメリカの民間警備業が、現在どのような業務を行い、さらには、どのように法執行機関と関わっているのかということについて、その概略を紹介してみたいと思う。

一　アメリカ民間警備業の現状

これは本当に奇妙なことではあるが、民間警備業は、最近に至るまで、法執行機関により、パートナーとして認知されていなかった。民間警備業の資金総額（二〇〇〇年で推計三〇〇億ドル）が、連邦、州、さらには地方の法執行機関の支出を合わせた総計をはるかに上回っており、また、民間警備業の全労働人口（約二〇〇万人）が、公表されている法執行機関の職員の合計をはるかに超えているということから考えても、これはおかしなことである。このいわば民間司法制度（Private Justice System）と呼ばれているものは、毎年、多数の事件を処理しているが、実は、それらの事件の多くが、制定法上の犯罪の要件を充足しており、民間警備業が取り扱うのでなければ、刑事司法制度に殺到することになるであろう犯罪なのである。

これらの事件は、しばしば、法執行機関の介入なしに行われる場合もあれば、あるいは、その事件の後半部分で、法執行機関が介入するといった形で処理されるものもある。そしてこれには、いくつかの理由があるようである。すなわち、まず第一は、ひとたび法執行機関が事件に関与することになると、民間警備業は、はじめの比較的にほとんど何らの制約がない「民間」という立場から、今度は、大きな責任と制限を背負い、「法の概観のもと」（under color of law：法に基づく権限を欠くのに、法に基づく行為であるかの概観のもとになされた行為のこと）に行動する国家機関であるかのような立場になるという点である。第二に、ひとたび法執行機関が関わると、問題を公的な記録に留めなければならなくなるという点である。第三に、多くの法執行機関は、民間警備業と付き合うことにそれほど関心がなく、彼らを競争相手とか、あるいは邪魔物とかとみなすことに、それほど関心がないという点である。

この最後の理由づけは、まったく根拠がないといったものでもない。警備員——すなわち彼らは民間警備業の最も重要な構成要素であるが——、彼らは、長い間、「十分に選別されておらず、充分に訓練を受けておらず、充分に監督されておらず、さらには充分な給料をもらっていない」ものとして描写されている。こうした事態を変革するために、いくつかの努力が試みられたが、実態は相変わらずで、警備員に対しては、出来る限り安い給料に留め置かれているというのが実態である。さらには、依頼人も、警備員の仕事に対して支払われる一時間当たりの費用が、わずか一〇セントでも安い方と契約するために、しばしばサービス提供機関を変更するのである。賢明な依頼人は、実際に警備員にどれだけ給料が支払われ、そして彼らがいかなる利益を得ることができるかということを基準として判断するのであるが、大部分の依頼人は、相変わらず安価な警備業者を求め続けるのである。

これは日本人にとって信じがたいことかもしれないが、アメリカの大部分の警備員、おそらく九〇%よりもはるかに多くの者が、武装していない。銃を所持できるのは、特別武装警備員だけである。たとえば、ニューヨーク州で銃を所持する警備員は、全体の一%にも満たないといわれている。これは、多くの事態において、銃火器の必要性がごく限られたものであるということを意味するのである。

しかしながら、警備員は、民間警備業全体を代表するものではなく、アメリカの民間警備業は、私立探偵から企業警備の取締役にまで及ぶものであり、さらには、法執行機関によって行われるあらゆる活動を含むのである。

二　民間司法制度

民間警備業が、犯罪を報告することに非常に優れていることについては、法執行機関の高官と民間警備業の役員双方の間に意見の一致がある。しかしながら、実際に何が誰に報告されるかについては、食い違いがあるようである。警察官は、大部分の犯罪が彼らに報告されるものと信じている。しかしながら、警備の専門家は、しばしば、問題を直接に検察官事務所に持ち込むか、あるいは公的な介入なしに、それらを解決してしまうのである。

指標犯罪（Index Crime）は、最も一般的に報告される犯罪である。すなわち、放火、不法目的侵入、強盗、積荷窃盗、財物強要、盗品の収受、さらには、テロリズム及び爆破等がそうした犯罪である。こそ泥や被用者窃盗、保険詐欺、産業スパイ、企業による収賄、さらには、コンピュータ関連犯罪は、あまり頻繁には警察に報告されないものである。むしろ、それらの犯罪は、直接検察官に持ち込まれるか、あるいは、可能な場合には、組織それ自体の中で処理されるのが常である。この過少報告については、たくさんの理由が考えられる。第一には、路上犯罪（街頭犯罪）と比較して、これらの犯罪は、法執行機関にとって、優先順位が非常に低いということである。

第二には、警察は、これらの領域を扱う専門的知識を有していないかもしれないし、あるいは、ごくわずかの専門家を有しているにしかすぎないのである。同様に、民間警備業によって持ち込まれた事例は、しばしば事件処理が充分になされているために、警察がたとえ関与したとしても、警察官は、単なる検察官事務所への使い走りの役目を担うにしかすぎないのである。

第三には、多くの事例が、検察官事務所に委託して、答弁取引によって解決されているが、そのことについて、大部分の警察官は理解してもおらず、また、そうすることを好んでもいないのである。

第四に、警察は、財源の消費、財政的出費、公衆の困惑、保険料の増加、さらには、株主訴訟に直面するといった会社の立場を理解できないかもしれないのである。応報を求めるよりはむしろ、将来的な損失を予防するために、あるいは刑事訴訟よりはむしろ、民事訴訟に着手するために、これらの資金を充てることがより望ましいかもしれないのである。

三　民間警備業の規模

アメリカでは、推計で、約二〇〇万人もの民間警備業に携わる人々が存在する。もう一つの推測では、公的な警備に携わる人々の、約二倍以上の民間警備業に携わる人々が存在するということである。

民間警備プログラムは、一般に、組織の財産を守り、さらには、損失を予防・抑制するために体系づけられている。地域社会における名声や評判に対する損害のみならず、器物損壊、浪費、火災、さらには自然災害からの損失を抑制することも、同様に重要である。ちなみに、この地域社会における名声や評判に対する損害は、民間警備業の役員が、少なくとも副社長に報告することを義務づけられているものである。

民間警備業は、一八世紀の英国（イングランド）にまでその起源を溯ることができるが、その頃、土地の所有者たちが、彼等の財産を守るために、武装した猟場管理人を雇ったことに端を発するのである。一八〇〇年に、テムズ川警察（River Police）――これが、近代的な警察の先駆けである――が、テムズ川のボートを守るために設立されている。民間警備業の法的根拠は、自分自身及び自分自身の財産を守る憲法上の権利と同様に、自分自身の財産を守るために、他者を雇うことができるという英国のコモン・ロー上の権利なのである。

逮捕するときの警備員の権限は、州によっても異なるが、捜査及び留置の領域において、重要な例外を除いて、一般に、他のあらゆる市民とほぼ同じである。多くの州では、小売店に対する「万引」に関する法令を持っており、企業の警備プログラムは、伝統的に従業員の荷物と私物を点検する権限を認めるまでに拡大されている。いくつかの領域においては、民間警備業は、追加的な特別警察権力を付与される場合もあるのである。

四　警備プログラムの構成要素

所有権の保護プログラムは、一般に三つの部分から構成されている。

①　施設警備（Physical Security）は、個人及び自動車によるアクセスを制御・監視するために、そしてまた、許可されていない侵入や監視を防ぎ、見抜くために、さらには、文書、情報、商品、建物、そして何よりも人を保護するために用いられるのである。施設警備は、典型的には、周囲の保護、内部空間の保護、護衛、さらには、護身用具等に関係するものが主体である。照明、鍵、警報装置は、すべての小規模店舗が有しているものであるが、それらの装置を、法執行機関による探知と応答に依拠するようにするのである。

②　情報警備（Information Security）は、極秘扱いの情報、さらには、所有権者の情報を保護するように意図されたものである。情報警備は、安全な保管業務、コードと符号化、電子装置による監視、時代遅れの装置の処分、関心を引くデータや印刷可能なデータの破棄、あるいは、機械が読取り可能なデータの処分、外部での記録の保管、さらには、緊急の災害防止計画に関係することもありうるのである。

③　身辺警備（Personal Security）は、素性調査、警備認識プログラム、フィデリティ・ボンド（Fidelity Bond：従業員の不正による損失を補填する保険）、犯罪及び規則違反の調査、さらには、主要な会社役員及び企業運

営に携わる人々の保護に関係するものである。実際に、民間警備業は、警察が行うのと同じ多くのことを行っており、そして、それを行うために、より多くのお金を費やしているのである。民間の調査員は、彼らの法人組織において同様の者が行うのと同じ多くのことを行うのである。

五　法執行機関との関係

民間警備業の仕事は、あらゆる原因に基づく損失を予防することにある。したがって、犯罪は、その原因の単なる一構成要素にすぎないものであるのに対して、法執行機関は、主として犯罪予防に携わるのである。両者は、その主たる業務に違いはあるが、重なり合う領域が多いのである。

大きな産業分野においては、法執行機関は、しばしば、不適切なものとみなされる。この分野においては、ほとんどの大きな問題は、事実上及び法律上、会社の責任であり、周辺の地域社会の責任ではないからである。このことが、時として、縄張り問題を引き起こすのである。ホールクレストの初期の調査では、法執行機関にとっての最上位の六つの優先事項とは、①生命・財産の保護、②容疑者の逮捕・訴追、③刑事事件の捜査、④公共秩序の維持、⑤犯罪予防、⑥地域社会との連携であった。

民間警備業のなかでの六つの優先事項とは、①生命・財産の保護、②犯罪予防、③損失の予防、④火災予防、⑤アクセスの制御、⑥刑事事件の捜査であった。

法執行機関は、一般に、民間警備業を重視せず、民間警備業とはあまり接触したがらないし、民間警備業について多くのことを理解しているわけではない。しかしながら、民間警備業は、犯罪による金銭の損失を減少させるという点については効果的であり、多数の犯罪者を逮捕するという点では、相対的に効果的ではないといったことについては、民間警備業と意見が一致するのである。法執行機関は、もし法執行機関が十分な資金提供を受けられるならば、民間警備業の必要性はより限定的になるであろうとするのである。残念なことに、このことは、犯罪統制は、民間警備業が行う業務のほんの一部のものであるという事実を無視するものである。

六　民間警備業は何をなすべきか

いくつかの警察活動を民間部門に移すことについては、警察も関心を抱いているようである。たとえば、警察の職務で民間に委譲できるものを挙げるとすれば、不法目的侵入の警報装置に応答すること、被害者が訴追を希望しない場合、あるいは、報告が保険目的である場合に、事件の報告書を作成させること、さらには、逮捕された市民の移送に関わること等である。加えて、民間警備業は、公共建造物の警備、駐車禁止の取締、駐車場のパトロール、学校の交通安全誘導員、動物の管理、交通管制、傷害を伴わない事故の調査、特別行事の警備、市・郡の規則違反、葬儀の護送、裁判所の警備、囚人移送、さらには公営住宅のパトロール等において、費用効果が得られるかもしれないとされるのである。

警報装置への応答業務は、ほとんど誰もが民間部門に委ねることをいとわないものであるが、これを除いて、その責任を民間に委譲することへの関心は、警察の規模に比例するものである。警察の規模が大きければ大きいほど、その縄張りを民間部門に譲ることをよりいとうのである。民間警備業は、一般に、より多くの責任を得ることに関心を有するが、しかし、逮捕者の移送については関心を持っていないといっても過言ではない。

七　警察官と警備員の相互作用

警察官は、より高い水準の教育・訓練を受け、さらにはより高い賃金を得ているので、彼ら自身を、専門家とみなし、民間警備業の職員を、非専門家であるとみなす傾向がある。このことは、ある意味で混乱をもたらすおそれがある。というのも、半分以上の民間警備業の経営者は、過去に警察官であったという職歴を有しているからである。もちろん、こうした偏見が持たれている理由は、現職の警察官は、彼らが上級警察官という地位になるか、あるいは退職が近づくまで、民間警備業とほとんど接触がないか、あるいは接触があったとしても、知識がほとんどないか、関心がほとんどないということに帰することができるであろう。実際、両者の大きな相違のために、大部分の警察官は、民間警備業においてなされている業務内容については、ほとんど知識を有しないのである。

警察と民間警備業の接触は、窃盗、器物損壊、不法目的侵入、家宅侵入等に関わる事件において、警察からの援助要求に対するものである。警察の側からすれば、大部分の接触は小売店に関わるものである。すなわち、万引、不法目的侵入、さらには強盗発生時の警報等に関する場合である。ほとんどの警備員が警察の対応に満足している一方で、警備員の事件の処理に満足しているのは、ごくわずかの警察官のみである。

実際のところ、民間警備業は、捜査において警察に協力することが多い。特に、情報交換は、様々な理由により、両面通行とはとてもいえない状態にあるにもかかわらず、民間警備業は、捜査情報を提供することに協力することが多いのである。

大多数の警察は、民間警備業との正式な接触がなく、何らの協働プログラムも有しない。協力態勢が存在する場合、それは一般的には、犯罪予防の領域においてであり、さらには、それほど頻繁にではないが、危険物資の移動、重要人物の保護、災害処理、交通管制、群集の統制、テロ対策、さらには経済犯罪の調査といった領域における、法人警備部門との協力である。警察署長や法執行官が、警察と民間部門との関係を良好であるというよりは貧弱であるとみなすことが多い一方で、民間部門は、両者の関係を素晴らしいものであると思っているようである。両者の関係をこのように判断する際の警備業経営者の基準は、協働プログラムの数、情報を警察から求められる頻度、さらには、経済調査及び刑事事件へ対応する際において、警察から受けることのできた協力の度合い等によるのである。法執行機関は、民間警備業が、さらなる訓練により、あるいはよりよい訓練を企画することにより、権限を委託された訓練を実施できるようになり、改善された人選プロセスを保持し、さらには、免許の付与や規則の強化により、より向上するであろうと感じているのである。

警備業者も、また、警察との関係が、より緊密な協力関係、共同の運営会議、それぞれの役割の理解、情報交換、さらには、より改善された意思伝達によって、これまで以上に改善され得るかもしれないと感じているようである。

八　争いのある領域

法執行機関と民間警備業との関係に、特別な影響を与える二つの領域が存在する。第一の争いのある領域は、民間の警備業と競合して、警察が副業をすることと、警察が警備会社を経営することである。民間警備業の経営者たちの視座からすると、これらは不公平な競合である。

法執行機関の関係者のいく人かは、警察官が法執行機関そのものを通して雇われている場合、あるいは企業に直接雇われている場合には、何らの利害衝突もないと考えているようであるが、警察官が民間警備会社に雇われている場合、また、警備の請負人として行動する場合、あるいは本業以外の仕事を得る際に組合の関与がある場合には、利害衝突があることを認めないわけにはいかないであろう。

しかしながら、副業については、懸念すべき四つの領域がある。第一の懸念は、警察官の公的な責任の一部であるべき職務が、金銭の支払いと引き換えに提供されることになるというものである。それゆえ、私立探偵(Private Investigator)として探偵の副業をすることは、警察の情報を持ち出す可能性があるということになり、警察の秘密保持の原則に反してしまうかもしれず、あるいは、捜査に顧客自らが参加することを大目にみてしまうことにもなり得るのである。

また、パトロールの警察官が、自分の働いている警備会社にお金を支払っている市民に対して、好意的な取り扱いをするかもしれない。あるいはまた、商店主たちは、非番の警察官を雇わない場合には、公務の提供がなされなくなるといって脅迫されるかもしれないのである。

第二の懸念は、警察官は、その職務上、武器を携帯し、二四時間体制で犯罪に対応することが予定されている警察に属するということに関してである。そこには、公的な責務や職務と、私的な責務や職務との間に葛藤があるかもしれないという不安が絶えずつきまとうのである。

第三の懸念は、警察官が、ひとたび「法の概観のもとに」(under color of law) 行動するとなると、たとえその警察官が、その時第三者に雇われていた場合であっても、警察は責任を取らざるを得ないであろうという点である。あるいは、警察官が、第三者の統制下にあったということで、逮捕それ自体が無効であると判断される場合もあるかもしれないのである。

最後に、第四の懸念は、もし警察官が非番に長時間働くということになると、その警察官は、とても公務に耐えられるとは言えない勤務状態にあるかもしれないということである。アメリカでは、比較的ごく少数の警察官しか、何らかの葛藤を経験したと答えておらず、それに反して、大部分の警備業の経営者たちは、ボディーガードのようなサービスを除いて、警察官の副業に反対しているのである。

第二の争いのある領域は、誤報に関するものである。警報による呼び出しの約九八％は、何ら不法侵入の事実が発見されておらず、そしてそれゆえに、誤報と分類されている。そして、この誤報は、すべての警察業務の約一二％を占めるのである。そのため、警察当局者が、不法目的侵入の警報への対応を、民間部門に移譲することを考えていることは、しごくもっともなことであるように思われる。しかし、民間部門も、実は、警察が、警報への対応にあまり積極的ではないと考えており、そうした状況下において、警報への対応を警備業へ組み込むことに躊躇しているところがみられるのである。

以上、犯罪予防の領域でいくぶんの重複はあるものの、警察と民間警備業は、大きく異なる役割を有することが明らかになったかと思う。しかし、それでもなお、両者の間でのより広範囲にわたる協力態勢を取ることにより、それぞれの仕事がより容易になることだけは確かであろう。ゲット・タフ政策を展開しているアメリカにおいて、社会防衛という観点からは、民間警備業の果たす役割には大きなものがある。民間警備業が警察の任務を補充するという側面からだけではなく、いかに国民の安心と安全を確保するかという側面からも、民間警備業の責務は重大である。そうした意味合いにおいて、アメリカでは、民間警備業と警察機関の連携の必要性は、今後益々高まりこそすれ、減少することはないであろうと思われる。

マ　行

ヤ　行

ラ　行

人名索引

マ　行

ヤ　行

ラ　行

ワ　行

タ　行

ナ　行

ハ　行

サ　行

事項索引

ア　行

カ　行

索　　引

藤本哲也（ふじもと　てつや）

〈略　歴〉

1940年12月18日　愛媛県に生まれる
1963年　中央大学法学部法律学科卒業
1965年　同大学院修士課程法学研究科刑事法専攻修了（法学修士号取得）
1969年　同大学院博士課程法学研究科刑事法専攻単位取得満期退学
1970年　フロリダ州立大学大学院修士課程犯罪学部修了（犯罪学修士号取得）
1975年　カリフォルニア大学大学院博士課程犯罪学部修了（犯罪学博士号取得）

〈現　在〉

中央大学法学部教授・犯罪学博士、駒澤大学大学院客員教授、明治大学法科大学院兼任講師、青少年育成国民会議講師、法務省矯正研修所講師、全国少年補導員協会顧問、日本更生保護協会評議員、財団法人矯正協会評議員、日本刑事政策研究会評議員、青少年有害環境対策推進研究会座長、青少年育成国民会議自己評価検討委員会委員、法務省更生保護懇話会委員、日本被害者学会理事

〈専　攻〉

犯罪学、刑事政策、刑法、少年法、被害者学

〈著　書〉

『Crime and Delinquency among the Japanese-Americans』中央大学出版部（1978年)、『犯罪学講義』八千代出版（1978年)、『犯罪学入門』立花書房（1980年)、『新しい犯罪学』八千代出版（1982年)、『犯罪学緒論』成文堂（1984年)、『刑事政策概論』青林書院（1984年)、『刑事政策』中央大学通信教育部（1984年)、『社会階級と犯罪』顕草書房（1986年)、『犯罪学要論』顕草書房（1988年)、『刑事政策あ・ら・かると』法学書院（1990年)、『刑事政策の新動向』青林書院（1991年)、『刑事政策20講』青林書院（1993年)、『うちの子だから危ない』集英社（1994年)、『Crime Problems in Japan』中央大学出版部（1994年)、『犯罪学のさんぽ道』日本加除出版（1996年)、『諸外国の刑事政策』中央大学出版部（1996年)、『続・犯罪学のさんぽ道』日本加除出版（1998年)、『刑事政策の諸問題』中央大学出版部（1999年)、『犯罪学者のひとりごと』日本加除出版（2001年)、『犯罪学者のアメリカ通信』日本加除出版（2002年)、『犯罪学原論』日本加除出版（2003年)

犯罪学の窓

2004年9月29日　初版第1刷発行
2010年2月25日　初版第3刷発行

著　者　藤　本　哲　也
発行者　玉　造　竹　彦

発行所　中　央　大　学　出　版　部
東京都八王子市東中野742番地1
郵便番号　192-0393
電　話　042(674)2351　FAX 042(674)2354

印刷・ニシキ印刷／製本・三栄社

ISBN 978-4-8057-0715-9